Blaser / Heim / Ringer / Thommen

Problemorientierte Psychotherapie

Andreas Blaser, Edgar Heim
Christoph Ringer und Martin Thommen

Problemorientierte Psychotherapie

Ein integratives Konzept

Verlag Hans Huber
Bern · Göttingen · Toronto · Seattle

Nach achtjähriger Zusammenarbeit und intensivem Gedankenaustausch wollen wir nicht mehr auseinanderhalten, welche inhaltliche Beiträge jeder einzelne von uns erbracht hat. Wir haben uns deshalb entschlossen, dieses Buch als Autorengruppe gemeinsam zu veröffentlichen. Entsprechend ist die Reihenfolge der Namen alphabetisch festgelegt und nicht als Gewichtung des individuellen Beitrages zu verstehen. Personenbezeichnungen wie «Therapeut», «Patient» u. dgl. sind geschlechtsneutral aufzufassen.

Titelsignet «POT» von Samuel Blaser und Hans Holzherr

Die Deutsche Bibliothek – CIP-Einheitsaufnahme

Problemorientierte Psychotherapie : (POT) / Andreas Blaser . . .
– 1. Aufl. – Bern ; Göttingen ; Toronto ; Seattle : Huber, 1992
ISBN 3-456-82143-3
NE: Blaser, Andreas; POT

1. Auflage 1992

Satz: Kösel, Kempten
Druck: AZ Druckhaus, Kempten/Allgäu
Printed in Germany

Inhaltsverzeichnis

1. Einführung

2. Zur Theorie der Problemorientierten Therapie

3. Hauptmerkmale des POT-Konzepts

4. Therapeutischer Prozeß und therapeutische Beziehung

5. Zeitliche und inhaltliche Strukturierung

6. Indikation zur Problemorientierten Therapie

7. Indikation innerhalb der Problemorientierten Therapie

8. Therapeutische Methoden

9. Fallbeispiele

10. POT in Krisensituationen

11. POT als didaktisches Konzept

Anhang

1. Einführung

1.1 Kurze Darstellung der Problemorientierten Therapie (POT)

Dies ist ein Manual der Kurztherapie, das von Praktikern für die psychotherapeutische Praxis geschrieben wurde. Mit Manual ist eine Anleitung gemeint, wie Psychotherapie «handhabbar» gemacht werden kann. Es ist unser Ziel, die durch Praxis und Forschung gewonnenen Erkenntnisse des letzten Jahrzehnts in einem integrierten Therapiekonzept zusammenzuführen.

Vier **Hauptmerkmale** zeichnen POT aus:

- Problemorientierung
- Patientenorientierung
- Methodenpluralismus
- Strukturierung

Problemorientierung: Aus den aktuellen Lebensschwierigkeiten wird gemeinsam mit dem Patienten ein Hauptproblem definiert, das in begrenzter Zeit einer realistischen Lösung zugeführt werden kann.
Patientenorientierung: Die therapeutische Arbeit soll ebenso vom Problemverständnis des Patienten und seinen Zielvorstellungen wie von den Überlegungen des Therapeuten bestimmt sein. Theorien und Wertvorstellungen des Therapeuten haben sich der gemeinsam erarbeiteten Zielsetzung unterzuordnen.
Methodenpluralismus: In einem praxisgeleiteten eklektischen Zugang zu den Problemen des Patienten werden im Sinne der differentiellen Indikation Elemente jener Methoden eingesetzt, die der Problemlösung in überschaubarer Zeit dienlich sind. Innerhalb der POT werden die folgenden Methoden operationalisiert: Methoden zur Bewußtmachung, zur Veränderung von Denkgewohnheiten und Einstellungen, zur Lösung von Problemen, zur Veränderung von Verhalten, zur Förderung von Gefühlen, zur Entspannung und Körperwahrnehmung, zur Stützung und zu systembezogenen Veränderungen.
Strukturierung: Um in beschränkter Zeit (15–20 Sitzungen) ein sinnvolles Therapieziel zu erreichen, muß der Therapieprozeß strukturiert und gegliedert werden. Wir unterscheiden die folgenden Therapiestufen:

1. Aufbau einer tragfähigen zwischenmenschlichen Beziehung;
2. Problemdarstellung aus der Sicht des Patienten unter Einbezug seiner «subjektiven Krankheitstheorie»;

3. Problemanalyse anhand aktueller Bedingungen, lebensgeschichtlichem Hintergrund und funktionaler Bedeutung;
4. Problemdefinition, Zielsetzung und Therapieplanung;
5. Problemdurcharbeitung und Umsetzung in die Realität;
6. Ablösung und Beendigung.

Anwendungsbereich: POT dient in erster Linie der Behandlung psychogener Störungen (abnorme Entwicklungen, Neurosen, Persönlichkeitsstörungen), unabhängig davon, durch welche Leitsymptome sie charakterisiert sind. In der differentiellen Indikation unterscheiden wir u. a. Menschen, die sich selbst entwerten; mit großen Hemmungen und mangelnder Energie; mit Beziehungsproblemen; mit Angst und Spannung; mit mangelnder Impulskontrolle; mit körperlichen Symptomen.

1.2 Begründung und Entwicklung des POT-Konzeptes

Gerade die klinisch und methodisch erfahrenen Psychotherapeuten werden sich beim Lesen des Titels dieses Buches wundern: Noch ein Psychotherapieverfahren mehr? Muß das sein! Wir können solch kritischen potentiellen Lesern ihre spontane Reaktion nicht verübeln. Die inflativen Schätzungen der bereits bestehenden psychotherapeutischen Methoden schwanken ja zwischen 200 – 400 deklarierten Verfahren. So war auch unsere Reaktion vorerst recht ähnlich, als wir uns aus den unten gegebenen Überlegungen an die Suche nach einem geeigneten integrativen Verfahren machten. Auch wir glaubten, diese Methode müßte eigentlich längst schon bestehen. Wir stellten dann aber fest: Nicht jedoch mit ausreichender didaktischer Struktur, die wir uns wünschten; auch nicht mit einem ausgewogenen Methodenpluralismus, wie er den heutigen Erkenntnissen gemäß angewandt werden müßte. Zwar sind die meisten der in diesem Buch geäußerten Ideen von anderen Autoren schon gedacht und geäußert worden. Psychotherapie optimal zu strukturieren wird von vielen gefordert; die Äquivalenz der wichtigsten Methoden ist wissenschaftlich längst erwiesen. Was aber unserer Einschätzung nach fehlt, und was wir als Herausforderung verstanden, ist, dieses breite Wissen des integrativen Vorgehens in einem genau umschriebenen Konzept zu vereinen. So wagten wir uns in einer kleinen Arbeitsgruppe anfangs der 80er Jahre an die Konzeptualisierung einer integrierten Kurzpsychotherapie heran. Wir orientierten uns an drei recht unterschiedlichen Begründungen:

a) Versorgungsbedürfnisse

Die Psychiatrische Universitätspoliklinik Bern, an der das POT-Konzept entwickelt wurde, ist ein Dienstleistungsbetrieb mit mehreren tausend jährlichen Konsultationen. Sie versteht ihr Behandlungsangebot komplementär zu jenem der recht großen Zahl an niedergelassenen Psychotherapeuten (ca. je 150 ärztlich und 150 psycholo-

gisch geschulte Therapeuten für eine Versorgungsregion von 400000 Einwohnern). Naturgemäß werden der Poliklinik, nebst der Erfüllung vielfältiger anderer Aufgaben, vor allem die weniger privilegierten Patienten zur Behandlung überwiesen, die sog. non-YAVIS Patienten (YAVIS = Young Attractive Verbal Intelligent Successful). Das traditionelle Behandlungsangebot vermochte diesen Patienten häufig nicht gerecht zu werden, wie wir anhand wiederholt intern durchgeführter Patienten-Karriere-Studien feststellen mußten. Eine relativ große Zahl an Therapieabbrüchen sprach für Überforderung sowohl der Psychotherapeuten in Ausbildung wie auch der Patienten. Es zeigte sich, daß in Ergänzung zu den traditionellen, mehrheitlich psychodynamischen Behandlungsformen mehr übende und strukturierte Therapien gefragt waren. Auch war nur ein kleiner Teil dieser Patienten von ihren ökonomischen Verhältnissen wie von ihrer Motivation her bereit, sich in längerfristige Therapien einzulassen. Ferner machen sich auch in den staatlichen Polikliniken vermehrt Kostenfaktoren bemerkbar, die nach einer effizienten Behandlungsweise rufen. Nicht zuletzt sind entsprechende Angebote auch im Hinblick auf die spätere Praxistätigkeit angezeigt.
Eine erste Zielsetzung war also die, mit einem neuen Behandlungskonzept einer möglichst großen Zahl von Patienten (auch non-YAVIS-Patienten) innerhalb eines überschaubaren Zeitraumes bei der Lösung aktueller Probleme zu helfen.

b) Didaktische Vorteile

Die personellen Bedingungen einer Poliklinik sind derart, daß die Dienstleistung überwiegend durch Assistenzärzte und Psychologen in Ausbildung erbracht wird, die meist über keine systematische psychotherapeutische Vorerfahrung verfügen. Ihre Tätigkeit ist aus äußeren Gründen in der Regel auf 2 Jahre beschränkt, so daß eine vertiefte psychotherapeutische Ausbildung nicht zu leisten ist. Wir vertreten deshalb ein Ausbildungskonzept, das den Schwerpunkt darauf legt, die jungen Mitarbeiter mit möglichst verschiedenen Behandlungsangeboten vertraut zu machen, um ihnen so die Entscheidung zu erleichtern, in welcher Schule oder Methode sie sich vertieft ausbilden wollen – in der Regel extramural in einem der verschiedenen psychotherapeutischen Institute. Intern werden sie mit Notfallbehandlung, mit Krisenintervention, mit übenden Verfahren wie Autogenes Training, mit Katathymem Bilderleben, mit psychodynamischen Langzeitbehandlungen und Gruppentherapien und mit Familientherapie bekannt gemacht. Je nach Indikation können diese Behandlungsformen auch mit Psychopharmaka ergänzt werden.
Eine zweite Zielsetzung war also die, den schon bestehenden Methodenpluralismus derart zu nutzen, daß ihm in einem integrativen Behandlungskonzept ein kohärentes Erklärungsmodell gegeben wird. Dieses soll gleichzeitig mit dem Ausbildungsauftrag kompatibel sein. Soweit es dem einzelnen Mitarbeiter von seinen Interessen oder von seiner Vorbildung her möglich ist, soll er damit Elemente verschiedener Methoden anwenden können.
Idealtypisch sehen wir ein Curriculum Psychotherapie in 3 Phasen gegliedert:

1. Grundlagen anhand eines integrativen Konzeptes, wie POT, erlernen. Vertraut werden mit einem Methodenpluralismus, der den unterschiedlichen Bedürfnissen der Patienten gerecht wird.
   Unsere eigene fünfjährige hausinterne Erfahrung, aber auch solche anderer Psychotherapiezentren, hat bereits bestätigt, daß POT sehr geeignet ist, junge Psychotherapeuten in den Beruf einzuführen.
2. Praxisbegleitende Vertiefung der Kenntnisse und Erfahrungen in einer oder mehreren Methoden der Wahl.
3. Aufgrund eigener Neigung und Erfahrung Verbinden verschiedener Methoden in einem persönlichen integrativen Therapiestil.

Gerade im Hinblick auf den dritten Punkt, die permanente Fortbildung in der psychotherapeutischen Praxis, glauben wir auch, dem erfahrenen Praktiker mit dem Konzept der POT ein sinnvolles und handhabbares Modell anbieten zu können. Es wird ihm überlassen sein, innerhalb der Hauptmerkmale der POT jene Anteile in seine Tätigkeit umzusetzen, die mit seiner methodischen Schulung übereinstimmen. In Gesprächen mit unseren externen Supervisoren und Kontrolltherapeuten haben wir erfahren, daß sie – aus welcher Perspektive auch immer – in der POT ein geeignetes Rahmenkonzept sehen, um Anfänger in unterschiedliche psychotherapeutische Methoden einzuführen.

c) Theoretisch-heuristische Begründung

Wie aus der internationalen Literatur ersichtlich ist, hat die intensive psychotherapeutische Forschung während der letzten zwei Jahrzehnte erkenntnistheoretisch große Fortschritte gebracht (siehe Übersichten etwa bei Garfield und Bergin, 1986; Goldfried et al., 1990; Huber, 1987). Für jene Therapeuten, die sich mit dieser Entwicklung vertraut gemacht haben, ist der Schulstreit überwunden. Keine der bekannten Methoden oder Schulen hat konsistent gegenüber den andern Vorteile nachweisen können. Daraus ist das Bedürfnis gewachsen, die gemeinsamen Wirkfaktoren immer besser zu erkennen (Blaser, 1989). Überdies wird durch die Verbindung von Prozeß- und Wirksamkeitsforschung angestrebt, die differentielle Indikation zu verbessern. Die Metaanalyse von Therapieverläufen hat – in Analogie zu Medikamentenprüfungen – eine Art Dosis/Wirkungs-Kurve ergeben, wonach nach 8 Therapiestunden durchschnittlich etwa 50%, nach 26 Sitzungen etwa 75% der Patienten deutlich gebessert sind (Howard et al., 1986). Verschiedene Forscher haben aus ihren Ergebnissen auf die klinische Anwendung geschlossen und diese in Form von zunehmend populären Therapie-Manuals zusammengefaßt. Eine Gemeinsamkeit ist die, daß die verschiedenen Therapiephasen spezifiziert und mit therapeutischen Handlungsanweisungen ausgestattet werden. (Übersicht der Manuale von Lambert und Ogles, 1988).
Aus diesen Fortschritten hat sich ein Trend zu integrativen Modellen ergeben. Den

verschiedenen Autoren ist die Zuversicht eigen, daß eines Tages wohl die gemeinsamen Erkenntnisse dazu führen werden, in einer neuen, schulunabhängigen Sprache differentielle Anleitungen zur Behandlung unterschiedlicher Störungen zu erteilen. Den meisten, die sich mit dieser Entwicklung befassen, ist mehr an einer theoretischen Begründung der Klinik als an einer Metatheorie der Eklektik gelegen (Beitman et al., 1989; Goldfried und Wachtel, 1987; Plutchick et al., 1988). Es wird ein Paradigma angestrebt, das die Vorteile der verschiedenen Methoden in einem gemeinsamen Konzept integriert und so ihre Anwendung klinisch-pragmatisch und nicht schultheoretisch begründet. Dabei wird angenommen, daß es sich um eine Entwicklung handelt, die ständig von den Forschungserkenntnissen neu bereichert wird. Eine internationale Gesellschaft bringt dies in ihrem Namen zum Ausdruck: SEPI, Society for the Exploration of Psychotherapy Integration.

Eine dritte Schlußfolgerung ist also die, daß heuristisch anzustreben ist, eine im klinischen Alltag angestrebte Arbeitsweise genauer zu konzeptualisieren, zu begründen und einem interessierten Leserkreis zugänglich zu machen, in der Hoffnung so ein angestrebtes Konzept laufend weiter entwickeln zu können.

Historisch betrachtet besteht in der Auseinandersetzung mit der Kurztherapie an der Psychiatrischen Universitätspoliklinik Bern schon eine gewisse Tradition. Bereits ab 1966 wurden die Kurztherapien von Malan und Mann von einem von uns (E. H.) eingeführt und in ihrer Anwendung erprobt. Später erfolgte unter Spoerri die Einführung der Verhaltenstherapie. Das Kathathyme Bilderleben fand von Bern aus in der Schweiz seine Verbreitung. Seit 1984 hat sich nun eine kleine Arbeitsgruppe zum Ziel gesetzt, ein pragmatisches, problemorientiertes Kurztherapie-Konzept zu erarbeiten, das den oben erwähnten Bedingungen entspricht. Die Autoren dieses Manuals glauben, daß der je unterschiedliche fachliche Hintergrund zur Entwicklung beigetragen hat: A. B. hatte primär eine Ausbildung in Psychoanalyse, sich später dann ebenso intensiv mit Verhaltenstherapie und Körpertherapie befasst. E. H. hatte, nach psychoanalytischer Ausbildung, früh durch Zusammenarbeit mit Jim Mann, Boston, Zugang zu Kurztherapien auf psychoanalytischer Basis gefunden. C. R. ist durch seine lange Tätigkeit bei Ploog, München, mit Verhaltenstherapie und kognitiven Strategien vertraut. M. T. schließlich hat in einer breiten Psychotherapieausbildung den Akzent auf Gestalttherapie gelegt. Es ist dieser unterschiedliche Erfahrungshintergrund, der es der Arbeitsgruppe ermöglicht hat, sich in der Entwicklung eines integrativen Konzeptes entsprechend breit abzustützen.

Schließlich sei erwähnt, daß in den letzten Jahren unser Konzept der Problemorientierten Therapie auch an der Psychiatrischen Universitätspoliklinik Zürich didaktisch angewandt wurde und wir den Kollegen um Jürg Willi für viele kritische Anregungen dankbar sind. In einer Frühphase der Konzeptualisierung von POT waren uns auch wiederholte Gespräche mit Hans Strupp, Vanderbilt University, sehr wertvoll. Der Austausch mit Lester Luborsky, Philadelphia, hat viel zur Präzisierung der psychodynamischen Aspekte beigetragen. Besonderen Dank gebührt unseren vielen jungen Mitarbeitern, die enthusiastisch und dennoch konstruktiv-kritisch in den vielen Seminarien über POT (unter der Leitung von C. R.) mitgearbeitet haben. Auch von unseren Kollegen des Kaders konnten wir viel Ermutigung erfahren. Schließlich gilt unser Dank Frau Christine Haas, die zugleich geduldig und effizient die vielen Überarbeitungen in einen druckfertigen Satz umarbeiten half.

1.3 Kurz-Psychotherapie im Überblick – Diskussionsgrundlage für eine Problemorientierte Therapie (POT)

Die Wirksamkeit von Psychotherapie ist heute selbst durch notorische Skeptiker kaum mehr zu bezweifeln. Verschiedene Übersichtsuntersuchungen belegen sie eindrücklich, so etwa Smith, Glass & Miller (1980) mit ihrer Analyse von über 475 kontrollierten Untersuchungen. Grawe (1990) hat an über 800 kontrollierten Studien eine differentielle Indikation erarbeitet, die den bestehenden Methoden-Pluralismus noch besser zu rechtfertigen vermag. Alle diese Untersuchungen beziehen sich vorwiegend auf Therapieformen, die vom zeitlichen Ablauf her als «Kurz-Therapien» zu bezeichnen sind. Dabei ist zu beachten, daß der Ausdruck «kurz» einen Gegensatz zu «lang» impliziert. Langzeit-Therapien sind meist psychodynamische Therapieformen, die auf der Psychoanalyse beruhen. Dabei wird leicht verkannt, daß es andere Methoden gibt, die per definitionem meist Kurz-Therapien sind, so die verschiedenen Formen der Familientherapie, der Verhaltensmodifikation, der körperorientierten Therapien, der Krisenintervention etc.
Auch Untersuchungen mit dem Ziel, die in der ambulanten Praxis durchgeführten Therapieformen zu erfassen, ergeben konsistent, daß dies meistens Therapien von etwa 20–26 Sitzungen sind. Die Beschränkung der Therapiestunden ist zudem in Übereinstimmung mit einem wachsenden Druck von seiten der Öffentlichkeit, meist vertreten durch die Versicherungsträger.
Diese eher vordergründigen, «taktischen» Argumente lassen leicht vergessen, daß es heute verschiedene Kurz-Therapieformen gibt, die in ihrer Konzeptualisierung stringent und erprobt sind. Sie stützen sich dabei fast durchwegs auf Prinzipien, die sich auch in der Langzeittherapie bewähren, sodaß die beiden Strategien, kurz versus lang, wissenschaftlich befruchtend aufeinander einwirken. In der Ausbildung wird aber erstaunlicherweise fast überall die Handhabung der Langzeittherapien, meist auf psychoanalytischer Grundlage, in den Vordergrund gerückt. Nur ausnahmsweise wird versucht, didaktisch die Kurztherapie gleichwertig zu unterrichten. Im Hinblick auf die Praxis ist es aber notwendig, zeitlich beschränkte Therapieformen ebenso kompetent zu erlernen wie traditionelle Langzeittherapien.
Historisch betrachtet waren ursprünglich die meisten Psychotherapien, zumindest die Psychoanalyse, im heutigen Sinne Kurztherapien. Freud's erste Psychoanalysen dauerten von wenigen Wochen bis zu einigen Monaten. Sie waren in der Regel erfolgreich; dennoch relativierte Freud später ihre Wirksamkeit und bezeichnete sie als «Übertragungsheilungen». Er warnte vor einer zu großen Beschleunigung des Psychotherapieprozesses, so daß er auch dem späteren Bemühen von Ferenczi und Rank (1923), die Psychoanalyse zu intensivieren, kritisch gegenüberstand. In den

40er Jahren waren es dann vor allem Alexander und French (1946), welche sich bemühten, durch Strukturieren des Prozesses die Psychoanalyse zu verkürzen. In den 60er Jahren schließlich wurden die ersten Versuche lanciert, klassische neurotische Störungen mit den technischen Elementen der Psychoanalyse in konzentrierter Weise anzugehen und so die eigentliche dynamische Kurztherapie zu begründen. Im folgenden sollen einige der Modelle kurz vorgestellt werden.

Malan und die Tavistock-Gruppe

Unter dem Einfluß von Balint hat eine Gruppe seiner Schüler, allen voran Malan (1965), die Überlegung ihres Meisters aufgenommen, daß sich in jeder therapeutischen Beziehung der Kernkonflikt in der Übertragung ausmachen läßt. In ihrem *Konzept* ist die Gruppe somit davon ausgegangen, daß ein dynamischer Fokus festzustellen ist, der einen spezifischen Konflikt ausdrückt, wie er sich vorerst in der Kindheit, speziell in der Elternbeziehung, später in anderen zwischenmenschlichen Beziehungen und schließlich nun auch in der Therapie als Übertragungskonflikt manifestiert. Diese sog. Triangulisierung von Vergangenem, Gegenwärtigem und therapeutischer Beziehung wird *methodisch* der Arbeit mit dem Patienten zugrunde gelegt. Schon im Indikationsprozeß wird versucht, durch Probedeutungen die Einsichtsfähigkeit des Patienten hinsichtlich dieser Konflikte zu prüfen. Ist der Fokus einmal festgelegt, so wird er konsequent verfolgt und vor allem, wo immer möglich, auf elterliche Übertragungsaspekte hin untersucht.
Die Indikation ist bereit gefaßt, da die Autoren ursprünglich davon überrascht waren, daß sie bei der ungewollt ungünstigen Auswahl der Tavistock-Patienten mit ihrer Kurztherapie recht erfolgreich, ja vergleichbar so erfolgreich wie mit Langzeittherapien waren. Vorausgesetzt wird, daß der Patient motiviert ist, daß er die Fähigkeit zur Introspektion hat, speziell was seine gefühlsmäßigen Reaktionen angeht und daß er bereits in der Evaluationsphase, wie erwähnt, eine positive Reaktion auf frühe Probedeutungen zeigt.
Das Setting ist wie in allen hier erwähnten Kurztherapien die Zweierbeziehung in der vis-à-vis-Position. In der Regel werden die Patienten einmal wöchentlich gesehen, wobei etwa 20 – 30 (ausnahmsweise bis 40) Sitzungen vorgesehen werden. Wichtiger als die Zahl der Sitzungen ist Malan, daß früh genug ein definitives Abschlußdatum bekannt ist, das dann i.S. des Terminationsprozesses immer wieder beachtet wird.
Malan hat sich bemüht, in verschiedenen empirischen Untersuchungen sowohl den Indikationsprozeß wie die Wirksamkeit seines Modells zu evaluieren (Malan 1975, 1976). Im deutschen Sprachraum hat relativ früh Loch (1972) eine dem Konzept von Malan sehr nahe stehende psychoanalytische Kurztherapie eingeführt.

Mann: Time-Limited Psychotherapie («Psychotherapie in 12 Stunden»)

Ungefähr zur gleichen Zeit wie die Gruppe um Balint hat in Boston der Psychoanalytiker Jim Mann (1973, 1978) aus eigener Sicht ein Kurzpsychotherapie-Modell entwickelt. Anlaß dazu waren die damals ausgeprägten Wartelisten der (psychotherapeutischen) Ambulatorien (outpatient clinic), speziell an der Boston University, wo Mann wirkte. Er hat sich deshalb von Anfang an, aus vorerst mehr pragmatischen Gründen, strikte für ein «12-Stunden-**Konzept**» entschlossen. Immer mehr hat er dann die therapeutischen Vorteile der Zeitbegrenzung aus psychodynamischer Sicht herausgearbeitet. Auch ihm ist wichtig, daß eine Art Fokus, von ihm «central issue» genannt, von Anfang an vom Therapeuten beachtet wird. Er geht davon aus, daß die meisten Patienten ein negatives Selbstbild haben, das in ihnen den Wunsch nach unendlicher Zuwendung unterhält, immer aber gepaart mit der Furcht, daß traumatische Umstände zu einer frühzeitigen Beendigung der Beziehung, resp. zum Verlust des wichtigen stützenden Objektes führen könnten.
Methodisch versucht er nun, diesen Wunsch nach unbeschränkter Zuwendung durch bewußtseinsnahe Deutungen anzugehen, was vor allem in den ersten paar Wochen im Vordergrund steht. Im Mittelteil wird dann mehr die Enttäuschung, daß auch ein wohlgesinnter Therapeut seine Grenzen habe, angesprochen, und die Ambivalenz des Patienten in bezug auf die therapeutische Beziehung aufgedeckt. Im Schlußteil schließlich wird eine Art Trauerarbeit in bezug auf die bevorstehende Trennung fokussiert, um so die endgültige Überwindung der Abhängigkeitsbedürfnisse der Patienten zu bewirken.
Die **Auswahl** der Patienten ist, wiederum aus der praktischen Erfahrung mit unausgewählten Klienten eines Ambulatoriums, relativ breit. Mann setzt voraus, daß die Patienten über eine ausreichende «Ich-Stärke» verfügen, ohne diese genauer zu präzisieren. Er achtet vor allem auf ihre Fähigkeit, sich rasch emotional zu engagieren, resp. auf ihre Belastbarkeit, ob ihnen dann auch zu gegebener Zeit ein entsprechendes Desengagement zuzumuten ist. Diagnostisch ist sein Indikationsspektrum somit recht breit, mit Ausnahme von borderline-, von psychotischen, schwer depressiven oder organisch gestörten Kranken. Das **Setting** sieht strikte die Begrenzung auf 12 Therapiestunden (à 60 Minuten!) vor. Ausnahmsweise kann ausgehandelt werden, diese auf 24 halbstündige Wochensitzungen oder auf 6 Doppelstunden je wöchentlich zu verteilen. Die Termination ist somit während der ganzen Therapie ein zentrales Thema und wird zumindest von der 7. Sitzung an konsequent immer wieder angesprochen.

Sifneos: STAPP (Short-Term-Anxiety-Provoking Psychotherapy)

Sifneos (1972), ebenfalls in Boston tätig, (damals Massachusett General Hospital), hat in den 60er Jahren ungewollt den Versuch einer Kurztherapie unternommen, indem er einen Patienten mit phobischen Problemen zu heilen versuchte, der kurz vor der Heirat stand. Angeregt durch diese Erfahrung hat er fortan die orthodoxe

psychoanalytische Annahme hinterfragt, wonach nur Langzeittherapien mit 4–5 Wochenstunden wirksam seien. Unter der Voraussetzung, daß Patienten vor allem von ihrem mehr vordergründigen, oedipalen Konflikt her angegangen werden, entwickelte er ein **Konzept**, das es ermöglichen soll, Übertragung und Widerstände im Hinblick auf oedipale Konflikte rasch und effizient zu bearbeiten. Sein **methodisches Vorgehen** ist ausgesprochen konfrontativ, ja für den Außenbeobachter gar suggestiv, indem jede Möglichkeit einer Übertragungsdeutung im Rahmen der oedipalen Konstellation wahrgenommen wird. Die Haltung des Therapeuten ist ausgesprochen aktiv bis konfrontativ, und Gefühle oder Vorstellungen von Abhängigkeit läßt er schon gar nicht aufkommen.
Wiederum aus besonderer Erfahrung ist die **Indikation** auf relativ «gesunde» Patienten ausgerichtet, d. h. meist jüngere Menschen mit hoher Motivation, ausgesprochener Ich-Stärke und Angsttoleranz, die in einem temporären Beziehungskonflikt stecken. Viele dieser Patienten sind College-Studenten, die aus dem Umfeld der Lehrtätigkeit von Sifneos kamen. Konfrontiert mit dieser einseitigen Selektion, hat Sifneos immer wieder vertreten, daß auch diese relativ Ich-starken (YAVIS)-Patienten Anrecht auf adäquate Behandlung hätten. Das **Setting** ist so angelegt, daß relativ flexibel in 12–16 (zum Teil bis 20) Sitzungen gearbeitet wird, wobei anscheinend häufig der Wunsch nach (relativ früher) Termination spontan von seiten der Patienten kommt.

Davanloo: Broad-Focus-Short-Term Dynamic Psychotherapy

Auch der heute in Montreal tätige Davanloo (1978) hat seine Ausbildung in Boston genossen. Entsprechend ist er von den vorerwähnten Autoren beeinflußt, hat sich aber in den letzten Jahren vor allem mit Malan zusammengetan, dessen Denken ihm nahe liegt. In Davanloo's **Konzept** steht die sehr frühe Fokussierung auf den Widerstand und die Abwehrorganisation des Patienten im Vordergrund. Dabei beschränkt er sich nicht, wie Sifneos, auf Patienten mit oedipalen Konflikten, sondern ist durchaus gewillt, die **Indikation** auf ein breites Spektrum von Patienten auszurichten. Bevorzugt werden von ihm Patienten mit relativ rigider Charakterstruktur («Charakterpanzer») oder auch Patienten mit Zwangsstrukturen, also Patienten, denen man primär nicht zutraut, daß sie in Kurztherapie angegangen werden könnten. Diese Auswahl setzt denn auch eine ganz besondere **Methode** voraus, wie sie entsprechend von Davanloo entwickelt wurde. Er geht von der ersten Stunde an ausgesprochen konfrontativ den Widerstand des Patienten an, sich überhaupt in eine therapeutische Beziehung einzulassen, wobei er in seiner Deutungsarbeit vor allem die Abwehr, speziell die primitiven Abwehrformen interpretiert. Sein Vorgehen bezieht sich wie bei Malan auf eine gewisse Triangulisierung, indem er auf Übertragungsaspekte, die durch frühe Kindheitskonflikte bedingt sind, achtet. Nur gibt er dies dem Patienten nicht im üblichen Sinne als vorsichtige Probedeutung zu erkennen, sondern konfrontiert ihn i. S. eines klaren Faktums damit. Er nimmt dabei auch heftige Affekte von seiten der Patienten i. S. von Wut oder Feindseligkeit in

Kauf, versucht aber, dies strikte als Übertragungsphänomen zu verstehen. Dort, wo diese harte Konfrontation vom Patienten nicht akzeptiert werden kann, kommt es zur vorzeitigen Beendigung der Therapie. Die therapeutische Haltung ist also immer die der «One-up-manship», d. h., der Therapeut setzt seine Dominanz gegenüber dem Patienten voraus. Das **Setting** ist insofern besonders, als die meisten Therapien auf Video aufgezeichnet und im kollegialen Kreis unmittelbar analysiert werden. Es werden in der Regel 15–30 wöchentliche Sitzungen eingesetzt.
Zwei weitere, primär von der Psychoanalyse herkommende Autoren sind zu erwähnen. In ihrem Konzept überwiegen Handlungsanweisungen, wie sie sich vor allem aus der psychoanalytischen Selbst-Objekttheorie ergeben. Im Unterschied zu den bisher erwähnten Autoren haben sie sich also vorwiegend von der klassischen psychoanalytischen Ich-Theorie gelöst.

Strupp: TLDP, «Time-Limited Dynamic Psychotherapy»

Strupp (Strupp & Binder, 1984) als Schüler Sullivan's blieb immer auf Distanz zur klassischen Psychoanalyse und hat stets versucht, durch Objektivierung des Therapieprozesses die Wirkfaktoren der Psychotherapie herauszuarbeiten. Er war somit auch früh den neueren Entwicklungen gegenüber offen, wie sie aus dem Behaviorismus und vor allem später aus der Kognitionspsychologie kamen. Das von ihm vertretene und laufend weiter evaluierte Kurzpsychotherapie-**Konzept** ist zwar stark von der psychodynamischen Erfahrung des Autors geprägt, im wesentlichen aber schulunabhängig und primär auf die Beziehung ausgerichtet. Somit steht die Dyade zwischen Patient und Therapeut im Vordergrund. Die bisherigen Beziehungsstörungen werden vorerst analysiert, um dann einen Fokus festzulegen, der während der nachfolgenden Therapie verfolgt wird. Dieser dynamische Fokus wird als interpersonales Problem verstanden, wobei der Therapeut sich als eine Art neues «signifikantes Objekt» sieht, das früheren, zum Teil traumatischen, zum Teil idealisierten ähnlichen Objekten gegenüberzustellen ist. **Methodisch** wird so vorgegangen, daß im «Hier und Jetzt» der therapeutischen Beziehung Verhaltensstörungen beobachtet und deutend angegangen werden. Dabei berücksichtigt der Therapeut stark seine eigenen Empfindungen dem Patienten gegenüber, nicht i. S. einer unerwünschten «Gegenübertragung», sondern i. A. eines Sensors, der die wahre Beziehungskonstellation erfaßt. Die vom Therapeuten gewählten Interventionen sind wiederum nicht schulgebunden, sondern recht breit, immer aber darauf angelegt, die Beziehungsfähigkeit des Patienten zu verbessern. In der **Auswahl** der Patienten geht der Autor relativ breit vor, obwohl von seiner persönlichen Erfahrung her YAVIS-gegenüber Non-YAVIS-Patienten überwiegen. Vorausgesetzt wird die Fähigkeit des Patienten, sich erstens in eine Beziehung einlassen und zweitens reflektiv mit den Beziehungsaspekten umgehen zu können. Das **Setting** ist so, daß in 20–30 wöchentlichen Sitzungen Veränderungen erwirkbar sind. Die Termination ist nicht festgelegt, wird aber im Endteil der Therapie als Prozeß ausdrücklich beachtet.

Luborsky: «Principles of psychoanalytic psychotherapy – a manual for supportive-expressive treatment»

Lester Luborsky (1984) war wohl einer der ersten Psychoanalytiker, der systematisch den Behandlungsprozeß zu erforschen versuchte. Aus dieser jahrelangen wissenschaftlichen Erfahrung ist sein **Konzept** einer psychoanalytisch orientierten Psychotherapie entstanden. Deren Prinzipien gelten sowohl für Langzeit- wie für Kurzzeit-Therapien. Luborsky vertritt die Auffassung, daß in jedem Patienten ein unbewußter Wunsch oder ein Bedürfnis besteht, das sein Verhalten in zwischenmenschlichen Beziehungen bestimmt. Diese Erwartungshaltung veranlaßt einerseits eine bestimmte Reaktion des Patienten selbst (response from the self), andererseits bestimmte Reaktionen der angesprochenen Beziehungspartner (responses from the object). Bei jedem Patienten läßt sich eine beschränkte Anzahl von Themen ausmachen, die diesen Grundkonflikt beinhalten. Sind diese von ihm als «Core-Conflictual Relationship Theme» (CCRT) benannten Zusammenhänge einmal bekannt, so können sie therapeutisch nutzbar gemacht werden. **Methodisch** arbeitet Luborsky mit anerkannten Grundprinzipien der Psychoanalyse, legt aber dabei einerseits besonderen Wert auf expressive und andererseits supportive Techniken. Expressiv meint, daß durch aktives Zuhören der Patient ermutigt wird, seine Problematik darzustellen, sie in der Beziehung zu konstellieren, so daß sie dann entsprechend interpretiert werden kann. Stützend oder supportiv sind Aspekte, wie sie sich aus dem Setting ergeben, durch die gemeinsame Zielsetzung, durch eine gute Arbeitsbeziehung und eine konstante Unterstützung des Patienten in seinem Bemühen, die ihm (noch) nicht bewußten Anteile seines Verhaltens zu erkennen. Das Ziel ist weniger, diese Grundthemen der menschlichen Bedürfnisse loszuwerden, als vielmehr negative Konsequenzen im zwischenmenschlichen Umgang zu mildern. Der Autor glaubt, daß diese Grundprinzipien für die meisten nicht-psychotischen Patienten gültig sind und somit kaum eine Einschränkung der **Auswahl** notwendig ist. Das Setting entspricht jenem der bisher erwähnten: Sitzende Therapie in vis-à-vis-Position; zeitlich beschränkt von 6–25 Stunden (sofern nicht aus besonderen Gründen eine Langzeittherapie angestrebt wird) in 1–2 wöchentlichen Sitzungen.

Die bisher erwähnten Autoren zeichnen sich alle dadurch aus, daß sie nicht nur von der Psychoanalyse herkommen, sondern im wesentlichen die Grundprinzipien der Psychoanalyse auch innerhalb der Kurztherapie hochhalten. In den letzten Jahren sind jedoch auch neue Kurztherapieformen aufgekommen, die sich gegenüber der Psychoanalyse deutlich absetzten. Zu erwähnen ist hier das interaktionelle Modell der Palo Alto Schule (Watzlawick und Weakland), das auf der besonderen Kommunikationslehre beruht. Auch die meisten Verhaltenstherapien sind bekanntlich als Kurztherapien angelegt. Im Zusammenhang mit dem unten von uns vertretenen Konzept der Problemorientierten Therapie sind es die Modelle zweier weiterer Autoren, die besondere Beachtung verdienen:

Klerman: Interpersonal Psychotherapy

Der Psychiater Klerman hat gemeinsam mit seiner Frau, der Medizinsoziologin Myrna Weisman (Klerman et al., 1984), ein Kurzpsychotherapie-**Konzept** entwickelt, das der ihm naheliegenden Patientenpopulation gezielt helfen soll. Als Depressionsforscher war ihm daran gelegen, die klassischen psychopharmakologischen Behandlungsformen durch eine sinnvolle Betreuung zu unterstützen. Aufgrund der schon in den 20er Jahren entwickelten interpersonellen Theorien von Harry S. Sullivan und (dem Exilschweizer) Adolf Meyer hat er eine Psychotherapieform entwickelt, die auf die zwischenmenschlichen Aspekte fokussiert, vornehmlich bei depressiven Patienten. **Methodisch** geht er so vor, daß er die festzustellenden zwischenmenschlichen Probleme klärt und versucht, dem Patienten adaptiv eine geeignete Einstellung zu vermitteln. Er geht nicht auf frühere Konflikte ein, sondern arbeitet ausgesprochen im «Hier und Jetzt». Er achtet dabei bei depressiven Patienten vor allem auf Trauerreaktionen, auf zwischenmenschliche Konflikte, auf allfällige Rollenveränderungen und auf feststellbare Defizite im zwischenmenschlichen Umgang. Die **Indikation** ist somit, wie erwähnt, vorwiegend auf depressive, aber nicht psychotische Patienten gerichtet. Wie in verschiedenen kontrollierten Untersuchungen belegt werden konnte, ist diese Art von «stützend-adaptiver» Psychotherapie besonders geeignet, komplementär zu der psychopharmakologischen Behandlung zu wirken. In der Regel kann auch langfristig die soziale Anpassung dieser Patienten verbessert werden. Das **Setting** paßt sich dem depressiven Zustand des Patienten an, meist dauert die Therapie 12–16 Wochen mit je einer Wochenstunde, und oft wird die Psychotherapie mit antidepressiven Medikamenten kombiniert.

Beck: Kognitive Therapie

Aaron Beck (Beck et al., 1976; Beck, 1979), ebenfalls ursprünglich Psychoanalytiker, ist aufgrund seiner klassisch-analytischen Erfahrungen immer mehr zur Überzeugung gekommen, daß ein **Konzept** entwickelt werden müsse, das pragmatischer, problembezogener dem Patienten zu helfen vermöge. Er ließ sich besonders von der Kognitionspsychologie beeinflussen und stellte in seinem Modell die krankmachenden Kognitionen ins Zentrum der Aufmerksamkeit. Er geht davon aus, daß viele Patienten an «automatischen (negativen) Gedanken» leiden oder eben internalisierte Schemata aufweisen, die als «stille Annahmen» frühere negative Erfahrungen perpetuieren. Seine **Methode** ist somit darauf ausgerichtet, diese «logischen Fehler» der internalisierten Schemata zu korrigieren. Dazu hat er eine Vielzahl von Strategien entwickelt, die je nach Umständen parallel oder sukzessiv zur Anwendung kommen. Beispiele sind die selektive Auswahl in der Wahrnehmung von Problemsituationen, das Übergeneralisieren von einzelnen Erfahrungen, das kränkende Personifizieren von bestimmten Erfahrungen, das Katastrophenszenario von an sich unbedeutenden Erlebnissen, automatische selbstentwertende Gedanken etc. Je nach-

dem werden den kognitiven Fehlvorstellungen neue geeignete Strategien gegenübergestellt.
Die **Indikation** ist ursprünglich vor allem auf depressive Patienten gerichtet gewesen, wurde mit der Zeit aber ebenso erfolgreich für Patienten mit Angst, Phobie, Sucht oder auch psychophysiologischen Problemen (Anorexie, Übergewicht) eingesetzt. Meist ist das **Setting** so, daß vorerst ein- bis zweimal wöchentlich während sieben Wochen gearbeitet wird, um dann in einer anschließenden 6–12 monatigen zweiten Phase das Erreichte mit 1–2 monatlichen Sitzungen zu konsolidieren.

Kritischer Vergleich der vorgestellten Kurzpsychotherapie-Modelle

Die hier vorgestellten Formen der Kurztherapie (vgl. Tab. 1) sind praktisch alle von Autoren verfasst, die ursprünglich von der Psychoanalyse herkommen. Somit ist es nicht überraschend, daß es wesentliche Überlappungen gibt. Die **Konzeptualisierung** des zu behandelnden Problems ist aber jeweils verschieden. Dabei sind die Auffassungen der Autoren eher komplementär als sich gegenseitig ausschließend. Die kognitive Kurztherapie befaßt sich vor allem mit Denkprozessen, mit internen Schemata und deren Verzerrung. Die interpersonale Kurztherapie ist primär auf zwischenmenschliche Beziehungen und auf die soziale Unterstützung durch das Umfeld ausgerichtet. Die eigentlichen psychodynamischen Kurztherapien dagegen gehen vor allem von den intrapsychischen Erfahrungen des Patienten in seinen früheren und jetzigen Beziehungen aus. In der angewandten **Methode** gibt es einige Übereinstimmungen: Wenn wir den psychoanalytischen Begriff der «Abwehr» als Versuch verstehen, die wahrgenommene Realität so darzustellen, daß sie erträglich ist, dann sind dies kognitive Distorsionen, die es zu korrigieren gilt. Sie wirken sich auch entsprechend im Verhalten des Patienten aus. Die psychodynamischen Kurztherapien gehen aber eher von dem «Abgewehrten» aus, nämlich den angstfördernden Impulsen, denen die innerpsychische Kontrolle (Ich, Über-Ich) gegenübersteht, was zu entsprechenden Konflikten führt. Die Konsequenzen der Abwehr sind aber wiederum aus dem Verhalten ersichtlich, das seinerseits Rückschlüsse auf die intrapsychischen Konflikte ermöglicht.
Die kognitive Kurztherapie versucht primär, die kognitiven Distorsionen zu identifizieren und den Patienten auf diese verzerrten internen Schemata (i. S. von Piaget) aufmerksam zu machen. Auch hier besteht wieder eine gewisse Übereinstimmung mit dem, was in der Psychoanalyse als Objekttheorie bekannt ist. Sie nimmt an, daß Beziehungs-Erwartungen als Selbst-Objekt-Repräsentanzen innerpsychisch angelegt sind. Beide Modelle gehen somit darauf aus, unbewußte Schemata im Verhalten zu erkennen und sie dem Patienten klar zu machen. Die Ähnlichkeit wird noch dadurch unterstrichen, daß beide Modelle vor allem auf das «Hier und Jetzt», auf die aktuelle therapeutische Beziehung ausgerichtet sind. Auch die interpersonale Therapie steht der Objekttheorie der Psychoanalyse nahe. Das Verstehen der aktuellen interpersonalen Beziehung heißt nichts anderes, als ein Verstehen der internalisierten Selbst- und Objekt-Anteile, wie wir sie oben erwähnten. Wiederum geht man

also davon aus, daß frühere Beziehungserfahrungen das jetzige interpersonale Verhalten prägen.
Am deutlichsten sind die Unterschiede zwischen den verschiedenen Kurz-Therapieformen wohl in bezug auf die gewählten **Interventionstechniken**. Die kognitive und die interpersonale Kurztherapie sind direktiv, mehr auf das aktuelle Verhalten ausgerichtet. Die psychodynamischen Kurztherapien versuchen eher, den Patienten zu aktivieren, sein eigenes gestörtes Verhalten zu erkennen und zu überwinden, was ihn frei machen soll, selbst neue, geeignetere Verhaltensweisen auszuprobieren.
Durch die von den verschiedenen Autoren vertretenen eigenständigen Konzepte wird klar, wie weit einerseits die Überlappung der Methode geht. Andererseits zeigt es sich aber, daß die in den einzelnen Methoden bevorzugten Elemente (Wirkfaktoren) sich auch in neuer Weise kombinieren lassen. Dies wird uns ermöglichen, die für ein problemorientiertes Vorgehen geeigneten Elemente aufzugreifen und in dem von uns vertretenen Konzept der POT einzusetzen.

Weiterführende Literatur

Alexander & French (1946)
Beck (1979)
Beck et al. (1976)
Beitman et al. (1989)
Blaser (1989)
Davanloo (1978)
Ferenczi & Rank (1923)
Garfield & Bergin (1986)
Goldfried et al. (1990)
Goldfried & Wachtel (1987)
Grawe, K. (1990)
Howard et al. (1986)
Klerman et al. (1984)
Lambert und Ogles (1988)
Lambert et al. (1983)
Loch (1972)
Luborsky (1984)
Malan (1965, 1975, 1976)
Mann (1973, 1978)
Sifneos (1972)
Smith et al. (1980)
Strupp & Binder (1984)

2. Zur Theorie der Problemorientierten Therapie

2.1 Eklektische Orientierung

Vorbemerkungen: Unser POT-Konzept fußt nicht auf einer geschlossenen psychologischen Theorie. Wir müssen deshalb diejenigen enttäuschen, die auf eine stringente theoretische Begründung oder Ableitung der von uns vorgeschlagenen Strategien und Handlungsempfehlungen gehofft hatten. Eine eigene Theorie können wir nicht vorlegen. Vielmehr haben wir unterschiedliche theoretische Perspektiven herangezogen, die für unser aus der Erfahrung entstandenes Konzept nützlich erschienen. Wenn in diesem Kapitel dennoch auf einige theoretische Modelle eingegangen wird, dann geschieht dies im Sinne einer «Anleihe».

Historisch geht die eklektische Denkweise auf eine philosophische Schule der Antike, den **«Eklektizismus»**, sowie auf die mit Leibniz und Nietzsche verbundene philosophische Lehre des **«Perspektivismus»** zurück (Seidmann, 1976). Sie besagt, daß die Wirklichkeit nur unter bestimmten Perspektiven, abhängig vom jeweiligen Standpunkt oder von Eigenschaften des Erkennenden, gegeben sein könne. Alle Erkenntnis gehe vom persönlichen Standort aus; eine standortfreie Allgemeingültigkeit sei nicht möglich.

Wichtig ist nun, daß die (theoretischen) Perspektiven sich mit der Zeit verändern können (Kuhn, 1967). Erkenntnisinteressen und wissenschaftliche Orientierungen sind also auch als wandelbare Prozesse zu verstehen. Die Geschichte des psychologischen und psychotherapeutischen Denkens und Theoretisierens zeigt als markantes Merkmal, daß in einem fast zyklischen Prozeß jeweils gewisse Partialtheorien favorisiert werden. Mal ist diese Theorie, mal ist jene Mode. Demgegenüber vertreten wir hier einen ganzheitlichen Ansatz, bei dem verschiedene Konzepte gleichzeitig verwendet werden. Voraussetzung für eine solche «Gebrauchsart» von Theorien ist aber, daß die von der jeweiligen Perspektive abhängigen und vom Forscher ausgewählten Modelle, inklusive den eigenen Entscheidungsprämissen, expliziert werden (Foppa, 1984). Diese Forderung versuchen wir in diesem Kapitel einzulösen. Mit dem Begriff «Anleihe» möchten wir dabei unseren Respekt vor der Eigenständigkeit und Integrität der durch uns «beliehenen» Theorien ausdrücken.

2.1.1 Die Komplexität des therapeutischen Prozesses

> Die meisten **Therapieschulen** werden dem komplexen Geschehen des therapeutischen Prozesses nicht gerecht. Sie reduzieren in der Regel das ganze Wirkungsgefüge auf einige für bedeutsam gehaltene Faktoren, z. B. die intrapsychische Dynamik, die existentielle Erfahrung oder kognitive Prozesse.

Vielmehr müssen aber Muster funktional miteinander verbundener Variablen zueinander in Beziehung gesetzt werden. So gibt es wohl kaum ein «psychisches Problem», bei dem nicht gleichzeitig kognitive, emotionale, psychophysiologische und verhaltensbezogene Aspekte mitbeteiligt sind. Wir glauben, daß eine konkrete psychotherapeutische Behandlung sinnvoll nur integrativ geplant und durchgeführt bzw. die Wirkungen und Ergebnisse von Psychotherapie bewertet werden können. Das *«Generic Model of Psychotherapy»* von Orlinsky & Howard (1988) ergibt von den eben angesprochenen Zusammenhängen ein anschauliches Bild. Die beiden Autoren zeigen auf, daß nicht nur der therapeutische Prozeß per se bedeutsam ist, sondern ebenso die außerhalb des therapeutischen Settings wirksamen sozialen oder gesellschaftlichen Einflüsse. In diesem Sinne hat sich Psychotherapie – in unserem Ansatz wollen wir dies besonders betonen – immer auch am sozioökologischen Kontext, in dem der Patient lebt, zu orientieren (Willi, 1990). Psychotherapie kann und darf nicht weltfremd sein.
Die verschiedenen therapeutischen Schulen unterscheiden sich nicht nur in der Anwendung je spezifischer Methoden und Techniken. Sie sind außerdem dadurch gekennzeichnet, daß sie ihrem Handlungssystem jeweils unterschiedliche Welt- und Menschenbilder zugrundelegen. In einem gewissen Sinne gilt dies auch für die Konzeptualisierung eines eklektischen Therapieansatzes. Auch Eklektiker handeln aufgrund einer im weitesten Sinne weltanschaulichen Überzeugung.

> Es gehört zum **Selbstverständnis des explizit eklektisch arbeitenden Psychotherapeuten**, daß er nicht Anhänger einer bestimmten Therapierichtung ist.

So vertreten wir in unserem Konzept mit Garfield (1980, 1990) die Überzeugung, daß *kein* Ansatz alleine für alle Patienten das einzig Richtige sein kann. Es gibt keine Universaltherapie, die für alle Patienten und alle Formen psychischer Störungen geeignet ist. Außerdem sagt einem die Bezeichnung oder Nennung einer bestimmten Therapieform noch nicht, welche spezifischen Arbeitsmethoden in der Therapie selbst Anwendung finden.
In der psychotherapeutischen Praxis, welcher Richtung auch immer, wird aber kaum je puristisch vorgegangen. Der erfahrene Praktiker weiß um die Begrenztheit des Denkrahmens und der Handlungsvorschriften der von ihm vertretenen Schulrichtung. Nach und nach hat er schulenfremde Elemente in sein therapeutisches Repertoire eingebaut, um so den Anforderungen der Praxis gerecht werden zu können. «Praxis» heißt hier immer:

Der «einzigartige» Patient mit besonderen Begabungen und Schwächen, der sich in einer spezifischen Lebenslage befindet, der mit seiner besonderen Problemsituation therapeutische Unterstützung suchte und sich nun in einer persönlichen und einmaligen therapeutischen Beziehung engagiert.

Vielleicht ist zumindest im Ansatz jede psychotherapeutische Praxis methodenpluralistisch und in ihrer Theorie eklektisch; denn die Handlungserfordernisse des therapeutischen Alltags passen sich in der Regel nicht irgendwelchen festen Konzepten an, sondern rufen geradezu nach Flexibilität des Denkens und Reagierens. Eine allzu enge theoretische und methodische Ausrichtung ist deshalb nicht praxisgerecht. Damit soll nichts gegen eine schulenzentrierte Ausbildung von Psychotherapeuten gesagt werden. Für die Sozialisation des jungen Psychotherapeuten ist eine klar konzeptualisierte und auf einer Tradition fußende Ausbildung von hoher Bedeutung. Eine solche Ausbildung, die meist auch von Trägern bekannter Namen vermittelt und getragen wird, erlaubt es dem Ausbildungskandidaten, über Identifikationsprozesse eine (erste) therapeutische Identität zu erlangen. Vielleicht ist der Eklektizismus als therapeutische Haltung erst als Ergebnis eines längeren Reifungs- und Erfahrungsprozesses denkbar, zumindest so lange er sich noch nicht als traditionelle «Schule» hat etablieren können. Dennoch erscheint es uns sinnvoll, gerade dem jungen Therapeuten aufzuzeigen, wie die therapeutische Praxis des erfahrenen Kollegen in der Realität aussieht, und diese ist doch überwiegend eklektisch.

Wir wollen hier mit der POT keine neue «Schule» oder «Glaubenslehre» ins Leben rufen; davon gibt es wahrlich bereits genug. Unser Anliegen ist vielmehr, konzeptualisiert darzustellen, was sich in der therapeutischen Praxis abspielt und wie den dort auftauchenden Problemen flexibel und pragmatisch begegnet werden kann.

2.1.2 Pragmatischer Eklektizismus

Eklektisches Vorgehen darf nicht bedeuten, daß wir beliebig oder gar unreflektiert Therapiemethoden anwenden, gleichsam ohne jeglichen theoretischen Unterbau, bzw. ohne handlungs- und entscheidungsleitende «Philosophie». Ebenso wenig können wir therapeutisch sinnvoll ohne ein zugrundegelegtes Menschenbild handeln.

> Die (anthropologische) Grundüberzeugung, an der wir uns ausrichten wollen, ist die, daß jeder **Mensch als ganzheitliches Wesen** in seinem sozialen und ökologischen Kontext angesehen wird, ferner als aktives, zielgerichtet handelndes Wesen, das mit seiner natürlichen und sozialen Umwelt in ständigem Austausch steht.

In der Psychotherapie lassen sich bezüglich Eklektizismus grundsätzlich zwei Richtungen unterscheiden:

a) der pragmatische Eklektizismus

Dieser lehnt die etablierten Theorien mit ihrem Alleinvertretungsanspruch ab. Wichtigstes Kriterium für die Auswahl und Anwendung von therapeutischen Methoden ist ihre Nützlichkeit oder Brauchbarkeit für die konkrete Praxis (vgl. Duncan et al., 1990).

b) der theoretische Eklektizismus

Hier wird der – in der Psychotherapie bislang nicht gelungene – Versuch unternommen, eine Art Metatheorie mit breitem Gültigkeitsanspruch zu formulieren.
Unser Konzept steht dem pragmatischen Eklektizismus näher, hat jedoch gleichzeitig eine **integrative Intention**. Dies soll im nachfolgenden Kapitel ausführlich dargelegt werden.
Es ist erstaunlich, daß der Begriff «eklektisch» im Verlaufe der Zeit eine derart negative Wertung erfahren hat. Es wäre einer wissenschaftskritischen und -historischen Untersuchung wert, den Gründen dieses Faktums nachzugehen. Historisch ist der Eklektiker nämlich einer, dem es schwer fällt, sich einer Schule anzuschließen, weil er sich ihrer Begrenztheit deutlich bewußt ist. Der Eklektiker will geistig unabhängig sein. Daraus folgt fast von selbst, daß er sich immer wieder um Integration unterschiedlicher Denkmodelle bemühen muß (Plaum, 1988).

Die **Ausrichtung am pragmatischen Eklektizismus** bedeutet nicht eine wahllose adhoc-Mischung von Theorien und Interventionen. Im Vordergrund steht das mit dem Patienten vereinbarte Problem, die mit ihm vereinbarte Zielsetzung und der Konsens bezüglich der einzuschlagenden Strategie.

2.2 Psychotherapie als Problemlösen

2.2.1 Das Problemlösungs-Paradigma

Wir empfehlen in diesem Manual ein eklektisches Vorgehen. Dies impliziert, daß wir uns gewissermaßen «respektlos» derjenigen psychotherapeutischen Instrumente bedienen, die nach Einschätzung der Situation am geeignetsten erscheinen, ein angestrebtes Ziel zu erreichen. Das Manual stellt dafür Indikationsrichtlinien, Prozeßmodelle und eine Methodenbibliothek zur Entscheidungsfindung bereit.
Diese Hilfsmittel entsprechen den «problem boxes», wie sie im unterrichtsdidaktischen Modell des «problem based learning» (Barrows, 1986) üblich sind und dort mit Erfolg angewandt werden. Die «problem box» ist eine Sammlung unterschiedlicher Hilfsmittel didaktischer und inhaltsbezogener Art, die dem Lernenden für die Problemlösung verfügbar sind.

Am Anfang einer Lerneinheit steht ein Problem. Dieses wird in den nachfolgenden Schritten analysiert und schließlich mit Hilfe verschiedenster Methoden einer Lösung zugeführt. Sowohl für die Problemanalyse als auch -lösung kann man nun auf die «problem boxes» zurückgreifen; sie sind mit einer Art «Bibliothek» vergleichbar. Auch in unserem POT-Konzept haben wir solche «boxes» bereitgestellt. Sie sind im Kapitel 8, unserem Methodenkapitel, enthalten. Dort wird der Leser theoretische und methodisch-technische Elemente finden, die den traditionellen Psychotherapiekonzepten entliehen sind. Wir haben sie in unserer Darstellung so weit wie möglich von ihrem ideologischen Ballast befreit und jeweils unter Maßgabe ihrer Nützlichkeit für eine problemorientierte Kurztherapie in unser eigenes Konzept aufgenommen.
Es ist uns bewußt, daß ein solches Vorgehen wissenschaftstheoretisch nicht unbedenklich und vor allem nicht unumstritten ist. In den Vorbemerkungen zu diesem Kapitel sind wir kurz auf diese Problematik eingegangen. Rechtfertigen läßt es sich aber damit, daß wir auf diese Weise eine (perspektivische) Annäherung an die realistische psychotherapeutische Alltagspraxis anstreben können. Ob und in welchem Ausmaß dieses Ziel zu erreichen ist, werden unsere Leser zu beurteilen haben und künftig auch unsere *praxisorientierten Forschungsprojekte* zeigen.
Viele der von uns vorgeschlagenen Verfahrensweisen sind das Ergebnis einer während den letzen Jahren systematisch betriebenen Suche nach *Gemeinsamkeiten in den verschiedenen Therapierichtungen* (z. B. Garfield, 1990; Goldfried & Safran, 1986; Petzold, 1984, 1988). Dies gilt im Prinzip für alle von uns recht breit dargestellten Methoden im 8. Kapitel, die mit unterschiedlicher Gewichtung und teils unterschiedlicher Benennung in verschiedenen therapeutischen Schulen Verwendung finden.

> Die **Bereitstellung eines breiten Methodenangebotes** geht von der Voraussetzung aus, daß für die therapeutische Lösung einer Problemsituation prinzipiell mehrere und gleichwertige Möglichkeiten in Frage kommen.

Für die positive Wirkung der sogenannten schulunabhängigen oder «unspezifischen Behandlungsfaktoren» spricht außerdem, daß Patienten in der Regel für den Therapieerfolg ähnliche Gründe angeben, ganz unabhängig davon, welcher «Schule» ihr Therapeut angehört (Textor, 1990).
Einer dieser «unspezifischen Faktoren» scheint nun die explizite *Ausrichtung des therapeutischen Prozesses an einem problemorientierten Vorgehen* zu sein. Damit ist aber nicht nur etwas über die **Strukturierung des therapeutischen Prozesses** ausgesagt. Diese sollte eine möglichst kurze Behandlungszeit ermöglichen. Gleichzeitig haben wir damit auch ein **inhaltliches Ziel** unseres Konzeptes bestimmt:

> Im Zentrum des therapeutischen Bemühens steht die verbesserte **Problemlösefähigkeit des Patienten**. Diese soll ihn instandsetzen, am Ende der Therapie sein eigener Therapeut zu sein.

Fiedler (1981) spricht in diesem Zusammenhang vom «Psychotherapieziel Selbstbehandlung». In den humanistischen Therapieformen werden dafür die Begriffe «Selbstregulation» oder «Selbstaktualisierung» verwendet.
Die inhaltliche und methodische Ausrichtung auf die Problemlösefähigkeit des Patienten zieht nun ganz bestimmte Konsequenzen nach sich. Eine davon ist, daß wir mit einem solchen Konzept nicht (mehr) eine Umstrukturierung der Grundpersönlichkeit oder gar eine «Heilung» des Patienten anstreben.

Sowohl aus versorgungspolitischen wie aus psychologischen Gründen kann es nicht darum gehen, Patienten umfassend und abschließend psychotherapeutisch zu behandeln.

Nach unserer Meinung geht es vielmehr um eine Veränderung der persönlichen Lebensgestaltung eines Individuums in einer konkreten Lebenssituation unter Berücksichtigung all seiner individuellen Besonderheiten, und nicht um die Heilung einer Krankheit. Wir sind deshalb zufrieden mit Teilerfolgen in einem definierten Problembereich. Damit ist die Erwartung verknüpft, daß sich Änderungen in einem Teilbereich mit der Zeit auf andere Bereiche übertragen. Ähnlich lautet ein Gesetz der allgemeinen Systemtheorie: *Veränderungen in einem Teilbereich eines Systems bewirken eine Bewegung (Fluktuationen) und damit Veränderungen im Gesamtsystem* (Dell & Goolishian, 1981). Pragmatisch formuliert: Der Patient soll in die Lage versetzt werden, möglichst bald wieder ohne therapeutische Hilfe sein Leben fortführen zu können. Wir müssen ihm dazu verhelfen, daß blockierte Systembereiche «gestört» oder wenig strukturierte angereichert werden und dann darauf vertrauen, daß sich das Gesamtsystem selbst reorganisiert (die Prinzipien «Autopoiese» und «Ordnung durch Fluktuation», vgl. Schneider, 1983).
Anschließend werden wir die Grundgedanken des Problemlöse-Paradigmas so weit skizzieren, als es uns für das Verständnis des POT-Konzeptes notwendig erscheint. Die entsprechende auf die Praxis bezogene Umsetzung wird dann im 5. Kapitel ausführlich dargestellt werden.

2.2.2 Der Problemlösungs-Prozeß

Problemlösungs-Ansätze stammen aus der Denkpsychologie (z. B. Doerner, 1979). Selbstverständlich sind sie auch Gegenstand der neueren «cognitive science» bis hin zur Entwicklung von Computerprogrammen.
Zentrales Postulat der kognitionspsychologischen Ansätze ist folgendes: Die Entstehung (und Veränderung) kognitiver Strukturen wird durch konkretes Verhalten bzw. Handeln und dessen Folgen in der Umwelt sowie in der Person bewirkt. Nach Piaget (1976) ist jedoch die Abbildung dieser Person-Umwelt-Bezüge in den kognitiven Strukturen kein passives Kopieren, sondern wird als aktiver Prozeß der Konstruktion betrachtet. Das Resultat sind kognitive und emotionale **Schemata**, in denen «Sze-

nen» bisheriger Erfahrungen in verdichteter und typisierter Form abgebildet sind. Schemata werden gewissermaßen als Matrix betrachtet, an Hand derer aktuelle Handlungsentwürfe geprüft und schließlich zum Vollzug freigegeben werden. Der gesunde Mensch modifiziert seine Schemata laufend und paßt sich so neuen Umweltgegebenheiten an, nicht so der Neurotiker. Dieser hält starr an «alten» Schemata fest und versucht immer wieder, einmal bewährte Handlungsmuster auf neue Situationen zu übertragen. Die Umgebung läßt sich jedoch nicht beliebig an die eigenen Vorstellungen oder Schemata angleichen. Es wäre also nötig, die eigenen Schemata flexibel auf neue Situationen abzustimmen. Grawe (1987), der sich in seinen Konzepten sehr stark auf Piaget bezieht, hat entsprechend Psychotherapie als «Entwicklungsstimulation von Schemata» bezeichnet. Seine Vorstellungen des therapeutischen Prozesses kommen den unsrigen sehr nahe. Sie repräsentieren außerdem einen integrativen Ansatz, der schulenübergreifend ist (Grawe, 1988).

> Im Verlauf ihres Lebens bilden Menschen in der Auseinandersetzung mit Situationen, Ereignissen und Mitmenschen ein **internes Modell der Umwelt** aus. Im wesentlichen besteht dieses aus einer Sammlung von «Regeln», wie mit häufig wiederkehrenden Problemen in der Person-Umwelt-Beziehung wirkungsvoll verfahren werden kann.

Menschen können sich so in der Regel recht gut zurechtfinden und ihre Beziehungen befriedigend regulieren. Dies trifft allerdings nicht immer zu. Eine einmal erfolgreiche Problemlösung erweist sich häufig in neuen und anders strukturierten Situationen als nicht mehr geeignet. Dennoch werden die «alten» Lösungen immer wieder von neuem ausprobiert. In der Psychoanalyse wird dieses Verhalten *«Wiederholungszwang»* genannt. Watzlawick bezeichnet es als das *«mehr desselben»* und als eines der «wirkungsvollsten Katastrophenrezepte»:
«Aus Gründen, die den Verhaltensforschern noch recht schleierhaft sind, neigen aber andererseits Tiere wie Menschen dazu, diese jeweils bestmöglichen Anpassungen als die einzig möglichen zu betrachten. Das führt zu einer zweifachen Blindheit: Erstens dafür, daß im Laufe der Zeit die betreffende Anpassung eben nicht mehr die bestmögliche ist, und zweitens dafür, daß es neben ihr schon immer eine ganze Reihe anderer Lösungen gegeben hat oder zumindest nun gibt. Diese doppelte Blindheit hat zwei Folgen: Erstens macht sie die Patentlösung immer erfolgloser und die Lage immer schwieriger, und zweitens führt der damit steigende Leidensdruck zur scheinbar einzig logischen Schlußfolgerung, nämlich der Überzeugung, noch nicht genug zur Lösung getan zu haben. Man wendet also mehr derselben «Lösung» an und erreicht damit genau mehr desselben Elends» (Watzlawick, 1988, S. 28).
Was Watzlawick hier leicht ironisch anspricht, ist genau das, worauf wir mit unserem problemorientierten Therapiekonzept ebenfalls hinauswollen. Es geht darum, «alte» emotionale und kognitive Strukturen (die auch immer potentielle Handlungsstrukturen sind) aufzuweichen oder aufzubrechen, um damit der Bildung neuer, kreativer Lösungen den Weg zu bahnen. Im Gegensatz zur kognitiven

Therapie (Hoffmann, 1979), in der die Aufweichung verfestigter Strukturen ausschließlich durch eine «kognitive Umstrukturierung» angegangen wird, sehen wir aber für diesen Zweck eine Vielzahl verschiedenster, auch averbaler Methoden und Techniken vor (vgl. Kap. 8).
Die von Doerner (1979) vorgeschlagene *Typologie des Problemlösungsvorganges* ist bestens dafür geeignet, die Strukturmerkmale dieses Prozesses deutlicher zu erkennen.
Wenn wir uns hier auf Dörner beziehen, dann deshalb, weil er eine Klassifikation von problembezogenen Strukturmerkmalen vorschlägt, die für eine Konzipierung psychotherapeutischer Prozesse praktikabel erscheint. Dörner unterscheidet zwischen **epistemischer** und **heuristischer Struktur**.

Die **epistemische Struktur** ist gewissermaßen das Wissensrepertoire des Menschen, sein Informationsträger oder seine Datenbank. Es geht um das *WAS*.

Sie liefert Informationen über Sachverhalte des Realitätsbereiches. In Psychotherapien greifen wir immer wieder und auf vielfache Weise in die epistemische Wissenstruktur eines Menschen ein, insbesondere dann, wenn wir ihm Informationen geben, die sein Problem in einem anderen Licht erscheinen lassen oder wenn wir ihn anleiten, sein Erfahrungswissen über problembedingende Umstände zu verbessern. Dies ist etwa dann der Fall, wenn wir einer Patientin mit bulimischen Eßstörungen empfehlen, ein Eßtagebuch zu führen, mit der Absicht, dadurch ihre Wahrnehmung für symptomauslösende Faktoren zu schärfen. Die Patientin kann so beispielsweise entdecken, daß sie immer dann einen Eßanfall hat, wenn sie von anderen Menschen enttäuscht wird. Auf diese Weise kann sie ihre subjektive Erlebenswelt in einem begrenzten Problembereich neu ordnen.
Nun ist aber die epistemische Struktur allein zu keinen umfangreicheren Aktivitäten in der Lage. Wir kennen dies aus eigener Erfahrung: Um Probleme zu lösen, die sich in der Auseinandersetzung mit der Umwelt ergeben, genügt es nicht, allein viel Wissen zu haben. Wir benötigen vielmehr zusätzlich geeignete Handlungsentwürfe. Dafür ist die heuristische Struktur da.

Die **heuristische Struktur** ist eine Art mentaler Bibliothek für bestimmte Finde- oder Konstruktionsverfahren. Sie beinhaltet Pläne, Denkmethoden oder Handlungsstrategien, die geeignet sind, in Problemsituationen Lösungswege aufzufinden oder zu konstruieren. Es geht um das *WIE*.

Es besteht wohl kein Zweifel, daß es in der Psychotherapie vornehmlich um diese heuristische Struktur geht. Technisch formuliert, leisten *Heurismen* folgendes:
Sie geben möglichst genau an, welche Operationen in welcher Reihenfolge anzuwenden sind. In diesem Sinne können wir sie als **Problemlösungs-Strategien** bezeichnen. Wenn uns eine Patientin fragt, was sie mit den von ihr gefürchteten aggressiven Gefühlen anfangen solle, gehen wir beispielsweise wie folgt vor: Wir

suchen zusammen mit ihr anhand verschiedener konkreter Beispiele nach einem Verständnis für die Funktion dieser Gefühle. Anschließend entwerfen wir gemeinsam eine Strategie, die sich entweder auf den adäquaten Ausdruck der aggressiven Gefühle oder auf ein geeignetes Copingverhalten in den kritischen Situationen bezieht.

2.2.3 Ein Stufenmodell

Es erscheint uns sinnvoll, daß sich das Problemlösungshandeln des Patienten am logischen Ablauf des Problemlöse-Prozesses orientiert. Dafür gibt es allgemeine **Stufenmodelle.** Ein solches Modell zur Strukturierung des therapeutischen Prozesses schlagen auch wir vor (vgl. Kap. 2.5 und Kap. 5). Es geht von ähnlichen Grundgedanken aus, ist aber vorwiegend an praktisch-didaktischen Zielsetzungen eines Kurztherapie-Konzeptes ausgerichtet: Stufenmodell des allgemeinen Problemlösungs-Prozesses (nach Fiedler, 1981)

(1) *Problembereich*
- Allgemeine Orientierung
- Problembeschreibung
- Problemanalyse

(2) *Zielbereich*
- Zielanalyse
- Zielentscheidung
- Veränderungsplanung

(3) *Transferbereich*
- Handlungsexperiment
- Handlungsbewertung
- Transferabsicherung

Selbstverständlich kann ein solches **Stufenmodell** den Problemlösungsprozeß lediglich in idealtypischer Form abbilden. In der komplexen Lebens- oder Therapiesituation wird sich der Ablauf einer Problemlösung nicht so regelkonform, gewissermaßen wie auf Schienen, abspielen. Die verschiedenen Phasen werden in der Alltagspraxis auch unterschiedlich schnell durchlaufen, und sie überlappen sich gegenseitig in vielfältiger Weise. Das hier abgebildete Schema soll deshalb vom Leser als didaktischer *Heurismus* betrachtet werden. Wer sich vertieft mit der Interaktion von epistemischen und heuristischen Strukturen im therapeutischen Prozeß befassen will – davon war hier noch gar nicht die Rede – sei erneut auf Fiedler (1981) verwiesen.
Wir müssen aber noch eine weitere Präzisierung anfügen: Problemlösungsprozesse verlaufen beim Menschen niemals algorithmisch. Sie folgen also nicht irgendwelchen logischen oder berechenbaren Mustern.

Als Psychotherapeuten können wir bei unseren Patienten nicht irgendwelche Entwicklungen «programmieren» oder geplant «herstellen».

Diese Feststellung ist uns deshalb so wichtig, weil ein Konzept, das sich am Problemlösungs-Paradigma orientiert, fälschlicherweise als deterministisches Konzept mißverstanden werden könnte. Vielmehr ist es wahrscheinlich so, daß kognitiv-emotionale Systeme durch therapeutische Interventionen in ein Ungleichgewicht geraten. Die auf diese Weise bewirkte Instabilität läßt dann aber weitgehend offen, welcher Weg von dort aus weiter beschritten wird. Dies kann von außen nicht mehr oder höchstens bedingt kontrolliert werden; es sei denn, wir würden Methoden der «Gehirnwäsche» anwenden.
Der Stellenwert dieser Bemerkungen ergibt sich nicht nur dadurch, daß sie psychologisch bedeutsam sind. Sie haben auch ethische Implikationen:
Wir sollten als Psychotherapeuten immer sorgfältig abwägen, wann wir welche therapeutischen Interventionen bei wem anwenden. Manchmal bewirken sie mehr und anderes, als wir und auch der Patient beabsichtigen. Mit Grawe gesprochen ist Psychotherapie «bloß» Entwicklungsstimulation von Schemata. Wenn sie aber dies bewirkt – gemeint ist: Bewegung in erstarrte Strukturen zu bringen –, ist das Wesentliche bereits getan (Grawe, 1987).

Weiterführende Literatur:

Barrows (1986)
Dell & Goolishian (1981)
Doerner (1979)
Duncan et al. (1990)
Fiedler (1981)
Foppa (1984)
Garfield (1980, 1990)
Goldfried & Safran (1986)
Grawe (1987, 1988)
Hoffmann (1979)
Kuhn (1967)
Orlinsky & Howard (1988)
Petzold (1984, 1988)
Piaget (1976)
Plaum (1988)
Schneider (1983)
Seidmann (1976)
Textor (1990)
Watzlawick (1988)
Willi (1990)

2.3 Integrative Aspekte

Kritiker des eklektischen Vorgehens in der Psychotherapie können diesem nicht länger Unwissenschaftlichkeit vorwerfen. Die eklektische Konzeption therapeutischen Denkens und Handelns ist in der neueren Zeit an Bedingungen geknüpft worden, die überprüfbaren wissenschaftlichen Kriterien genügen. Damit läßt sich der moderne Eklektizismus und damit auch das POT-Modell in die integrativen Therapiekonzepte einreihen.

2.3.1 Ein Funktionsmodell des psychotherapeutischen Prozesses

Wegweisend für unseren Ansatz war vorerst ein Funktionsmodell von Psychotherapie, das aus einer Gesamtschau empirischer Evaluations- und Erfolgsstudien entstand, und das wesentliche Elemente des therapeutischen Prozesses integrativ verbindet. Es handelt sich um das *«Generic Model of Psychotherapy»* von Orlinsky und Howard, ein Metamodell, welches letztlich für alle Formen von Psychotherapie, jedwelcher schulischer Provenienz, Gültigkeit beanspruchen kann (Orlinsky und Howard, 1988).

Aus Abbildung 1 wird ersichtlich, daß das therapeutische Geschehen ein hochkomplexer Prozeß in einem hochkomplexen Kontext ist. Gleichzeitig wird deutlich, daß die reale Vielfalt rund um das psychotherapeutische Geschehen auf einige wenige Elemente und Verknüpfungen reduziert werden kann. Daraus lassen sich unmittelbar einleuchtende heuristische Handlungsregeln ableiten. Die wichtigsten dieser Systemelemente wollen wir im folgenden erläutern:

2.3.2 Elemente des therapeutischen Handlungsfeldes

A. Der therapeutische Vertrag

beinhaltet die formalen Abmachungen und Erwartungen bezogen auf die Arbeitsbedingungen innerhalb des Behandlungsrahmens. Diese sind wesentlich von gesellschaftlichen Normen geprägt, die bestimmen, wie zwei Menschen in einem solchen Kontext miteinander umzugehen haben. Inhaltlich geht es vorwiegend um die Definition der therapeutischen Beziehung als einer Arbeitsbeziehung und damit um die Festlegung und Eingrenzung der unterschiedlichen Rollenaspekte von Patient und Therapeut. Miteingeschlossen im therapeutischen Vertrag sind auch staatlich-institutionelle oder privatwirtschaftliche Bedingungen des Gesundheitsversorgungssystem, wie Bezahlung und Vereinbarungen mit Versicherungsträgern.

B. Die therapeutischen Maßnahmen

umfassen die auf das Problem des Patienten bezogenen technischen Intervention des Therapeuten. In diesem Aspekt unterscheiden sich die verschiedenen Richtungen, wenigstens in programmatischer Hinsicht, jeweils am deutlichsten. Die meisten Schulen versuchen, ihr Profil mit einer bestimmten Technik bzw. einem Set von Techniken zu bestimmen. Auf einer höheren Abstraktionsebene geht es etwa darum, ob eher verbale oder nonverbale Interventionsformen im Vordergrund stehen. Es geht auch darum, wie psychische Entwicklung bzw. Störungen im Entwicklungsverlauf und ihr Einfluß auf die aktuelle psychische Befindlichkeit interpretiert werden. Eines der wesentlichsten Ergebnisse der bisherigen Therapieforschung ist der

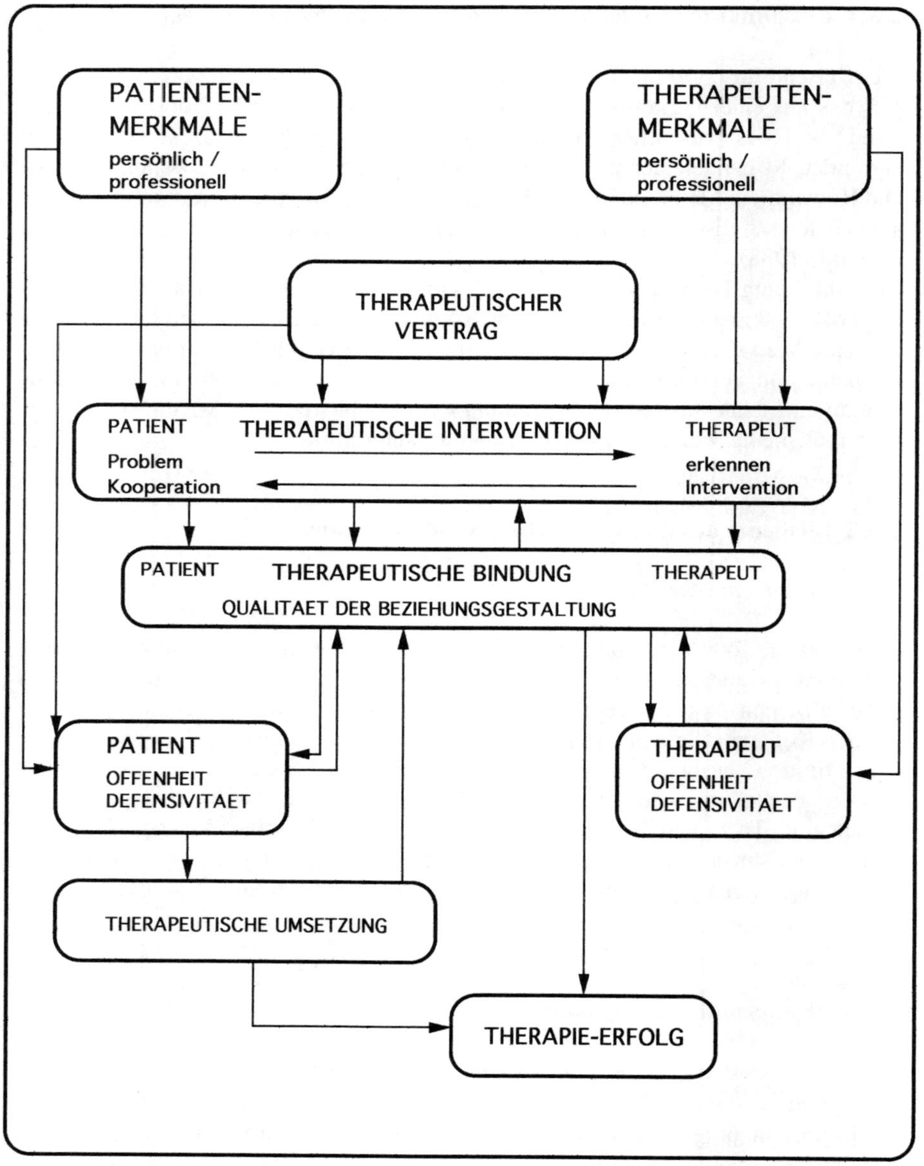

Abbildung 1: Elemente des therapeutischen Prozesses

Wirkungsnachweis der sogenannten «unspezifischen» oder Beziehungsfaktoren; nicht selten werden diese höher gewichtet als die spezifischen oder technischen.

C. Die therapeutische Beziehung oder Bindung

gilt als zentraler Basisfaktor im therapeutischen Prozeß. Es geht dabei ausschließlich um die **Qualität** der Beziehung zwischen Patient und Therapeut. Sie drückt sich in der Art der persönlichen Beteiligung, der «gemeinsamen Wellenlänge» oder der empathischen Resonanz zwischen den beiden Partnern aus. Mit einem oft verwendeten Ausdruck spricht man auch von der «hilfreichen therapeutischen Beziehung» (Luborsky, 1985). Diese umfaßt im wesentlichen eine Atmosphäre von Akzeptanz und Verstandensein, eine Beziehungsqualität, die nicht nur Ergebnis einer speziellen kommunikativen Begabung oder besonderer glücklicher Umstände, sondern bis zu einem gewissen Grade auch einer lernbaren Haltung ist.
In einer solchen Atmosphäre können Offenheit und Vertrauen wachsen, was wiederum Voraussetzung für die weitergehende therapeutische Arbeit ist. Die Schule von Carl Rogers hat diese Aspekte des therapeutischen Geschehens ins Zentrum ihres Konzeptes gerückt.

D. Die therapeutische Realisierung

ist der wichtigste Aspekt auf der Wirkungsseite. Hier ist von Bedeutung, was sich als Resultat des Vertrages, der Beziehung und der spezifischen Maßnahmen im Rahmen des Behandlungsprozesses niederschlägt. Gemeint sind zunächst die unmittelbar in der Therapiesitzung beobachtbaren Verhaltensänderungen, Einsichten und emotionalen Reaktionen. An ihnen kann der Therapeut vorerst «ablesen», was sich im therapeutischen Prozeß unmittelbar «tut». Allerdings sagen diese Reaktionen des Patienten noch wenig darüber aus, ob die situativ beobachtbaren Veränderungen sich dann auch im Alltag kurz- oder gar längerfristig und nachhaltig niederschlagen.
Unser Therapiekonzept läßt sich mit dem Schema von Orlinsky und Howard in Verbindung bringen, weil beide Modelle *als gemeinsames Anliegen die Klarheit und Transparenz des therapeutischen Geschehens* im Auge haben. In der POT zielt dieser Anspruch nicht nur auf den Therapeuten, sondern ebenso auf den Patienten als eines prinzipiell gleichwertigen Partners.

2.3.3 Theoretische Bedingungen integrativer Ansätze

Die Praxis der integrativen Therapieansätze ist ihrer Theoriebildung zeitlich vorausgegangen. Etwas nachhinkend hat man erst vor wenigen Jahren begonnen, sich auch zur theoretischen Grundlegung der integrativen Psychotherapie Gedanken zu machen. Welche Kriterien muß «Integration» im therapeutischen Denken und Handeln erfüllen, um theoretischen Ansprüchen zu genügen? Beitman et al. (1989), Goldfried & Wachtel (1987), sowie Norcross (1986) und Mahrer (1989) haben sich in letzter Zeit zu diesen Fragen geäußert. Namentlich Mahrer (a. a. O.) stellte einen nützlichen Katalog von Kriterien zusammen, an denen integrative Ansätze gemessen werden können. Die wichtigsten dieser Kriterien sollen im folgenden aufgeführt werden. (In Klammern sind diejenigen Kapitel unseres POT-Manuals aufgeführt, in denen zu den genannten Kriterien jeweils inhaltlich Stellung genommen wird.) Eine **integrative Theorie soll (nach Mahrer) folgende Aussagen machen:**

A. ... Aussagen darüber, welches «Material» des Patienten als nützlich und relevant zu gelten hat und entsprechend «abzurufen» ist, d. h. zu erfragen oder zu erschließen ist.
Dieses Kriterium erfüllt POT, indem noch über das Geforderte hinaus angegeben wird, wie man in Zusammenarbeit mit dem Patienten zu diesem «Material» kommt, und wie es schließlich in einem kooperativen Prozeß verdichtet wird. (Kap. 5).

B. ... Aussagen darüber, wie man zuhört und beobachtet.
Jede Therapieform hat ihre eigene Art des Zuhörens und Beobachtens, in Entsprechung zu einem universellen Wahrnehmungsgesetz, welches aussagt, daß wir vorzugsweise das wahrnehmen, was wir wahrzunehmen beabsichtigen. Diese motivationalen Voraussetzungen des Beobachtens und Zuhörens müssen deshalb spezifiziert werden.
Diese Forderung wird für POT vor allem in den theoretischen Kapiteln zu erfüllen versucht (Kap. 2).

C. ... Aussagen darüber, wie der Patient und die Therapie sprachlich zu beschreiben sind.
Normalerweise gehört dazu eine eigene Fachsprache mit einheitlicher Terminologie. Diese sollte auf einer höheren Abstraktionsebene auch die wichtigsten Therapieziele bezeichnen, und es sollte mit ihr sprachlich kongruent angegeben werden, mit welchen Mitteln und auf welchem Weg die Ziele theoretisch zu erreichen sind.
In der POT verzichteten wir so weit wie möglich auf eine abstrakte, nur dem Eingeweihten zugängliche Fachsprache. Dort, wo es notwendig wurde, auf ein sprachlich höheres Abstraktionsniveau zu gehen, bemühten wir uns um Allgemeinverständlichkeit. POT sollte ja vor allem für den «durchschnittlichen» Praktiker, welcher Grundausrichtung auch immer, ein leicht nachvollziehbarer Leitfaden sein. Zudem sollte unser Therapiekonzept auch dem Patienten unmittelbar verständlich gemacht werden können.
Kommunikationsprobleme zwischen den therapeutischen Schulen resultieren bekanntlich nicht aus einem mangelnden, sondern vielmehr aus einem zu hohen Abstraktionsniveau. Unsere Patienten haben in der Regel keinen unmittelbaren Zugang zu derart elaborierten Sprachformen.
Wir achten in der POT deshalb konsequent auf die sprachliche Einfachheit und Klarheit, besonders dann, wenn wir mit unseren Patienten therapeutische Überlegungen erörtern. Im Rahmenkonzept «subjektive Krankheitstheorie» ist ausdrücklich die Verwendung einer patientennahen Sprache gefordert (Kap. 2.4).

D. ... Aussagen über die therapeutischen Ziele.
In der POT gilt als (übergeordnetes) Therapieziel die *Fähigkeit des Patienten zur*

möglichst selbständigen Lösung seiner eigenen Probleme. Diesem Ziel dienen verschiedenste dafür bezeichnete Strategien, u.a. die zeitliche Limitierung der Behandlung sowie das Eingehen auf die subjektive Sicht des Patienten bei der Problemformulierung. Ferner ist ein Stufenplan vorgesehen, innerhalb dessen die Problemanalyse sowie die Problemdefinition durchgehende und sich wiederholende Elemente sind. Dieses Vorgehen stellt sicher, daß die mit dem Patienten vereinbarten Therapieziele jederzeit thematisiert und neu angepaßt werden können (Kap. 5.4).

E. ... Aussagen über allgemeine therapeutische Strategien.
Wie unten noch ausgeführt wird, beschreiben wir, wie therapeutische Strategien konzipiert, durchgeführt und auch ausgewertet werden. Je nach Zielsetzung resultieren Änderungen auf den unterschiedlichen Ebenen der Persönlichkeit.

F. ... Aussagen über Bedingungen, Operationen und Konsequenzen des therapeutischen Handelns.
Die Theorie muß erklären, was unter welchen Bedingungen bei wem zu welchen Konsequenzen führt. Dies ist natürlich eine der am schwersten zu erfüllenden Forderungen. Teilweise wird sie aber in den Indikationskapiteln dieses Manuals eingelöst (Kap. 6 und 7). Entsprechende Hinweise ergeben sich auch in den Methodenkapiteln (Kap. 7 und 8). Wir gehen davon aus, daß Methoden unterschiedliche Konsequenzen haben können. Sie lassen sich auch kombinieren, um im Sinne einer bestimmten Therapie-Strategie verstärkt auf das vereinbarte Ziel hinzuwirken.
Ein *methodenpluralistisches Therapiekonzept* hat in dieser Hinsicht bestimmt wesentliche Vorteile gegenüber methodenmonistischen Vorgehensweisen, die ein entsprechend bescheidenes und manchmal wenig flexibles Instrumentarium zur Verfügung haben.

G. ... Aussagen über die Prinzipien der therapeutischen Wirkung.
POT versteht das Prinzip der therapeutischen Wirkung in einer hierarchischen Ordnung. Dies wird in den Kapiteln 4–7 detailliert beschrieben, soll aber hier vorerst in einem metatheoretischen Zusammenhang dargestellt werden.

2.3.4 Stufen der therapeutischen Wirkung

Das *Modell der vier hierarchischen Stufen* veranschaulicht unsere Auffassung der notwendigen strukturellen Bedingungen der Problemorientierten Psychotherapie (vgl. Abb. 2). Jede Ebene einzeln genommen, genügt nicht, um das Handlungsgefüge «Psychotherapie» zu bestimmen. Deshalb sind beispielweise bewegungstherapeutische Übungen nur dann als «Psychotherapie» zu bezeichnen, wenn sie in ein übergeordnetes strategisches Konzept eingebettet sind, wo Methoden und Interventionen integrativ verknüpft sind. Die Anwendung einer Methode, losgelöst von einem definierten Konzept, ist keine Psychotherapie. Andererseits ist ein strategisches Therapiekonzept ohne methodische Ableitungen und Anwendungen bloß spekulative Theorie, die in der Empirie nicht überprüft werden kann.

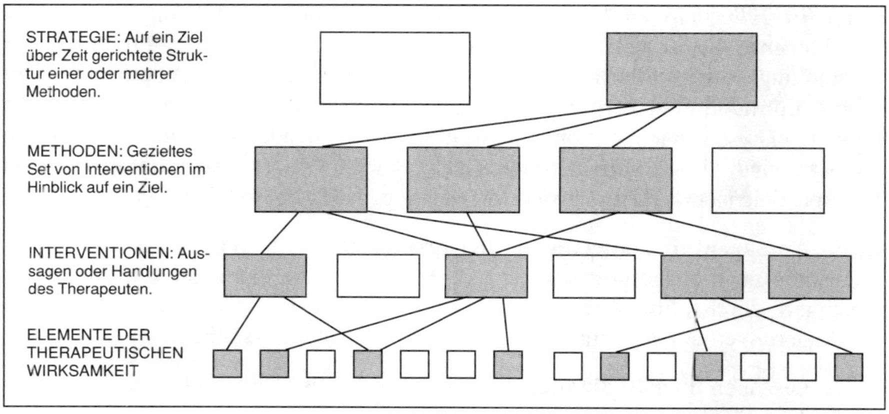

Abbildung. 2: Modell der vier hierarchischen Stufen

> Eine **therapeutische Strategie** ist ein relativ abstrakter Satz von (therapeutischen) Verfahrensregeln. Sie beinhaltet eine allgemeine Zielsetzung des therapeutischen Handelns und ein theoretisches Konzept, welches den (theoretischen) Zusammenhang zwischen Handlung und angestrebtem Ziel erklärt.

Das konzeptuelle Gerüst kann eine philosophisch-anthropologische Theorie oder eine psychologische Entwicklungs- oder Verhaltenstheorie sein. Häufig finden auch soziale, gesellschaftstheoretische und religiöse Gedankensysteme und Traditionen Eingang in eine Theorie des therapeutischen Handelns. Die Therapietheorie sollte auf jeden Fall expliziert sein.
Welche theoretischen Quellen in die POT einfließen und wie wir unsere theoretischen Vorstellungen mit therapeutischen Handlungsregeln verknüpfen, ist Inhalt dieses Kapitels, aber auch der Kapitel 4 bis 6.

> **Methoden** sind gerichtete und gebündelte Sets von Interventionen. Sie werden in therapeutischer Absicht, wie dies in den Strategien vorgesehen ist, zielgerichtet zur Verhaltensänderung bzw. zum Aufbau neuer Verhaltenselemente eingesetzt.

Methoden definieren in konkreter Weise den Weg zum Ziel. Ihnen haben wir die Kapitel 7 und 8 gewidmet, wo ihre Handhabung detailliert und in einem integrativen Rahmen besprochen wird.

> **Interventionen** sind die konkreten Handlungen oder Aussagen des Therapeuten als Manifestationen der Methoden.

Die Ebene der Interventionen ist identisch mit der Handlungsebene. Interventionen sind Operationsalisierungen der eher heuristisch formulierten Methoden. Hier geht

es um konkrete Handlungen oder gezielte sprachliche Interventionen, mit denen eine spezifische Reaktion oder Wirkung erzielt werden soll. Aus dem bisher Ausgeführten geht hervor, daß Interventionen nie für sich alleine stehen, sondern immer im Hinblick auf ein umfassenderes Konzept begründet und erklärt werden können.
Mahrer (a. a. O.) geht schließlich noch über diese Forderungen an eine Therapie-Theorie hinaus. Er verlangt, daß diese befriedigend mit der ihr zugrundeliegenden Theorie des Menschen übereinzustimmen habe. Eine explizite «Theorie des Menschen» haben wir jedoch in der POT nicht. Dennoch ist aus einer unserer zentralen Forderungen indirekt ein «Menschenbild» abzulesen (vgl. Kap. 2.1.2):

> Der Therapeut soll um ein kommunikatives Aushandeln einer gemeinsamen Definition der vom Patienten vorgebrachten Probleme bemüht sein. Wesentliches Ziel der POT ist somit, eine konsensuelle sprachliche Basis für alle nachfolgenden therapeutischen Schritte zu schaffen. Dies ist kein einmaliger Vorgang, sondern eine durchgängige Strategie im therapeutischen Prozeß. Ziel ist ein zunehmend differenzierteres Verstehen der komplexen Bedingungszusammenhänge, in die das «Problem» eingebettet ist.

Des weiteren fordert Mahler eine Deklarierung, woher die integrierten Bestandteile der Theorie kommen. Es genüge nicht zu sagen, daß man psychoanalytische mit gestalttherapeutischen oder verhaltenstherapeutische mit kognitiven Elementen zu etwas Neuem verbunden habe. Es sollte vielmehr genau angegeben werden, wie diese Verbindung im Detail zu geschehen hat. Wir beschreiben in unserem Manual recht ausführlich, woher unsere Anleihen kommen und darüber hinaus, wie sie indiziert werden können. Die Elemente der beliehenen Theorien sind damit als solche identifizierbar. Generelle Richtlinie zur Auswahl ist die Suche nach der «subjektiven Wahrheit», wie sie zwischen Therapeut und Patient im Hinblick auf die Zielsetzung ausgehandelt wird.
Daraus geht hervor, daß in formaler Hinsicht jede POT-Therapie, gewissermaßen als Resultat einer je einzigartigen therapeutischen Beziehung, ein ganz eigenständiges Gesicht hat und daß es keine vorausberechenbare Abläufe geben wird. Damit ist auch gesagt, daß das «Wenn-Was-Wie-Wozu» für jeden Einzelfall neu bestimmt werden muß. Hier ist unser Therapiekonzept anfechtbar, weil in gewissem Sinne nicht voraussagbar und damit auch nicht kontrollierbar ist, wie der Verlauf einer Therapie im konkreten Einzelfall aussehen wird. Dies können wir allerdings mit Gelassenheit akzeptieren, und zwar im Wissen darum, daß eine solche Bedingung ohnehin nur dann erfüllbar wäre, wenn der Mensch eher dem geschlossenen System eines Computers als dem offenen System lebender Wesen gleichen würde.

Weiterführende Literatur:

Beitman et al. (1989)
Goldfried & Wachtel (1987)
Luborsky (1985)
Mahrer (1989)
Norcross (1986)
Orlinsky und Howard (1988)

2.4 Die Sichtweise des Patienten

2.4.1 Das Konstrukt «Subjektive Krankheitstheorie»

Die vielen therapeutischen Schulen unterscheiden sich u. a. darin, wie sie die Ursachen des symptomatischen Verhaltens sehen und bewerten. Eine jeweils wichtige Interventionsstrategie besteht entsprechend darin, die attribuierten Ursachen dem Patienten verständlich zu machen. Dies geschieht in der Hoffnung, daß durch neue und geeignetere Bewertungen des Problemverhaltens sich eine kognitive Neuorientierung ergibt, die schließlich auf das Verhalten der betreffenden Person positive Auswirkungen hat. Mit einer solchen Interventionsstrategie verbunden ist also immer der Versuch, die habituellen und gleichzeitig dysfunktionalen («neurotischen») (Kausal-)Attributionen des Patienten im Sinne der jeweiligen Therapietheorie zu verändern. Diese macht meist explizite Aussagen darüber, welche Attributionstypen bzw. -muster zutreffend sind und zur Problemlösung beitragen und welche nicht. Derartige Zuordnungs- und Deutungsregeln finden wir nicht nur bei den kognitiven Therapien i.e.S., sondern ebenso bei allen tiefenpsychologischen und humanistischen Ansätzen.
Offenbar handelt es sich bei der Bewertung und gezielten Modifikation subjektiver Kausalattributionen um ein relativ universelles Merkmal verbaler Therapieformen. Patienten sollen lernen, daß ihre bisherigen Annahmen über die Ursachen und Zusammenhänge ihrer Erkrankung oder Störung unangepaßt sind, und daß es für das Krankheitsverständnis bessere, weil wissenschaftlich abgestützte, Erklärungen gibt.
Nun messen wir auch in der POT der Modifikation subjektiver Erklärungsmuster einen hohen Stellenwert zu.

> Im Unterschied zu den meisten Therapieschulen betrachten und bezeichnen wir die problembezogenen Konzepte des Patienten nicht zum vorneherein als «dysfunktional» (wie in den kognitiven Therapieformen), oder als «Rationalisierungen», die der Abwehr zugerechnet werden (in den tiefenpsychologischen Schulen). Vielmehr halten wir «subjektive Krankheitstheorien» für eine die Person sehr typische und sie kennzeichnende Repräsentations- und Ausdrucksform, die nicht nur die jeweils ganz private Sichtweise dieses Menschen widerspiegelt, sondern ebenso seine kognitiven Muster der sozialen und kulturellen Realität, in der er lebt.

Beispiel:

Eine 34jährige ledige Krankenschwester bringt ihre Panikattacken und Agoraphobie in Zusammenhang mit der Beziehung zu einem gleichaltrigen Ingenieur in führender Position. Ihre Angstprobleme hätten angefangen, als sie diesen Mann vor rund sieben Jahren kennenlernte (Kernpunkt ihrer «privaten» Theorie ist, daß sie die Ängste mit einer Beziehungsproblematik in Verbindung bringt). Im Gegensatz zu ihr sei der Freund jemand, der sicher auftreten könne, der sich auch ihr gegenüber meist dominant und nicht selten aggressiv verhalte. Bis heute habe sie es nicht geschafft, sich ihm gegenüber angemessen zu wehren (Angst hat in den Augen der Patientin etwas zu tun mit Aggressivität und Durchsetzung). Ebensowenig konnte sie sich von ihm trennen. Gedanken an Trennung lösen in ihr ebenfalls größte Ängste aus, was sie sich überhaupt nicht erklären kann, leidet sie doch seit längerem an dieser Beziehung. (Dies ist offensichtlich ein Element ihres Erlebens, das sie bisher nicht in ihr Problemkonzept hat einbauen können; sie nimmt aber wahr, daß ihre Theorie hier ergänzungsbedürftig ist.) Die Patientin hat nun die Vorstellung, daß ihre Ängste jeweils dann besonders stark auftreten, wenn sich in ihrem Inneren Bedürfnisse nach Autonomie melden, wenn sie also den Wunsch verspürt, abgegrenzter und selbstbestimmter aufzutreten. (Ihre subjektive Krankheitstheorie sagt also aus, daß die Behinderung autonomer Bedürfnisse krank macht.) Selbständigkeit sei in ihrem bisherigen Leben immer ein vordergründiges Thema gewesen. Deshalb könne sie auch gar nicht verstehen, weshalb sie sich ausgerechnet einen Mann ausgewählt habe, der dieses von ihr so hoch gewertete Bedürfnis dauernd behindert. (Hier weist die Theorie erneut eine Lücke auf, die die Patientin als solche wahrnimmt.)

Beispiel:

Eine 28jährige Lehrerin leidet seit eineinhalb Jahren an quälenden Gefühlen innerer Leere und an Suizidgedanken. Sie hat oft das Gefühl, sich selbst zuzuschauen wie einer fremden Person. Angefangen haben diese Probleme, als die Patientin vom Elternhaus weg in eine Wohngemeinschaft ziehen wollte. In der Zeit des Entschlusses traten, für die Patientin unverständlich und unerwartet, massive Angstzustände auf. Eine psychiatrische Behandlung mit antidepressiver Therapie veränderte nichts an ihrem Gefühlszustand. Sie unternahm vor zwei Monaten einen ernsthaften Suizidversuch, den sie lange geplant und vorbereitet hatte.
Die Patientin interpretiert ihre Situation als Ergebnis oder Auswirkung von Problemen in der Vergangenheit, die sie aber nicht identifizieren könne. (Dies ist ein häufig anzutreffendes Merkmal subjektiver Krankheitstheorien: Die Ursachen aktueller Probleme werden mit vergessenen bzw. verdrängten Ereignissen der Vergangenheit in Zusammenhang gebracht. Hier zeigt sich, daß die tiefenpsychologische Krankheitstheorie weitgehend zu einem allgemeinen Gedankengut geworden ist.)
Gleichzeitig bietet die Patientin noch zwei weitere Erklärungen an: Sie erwägt, daß ihre Depressionen ein Schicksalsschlag seien, der als solcher einfach anzunehmen und gegen den nichts auszurichten sei (fatalistische Komponente der Krankheitstheorie). Schließlich bewertet sie ihre Probleme als biologisch bedingt: Sie hätten mit Vorgängen im Gehirn zu tun und seien außerhalb der eigenen Kontrolle.

Das Beispiel zeigt das offensichtliche Bedürfnis erkrankter Menschen, für ihr verändertes seelisches und körperliches Befinden eine plausible Erklärung zu finden. Nicht selten sind solche subjektiven Theorien lückenhaft oder widersprüchlich. In ihrem Bemühen, den Therapeuten unter allen Umständen für die eigenen Probleme zu interessieren und wirksame Hilfe zu erhalten, bietet diese Patientin gleich drei verschiedene Theorien an.
Es ist aus verschiedenen Gründen psychologisch sinnvoll, für bestimmte Verhaltensweisen unbewußte, d. h. dem Bewußtsein nicht zugängliche Motive zu unterstellen, insbesondere dort, wo sich Menschen selbst ihr Handeln oder ihre Symptome nicht erklären können. Menschliches Verhalten ist jedoch nicht nur durch unbewußte Motive gesteuert, sondern ebenso durch bewußte Absichten, Pläne oder Ziele. Ähnlich dem Wissenschaftler, der eine Theorie formuliert, entwickeln auch Laien Hypothesen über beobachtetes Verhalten und Erleben, leiten daraus bestimmte Handlungskonsequenzen ab und überprüfen diese im realen Kontext. Seit spätestens dem Anfang unseres Jahrhunderts hat sich die psychologische Wissenschaft dafür

interessiert, wie sich Menschen mit Hilfe von sog. «Laientheorien» Verhalten erklären. Erst in jüngster Zeit sind aber «subjektive Theorien» in der akademischen Psychologie wieder salonfähig geworden (vgl. Groeben & Scheele, 1977, 1988).
Die Frage, die im Zentrum steht, wenn man sich mit diesem Gegenstand befaßt, lautet: *Welches Konstrukt-Repertoire, welche naiv-psychologische Rahmentheorie hat der Alltagsmensch zur Verfügung und setzt er ein, wenn er eigene Handlungen und Handlungen seiner Mitmenschen zu erklären sucht?* (vgl. Laucken, 1974).
Im Unterschied zu den meisten therapeutischen Schulen betrachten wir in der POT die «subjektive Krankheitstheorien» nicht als zu eliminierende Störvariablen im therapeutischen Prozeß, sondern als individueller «kognitiver Bestand», der als solcher vom Therapeuten erkannt und anerkannt werden muß. Wir sind explizit interessiert an dieser «naiv-psychologischen Rahmentheorie» bzw. am «Konstrukt-Repertoire», welche unsere Patienten zur Erklärung ihrer Problemlage heranziehen.
In ihnen finden wir die ganz individuellen Begründungszusammenhänge, die bedeutsamen Sprachmuster, überhaupt die Art und Weise der Weltsicht eines Menschen.
Ein angemessenes Verständnis für einen um therapeutische Hilfe suchenden Menschen können wir schließlich nur erhalten, wenn wir uns eingehend auf seine subjektive Gedankenwelt einlassen. Dies ist nicht bloß ein technisches Vorgehen, sondern widerspiegelt eine grundsätzliche Haltung oder Einstellung in der therapeutischen Arbeit. Wir räumen diesen Gedanken an dieser Stelle deshalb so viel Platz ein, weil wir in den Jahren unserer persönlichen Erfahrungen als Therapeuten zur Überzeugung gelangt sind, daß eine durchgängig aufmerksame Wahrnehmung der subjektiven Konzepte unserer Patienten zu einem der wesentlichsten therapeutischen Wirkfaktoren gehört.

> Die **Berücksichtigung alltagstheoretischer Konzepte** des Patienten, besonders, wenn sie sich auf seine Problemsituation beziehen, ist ein **zentrales Element in der POT**. Wir betrachten sie als Voraussetzung für ein ganzheitliches und realistisches Begreifen des Patienten. Ihre explizite Berücksichtigung im therapeutischen Denken und Handeln gilt außerdem als wichtiger Prädiktor für einen günstigen Therapieverlauf.

2.4.2 Die subjektive Krankheitstheorie als Gegenstand von Psychotherapie

Der hier thematisierte Ansatz, gezielter und konsequenter als bisher vom Denken und der Vorstellungswelt des Patienten selbst auszugehen, hat erst in den letzten Jahren unter dem Begriff **«subjektive Krankheitstheorie»** in der Psychotherapie Beachtung gefunden (Thommen et al., 1990). Viel häufiger wurden subjektive Krankheitstheorien bislang im Umfeld somatischer Krankheiten untersucht, insbesondere in der Compliance- und Coping-Forschung (Linden, 1985; Turk et al., 1986;

Bischoff & Zenz, 1989; Faller, 1990). Im psychotherapeutischen Umfeld ist das Thema vergleichsweise selten aufgegriffen worden.
Eine Ausnahme in der deutschsprachigen Literatur bilden etwa der Übersichtsartikel von Hambrecht (1986) und einige neuere englischsprachige Arbeiten (Henley, 1988; Furnham & Henley, 1988, Llewelyn, 1988). Dieser Mangel hat wohl damit zu tun, daß für Psychotherapeuten die Beachtung subjektiver Problemkonzepte etwas Selbstverständliches zu sein scheint, geht es doch in der Psychotherapie in erster Linie um die Subjektivität des Menschen.
Die meisten Therapeuten erforschen neben anderem, wie Patienten ihr eigenes Verhalten und dasjenige anderer Menschen interpretieren. Sie erkunden, wie widersprüchliche Vorstellungen und Phantasien kognitiv organisiert bzw. geordnet sind. Sie versuchen, sich ein Bild von der subjektiven Weltsicht ihrer Patienten zu machen. Wiederum tun wir in der POT in dieser Hinsicht nicht etwas Neues oder Besonderes, sondern betonen lediglich explizit, was in der überwiegenden Praxis eher unsystematisch und nicht selten unreflektiert bereits getan wird.
Untersuchungen lassen jedoch vermuten, daß Psychotherapeuten ihr Handeln häufiger an eigenen (wissenschaftlichen und privaten) Theorien ausrichten und seltener an den Vorstellungen ihrer Patienten (Dimsdale et al., 1979; Phillips et al., 1984). Viele Therapeuten gehen primär von der Gestörtheit oder generellen Dysfunktionalität der vom Patienten entwickelten Erklärungskonzepte aus. Mit einem solchen Vorurteil wird aber verpaßt, Symptome oder Probleme als Teil und Ergebnis eines Ganzen zu verstehen, konkret einer subjektiven Weltsicht. Ähnlich wird manchmal eine Tonfolge erst dann als Melodie oder als akustische Wahrnehmungsfigur erkennbar, wenn diese Tonfolge im Kontext eines ganzen musikalischen Stückes gehört wird.

> Wir gehen davon aus, daß **therapeutische Interventionen** nur dann wirksam sind, wenn sie in das vom Patienten intonierte Stück passen. Unter der Voraussetzung, daß sie den Stil, die Tonart und die Thematik der Gesamtkomposition berücksichtigen, können sie Präludium, Begleitmelodie oder Kontrapunkt sein.

Ein anderes Merkmal subjektiver Krankheitstheorien ist, daß sie oft als verdichtete Beschreibung gesellschaftlicher oder sozialer Konflikte erscheinen; der Patient selbst kann dies nicht erkennen und interpretiert seine Schwierigkeiten oder Symptome als «rein persönlich» oder als «Privatsache». Er meint, als einziger mit derartigen Schwierigkeiten konfrontiert zu sein. Folglich liege es auch ausschließlich an seinem persönlichen Unvermögen, wenn er im bisherigen Leben versagt habe. Nicht selten sind solche Krankheitstheorien mit quälenden Schuldgefühlen verbunden. Ein besonders typisches Beispiel dafür sind die Schuldgefühle und Verheimlichungstendenzen von Frauen mit einer bulimischen Eßstörung. Diese Frauen sind am Anfang einer Therapie selten in der Lage, ihre Symptomatik auch als Ausdruck gesellschaftlicher und sozialer Zwänge oder Anforderungen, etwa bezüglich des so fatalen Junktims «Schlankheit und Selbstwert» zu sehen.
Von wissenschaftlichen Theorien wird u. a. verlangt, daß sie in sich widerspruchs-

frei seien. Einen derart hohen Anspruch können wir natürlich an subjektive Theorien nicht stellen, schon allein deswegen nicht, weil sie wegen ihrer Alltagsnähe und individuellen lebensgeschichtlichen Entstehung eine Komplexität und Verdichtung aufweisen, die wissenschaftliche Theorien niemals erreichen.

Subjektive Theorien entstehen aber, vergleichbar mit wissenschaftlichen Theorien, in der Auseinandersetzung des Menschen mit der Umwelt. Die Phänomene dieser Außenwelt werden in einem komplexen selektiven und interpretativen Prozeß wahrgenommen und mit bereits existierenden inneren Bildern und Schemata verglichen, an diese angeglichen oder als nichtpassend wieder abgestoßen, was meistens mit einer Uminterpretation der Außenwelt parallel geht. In der Psychoanalyse spricht man hier von Introjektion und Identifizierungsprozessen oder aber von Projektion und Übertragungsprozessen. Piaget (1976), der diesen Vorgängen unter entwicklungspsychologischer Perspektive sein Lebenswerk widmete, bezeichnete dasselbe Geschehen als «Assimilation» und «Akkomodation» kognitiver Strukturen.

Paul Watzlawick, auf den wir uns wiederholt schon bezogen, spricht von einem ungelösten Widerspruch zwischen dem, wie die Dinge *sind* und dem, wie sie gemäß dem Weltbild vieler Menschen *sein sollten*. An derartigen Widersprüchen würden in erster Linie diejenigen leiden, die einen Psychotherapeuten aufsuchen (Watzlawick, 1977).

Während die Nichtübereinstimmung von Phantasie und Realität manche Menschen zu kreativen Taten anstachelt, scheint es viele zu geben, die sich mit solchen (unnützen) philosophischen «Dingen» nicht beschäftigen wollen und lieber zu nüchternem Handeln schreiten. Schließlich aber leidet eine dritte Gruppe ganz offensichtlich an der gelegentlichen Unlösbarkeit oder Nichtübereinstimmung von Soll und Sein (manche bezeichnen diese dritte Gruppe als «neurotisch»). Watzlawick zitiert dazu einen Aphorismus von Epiktet:

«Nicht die Dinge selbst beunruhigen uns, sondern die Meinungen, die wir über die Dinge haben.» (Watzlawick, 1977, S. 38).

Natürlich sollen wir als gute Psychotherapeuten immer versuchen, uns eine angemessene Vorstellung vom gesamten Weltbild eines Patienten zu machen. Oft ist es zudem nützlich zu verstehen, wie die damit verbundenen Wahrnehmungs- und Interpretationsmuster lebensgeschichtlich entstanden sind. Dies ist ein Grundelement psychotherapeutischer Arbeit. Besonders wichtig ist uns aber für die Ziele der Kurztherapie, und damit der POT, ein ganz bestimmter Ausschnitt aus diesem Weltbild, nämlich derjenige Bereich, der sich auf die Entstehung bzw. Verursachung und Aufrechterhaltung der Probleme bezieht, mit denen ein Mensch zum Psychotherapeuten kommt. Diesen Bereich betrachten wir gewissermaßen als die Verdichtung oder den Knotenpunkt der gesamten Weltsicht eines Menschen im Falle von Krankheit oder von gestörtem seelischem Gleichgewicht. An dieser Stelle erweist es sich meistens recht deutlich, wo jemand es nicht schafft, Erfahrungen und Wahrnehmungen aus dem Alltag so zu ordnen und zu deuten, daß daraus sinnvolle Handlungen abzuleiten sind.

2.4.3 Die Funktion subjektiver Krankheitstheorien

Subjektive Krankheitstheorien haben den allgemeinen Zweck, die existentielle Erfahrung des Krankseins im aktuellen Lebenszusammenhang greifbar und damit kontrollierbar zu machen.

Probleme, an denen unsere Patienten leiden, können wir zu einem gewissen Grade objektiv analysieren, z. B. hinsichtlich der Logik ihrer Begründung, ihrer sozialen Funktion, oder auf dem Hintergrund einer psychopathologischen oder einer Persönlichkeitstheorie. Mit Hilfe solcher sachlichen Analysen können wir manchmal von der Dramatik psychischer Probleme etwas Abstand nehmen, indem wir anerkannte Verknüpfungs- und Erklärungsregeln einführen. Die objektive Analyse der Probleme dient somit der Erklärung allgemeiner und persönlichkeitsspezifischer Zusammenhänge, sowie der sozialen und allenfalls epidemiologischen Einordnung der Symptomatik. Wir geben dem Problem einen Namen. Wir klären den Patienten darüber auf, daß uns dieses von der Behandlung anderer Patienten her bekannt ist, daß mit dem Problem allenfalls weitere Schwierigkeiten verbunden sind, und daß normalerweise der Krankheitsverlauf in der oder jener Richtung zu erwarten sei usw. Jedem Therapeuten ist bekannt, daß derartige Interventionen einen Patienten bereits merklich entlasten können.

In der POT legen wir nun großen Wert darauf, diese objektive Außensicht der Probleme mit einer Analyse der Sichtweise zu ergänzen, die der Patient selbst von seinen Problemen hat. Wir lenken also unsere wie die Aufmerksamkeit des Patienten auf die «naiven Theorien», die sein Handeln bzw. das subjektive Konzept seines Erlebens und Tuns mitbeeinflussen. Damit versuchen wir, ihm bewußt zu machen, wie er die Welt und sein eigenes Wirken darin betrachtet, welche Deutungsmuster ihm eigen sind, und im Dienste welcher Motive und Ziele er Handlungen vollzieht.

Mit einem solchen Vorgehen sind wir in Übereinstimmung mit einer Forderung von Grawe, die dieser an psychotherapeutische Konzeptionen stellt. Grawe fordert nämlich, daß der *Bildung eines neuen Bewußtseins des Menschen von sich selbst* ein zentraler Stellenwert eingeräumt werden müsse (Grawe, 1988).

Grawe gibt hier ein grundsätzliches Ziel therapeutischen Wirkens vor. Danach wollen wir uns auch in der POT ausrichten. Konkret bedeutet dies, daß wir zusammen mit dem Patienten wiederholt die Frage stellen müssen, ob seine Erklärungen dafür zutreffend und ausreichend sind, was sich in seinem Lebensvollzug tatsächlich abspielt. Wir haben ferner wiederholt zu fragen, ob seine subjektiven Konzepte dafür geeignet sind, einen klärenden Beitrag zur Lösung der anstehenden Probleme zu erbringen.

Im Normalfall müssen wir allerdings davon ausgehen, daß viele unserer Patienten eine unvollständige oder ungeeignete Theorie über ihre Problemlage haben. Ein Patient zum Beispiel, der seine Lebenskrise einseitig als Schicksalsschlag erklärt und dadurch von der Komplexität der mitbetroffenen Lebensbezüge abstrahiert, beraubt sich zum vorneherein der Möglichkeit, seine Probleme mit eigenen Mitteln unter Kontrolle bringen zu können. In einem solchen Fall ist es sicher angezeigt, zusammen mit ihm nach neuen Erklärungen zu suchen. Im Sinne der POT würden wir aber hier nicht einfach eine wissenschaftliche Deutung anbieten, sondern nach einer «subjektiven Hermeneutik» suchen, die zumindest teilweise in die bisherige «Weltsicht» des Patienten eingepaßt werden kann.

> Letztlich sind die Probleme, mit denen sich ein Patient in einer bestimmten Situation konfrontiert sieht, sinnvoll nur verstehbar, wenn wir auch ihre subjektiven Prämissen mitberücksichtigen. Viele psychische Probleme bestehen geradezu darin, daß die subjektive Theorie mit der objektiven Lebenssituation nicht zusammenpaßt.

Folgende **Fragen** sind in diesem Zusammenhang zu stellen:

- Welche grundsätzlichen Annahmen, Voraussetzungen, welche Erwartungen verbindet ein Patient damit, was er als sein Problem bezeichnet?
- Welche kognitiven Modelle, Konzepte oder Schemata verwendet er, um die Bedingungszusammenhänge seiner Problemlage zu erklären?
- In welcher Weise schätzt er seinen eigenen Beitrag zur Problementstehung ein? Dasselbe gilt für den möglichen Beitrag nahestehender oder bedeutungsvoller anderer Personen.
- Betrachtet er sich als Opfer des Schicksals oder anderer höherer Mächte?
- Sucht er nach naturalistischen, z. B. biologischen oder nach psychosozialen Erklärungen?

Die Kenntnis solcher Erklärungsmuster hilft uns, problematische Ableitungen, Schlußfolgerungen oder Verallgemeinerungen des Patienten rechtzeitig aufzuspüren und ihnen, wenn nötig, modifizierend entgegenzutreten.

> Eines der wichtigsten Ziele von Psychotherapie ist, auf eine Reduktion der Polarität zwischen innerer Weltsicht einerseits und äußerer «Realität» und Normierung andererseits hinzuarbeiten. Dies bezeichnen wir als ein «neues Bewußtsein von sich selbst».

In traditionellen Therapieschulen wird versucht, die Probleme des Patienten in der Sprache der jeweiligen Therapietheorie zu formulieren. «Der Patient mit großen Hemmungen hat Über-Ich-Probleme», so würde es der Psychoanalytiker formulieren. Vom Verhaltenstherapeuten hingegen bekäme derselbe Patient z. B. die Diagnose «dysfunktionale oder fehlende soziale Kompetenzen». Mit solchen Zuschreibungen wird neben der Absicht, Komplexität zu reduzieren, auch bezweckt und sichergestellt, daß die Probleme des Patienten mittels einer theorieadäquaten Technik widerspruchsfrei angegangen werden können. Eine solche Absicht ist zweifellos berechtigt und wissenschaftlich begründbar. Sie führt aber gleichzeitig zur Schwierigkeit, daß sich der Patient, der das «Objekt» der therapeutischen Interventionen ist, gedanklich wie sprachlich dem Therapeuten anpassen muß. Sein **Alltags-Problemverständnis** wird in der Folge dem professionellen Problemverständnis des Psychotherapeuten untergeordnet, bzw. mittels eines Abstraktionsprozesses in dieses eingepaßt. Das Resultat wird nicht selten mit einem zum Teil beträchtlichen Verlust von subjektiv bedeutsamen Problemaspekten, und damit von Alltagsnähe, erkauft.

Weiterführende Literatur:

Bischoff & Zenz (1989)
Dimsdale et al. (1979)
Faller (1990)
Furnham & Henley (1988)
Grawe (1988)
Groeben & Scheele (1977, 1988)
Hambrecht (1986)
Henley (1988)
Laucken (1974)
Linden (1985)
Llewelyn (1988)
Phillips et al. (1984)
Piaget (1976)
Thommen et al. (1990)
Turk et al. (1986)
Watzlawick (1977)

3. Hauptmerkmale des POT-Konzepts

Die Problemorientierte Therapie ist durch folgende Hauptmerkmale gekennzeichnet:

Problemorientiertheit
Patientenorientiertheit
Methodenpluralismus
Strukturierung

Diese Merkmale bestimmen die therapeutische Grundhaltung und leiten den therapeutischen Prozeß (siehe dazu auch Kap. 4 und 5). Sie geben dem Therapeuten eine Orientierung durch den gesamten Therapieverlauf und werden im Sinne der Therapietransparenz auch für den Patienten erkennbar.

3.1 Problemorientiertheit

Unter Problem verstehen wir eine Überforderung der gegebenen Anpassungsfähigkeit aufgrund von lebensgeschichtlich bedingten, unzureichenden innerpsychischen Ressourcen oder besonders belastenden aktuellen Lebensumständen. Solche Probleme können zu dysfunktionalem Wahrnehmen, Denken, Fühlen und/oder Handeln führen.

Das *Problem* bewirkt, dass adäquate Anpassungen an reale Lebensbedingungen verhindert, Freiräume zur Lebensgestaltung eingeengt und Ressourcen zu Problemlösungen nicht erkannt werden. Es handelt sich dabei also um ein *mehrdimensionales Geschehen*, das sowohl die aktuell auslösenden und aufrechterhaltenden Bedingungen und deren Folgen, als auch den lebensgeschichtlichen Hintergrund sowie deren funktionale Bedeutung für die zwischenmenschlichen Beziehungen umfaßt. An diesen Dimensionen orientiert sich die Problemanalyse, aus der die Problemdefinition entwickelt wird (siehe dazu Kap. 5.3 und 5.4).
Der komplexe Begriff des Problems ist also zu unterscheiden von Symptomen. Diese werden zwar häufig vom Patienten zunächst in den Vordergrund gerückt, sind jedoch in der Regel nur ein Teilaspekt oder Oberflächenphänomen des Problems. Zudem impliziert der Begriff Symptom üblicherweise ein vereinfachendes linear-kausales Erklärungsmodell, das meist therapeutisch zu kurz faßt. *Problemorientiertheit* heißt also, daß das Therapiekonzept nicht allein auf die Beseitigung von Symptomen oder

Schwierigkeiten ausgerichtet ist, sondern auf die Lösung des dahinterstehenden *Problems*.
Auch der gut etablierte Begriff «Fokus» wird von uns nicht verwendet, weil dieser traditionellerweise auf ein psychoanalytisches Konzept festgelegt ist. Im Sinne der eklektischen Eigenschaft unseres Konzeptes (siehe dazu Kap. 2.3 und 3.3) kann allerdings ein sogenannter fokal-therapeutischer Ansatz mit seinen spezifischen metatheoretischen und methodischen Implikationen auch ein Sonderfall oder Teilaspekt problemorientierter Therapie sein.

Mit der Abgrenzung von einem rein symptomorientierten Ansatz und dem Fokalkonzept ist ein möglichst offener und undogmatischer Zugang zum Problem des Patienten beabsichtigt.

Aus therapeutischen sowie didaktischen Überlegungen wird ein *induktives Vorgehen* bei der therapeutischen Arbeit angestrebt. Damit meinen wir, daß die therapierelevanten Erklärungshypothesen aus der konkreten Problemmanifestation und dem subjektiven Problemerleben und Problemverständnis des Patienten entwickelt werden. Diese Art, an das *Problem* heranzugehen, unterscheidet sich von einem deduktiven Vorgehen, bei dem ein Problem von vorbestehenden Denkschemata (Metatheorie des Therapeuten, vorurteilhafte Einstellungen des Patienten) abgeleitet wird.

Induktives Vorgehen bedeutet, bei der gesamten therapeutischen Arbeit darauf zu achten, daß der Bezug zum konkreten *Problem* für beide Beteiligten stets erkennbar ist bzw. hergestellt wird und dass nicht in problemferne theoretische Diskussionen abgeglitten wird.

Meistens kommen Patienten mit mehreren Lebensschwierigkeiten. Bei der Problemorientiertheit geht es auch darum, ein *Hauptproblem* aus der aktuellen Lebenssituation des Patienten zusammen mit diesem zu definieren, und zwar ein *Problem*, das in dem begrenzten Rahmen einer Kurzpsychotherapie lösbar ist, oder für das zumindest Strategien zu einer späteren Problemlösung entwickelt werden können. Die bewußte Beschränkung auf ein *Problem* und damit auch auf eine *begrenzte und realistische Zielsetzung* hat den therapeutischen sowie didaktischen Vorteil, daß der therapeutische Prozeß eher überschaubar ist, eine Orientierung zur zielgerichteten Arbeit gegeben wird und daß Erfolgserlebnisse, auch wenn sie klein sind, den Lernprozeß und das Selbstvertrauen beider Beteiligten fördern. Außerdem hat sich gezeigt, daß viele Patienten auf ein überschaubares Therapieangebot, das sich auf ein Hauptproblem konzentriert, positiv reagieren.

3.2 Patientenorientiertheit

Daß Psychotherapie sich an den Fähigkeiten, Bedürfnissen und Zielsetzungen des Patienten zu orientieren hat, erscheint selbstverständlich. Mit Patientenorientiertheit ist allerdings nicht nur eine allgemeine Sympathie und Empathie gegenüber dem Patienten gemeint, sondern deren konkrete Umsetzung in die therapeutische Arbeit, die als *Kooperation zwischen Patient und Therapeut* zu verstehen ist. Voraussetzung dafür ist, daß der Therapeut nicht nur in seiner Funktion, sondern auch als Person und als Arbeitspartner in der therapeutischen Beziehung für den Patienten erkennbar, faßbar ist, d. h. dass er sich nicht hinter einer unbestimmten Abstinenzhaltung verbergen soll. Das ist ein wesentlicher Aspekt der *Therapietransparenz*, die erst eine Therapieakzeptanz von seiten des Patienten möglich macht. Weiter gehört dazu, daß die Therapie für den Patienten auch überschaubar und durchschaubar ist. Problemorientiertheit und zeitliche Begrenzung tragen dazu bei.
Neben der Vereinbarung des äußeren Settings steht eine genaue Erklärung der zentralen Elemente des Konzeptes am Anfang der Therapie, damit der Patient entscheiden kann, ob er sich darauf einlassen will. Patientenorientiertheit intendiert allerdings mehr als nur die Bereitschaft des Patienten, sich einem vorgegebenen Therapiekonzept zu unterwerfen. Es geht darum, die Voraussetzungen dafür zu schaffen, daß der therapeutische Prozeß vom Patienten selbst initiiert und aktiv mitgestaltet werden kann. Das bedeutet, daß Ausgangspunkt und Grundlage der therapeutischen Arbeit das eigene Problemverständnis des Patienten sein muß, d. h. seine *«subjektive Krankheitstheorie»* (siehe auch Kap. 2.4). Die subjektive Krankheitstheorie bietet den naheliegenden Ansatz für eine Problemklärung und Lösungsfindung, an denen der Patient aktiv mitarbeiten kann. Es ist Aufgabe des Therapeuten, den Patienten dazu anzuleiten. Der Therapeut muß versuchen, sich in das Erklärungsmodell des Patienten hineinzudenken, dieses gemeinsam mit ihm zu analysieren und daraus eine Problemdefinition zu entwickeln, die Ansatz bietet für konkrete Lösungsstrategien. Wichtig ist dabei, daß dieser Prozeß auch für den Patienten möglichst transparent wird. Nur so kann er aktiv an den Entscheidungen über die Wahl der therapeutischen Ziele und Strategien teilnehmen.

> *Patientenorientiert* heißt also, daß die therapeutische Arbeit mehr vom Problem des Patienten, seinem Problemverständnis, seinen Zielvorstellungen und weniger von den Theorien und Wertmaßstäben des Therapeuten bestimmt wird.

Dieses therapeutische Prinzip hat wichtige Implikationen für die Grundhaltung des Therapeuten (siehe Kap. 4.2): Es soll den Therapeuten dazu veranlassen, sich möglichst unbefangen das Problem des Patienten anzuschauen und darauf zu hören, was dieser selbst zu den Zusammenhängen zu sagen hat, d. h. neben einer allgemeinen empathischen Haltung ein konkretes Verständnis- und Einfühlungsvermögen zu entwickeln. Es soll damit verhindert werden, daß der Therapeut seine theoretischen Konstrukte für die Realität hält und so aus seiner Theorie heraus das Problem des Patienten konstruiert.

3.3 Methodenpluralismus

Darunter verstehen wir einen *multimodalen, pragmatischen Ansatz*. Das therapeutische Handeln wird danach nicht von der Theorie einer bestimmten psychotherapeutischen Richtung geleitet, sondern orientiert sich vielmehr an der pragmatischen Überlegung, wie in dem begrenzten Rahmen einer Kurzpsychotherapie am ehesten Veränderungen erzielt werden können, die die Zielvorstellungen des Patienten berücksichtigen. Im Laufe der Therapie können dazu verschiedene psychotherapeutische Methoden alternativ, parallel oder integrativ eingesetzt werden. Damit ist keine wahllose Polypragmasie gemeint, sondern eine *differentielle Anwendung unterschiedlicher Methoden* zur Lösung verschiedener Teilaspekte eines Problems (siehe Kap. 7.2).

Der Methodenpluralismus in POT umfasst
- Methoden zur Bewusstmachung
- Methoden zur Veränderung von Denkgewohnheiten und Einstellungen
- Methoden zur Lösung von Problemen
- Methoden zur Veränderung von Verhalten
- Methoden zur Förderung von Gefühlen
- Methoden zur Entspannung und Körperwahrnehmung
- Methoden zur Stützung
- Methoden zu systembezogenen Veränderungen

(Eine nähere Beschreibung solcher Methoden wird in Kapitel 8.1 bis 8.7 gegeben.)
Diese Aufzählung erhebt keinen Anspruch auf Vollständigkeit oder Originalität. Vielmehr sind diese Methoden etablierten Therapieschulen entlehnt. Im POT-Konzept streben wir allerdings vor allem eine problem- und patientenbezogene undogmatische Anwendung an. Wir sind uns dabei bewußt, daß dies eine idealtypische Forderung ist und daß in der Praxis neben den Fähigkeiten und der Bereitschaft des Patienten auch der Erfahrungshintergrund des jeweiligen Therapeuten begrenzende Faktoren sind.
Da POT nicht auf eine bestimmte psychotherapeutische Schule ausgerichtet ist, kann der erfahrene Therapeut das gesamte Spektrum seiner Fähigkeiten differenziert einsetzen. Gleichzeitig erlaubt diese Schulunabhängigkeit auch dem weniger erfahrenen Therapeuten, mit seinen bescheideneren, unspezifischen Mitteln zielgerichtet zu arbeiten, indem er sich bei seinem Vorgehen mehr auf das nachfolgend beschriebene Strukturschema stützt.

3.4 Strukturierung

Wir haben bereits betont, daß in der POT zielgerichtetes und aktives Handeln gefordert ist. Die Vereinbarung von 15–20 Sitzungen legt den zeitlichen Rahmen dafür fest. Dabei geht es einerseits darum, ausreichend Zeit zur Verfügung zu haben, daß sich eine tragfähige und konstruktive therapeutische Beziehung entwickeln kann und daß, trotz *Zeitbegrenzung*, auch in Ruhe zusammen gearbeitet werden kann. Das ist insbesondere bei Patienten wichtig, die nicht so gut verbalisieren können und nicht so introspektionsfähig sind. Auch der weniger erfahrene Therapeut benötigt genügend zeitlichen Spielraum für seine Arbeit. Andererseits verlangt unser Konzept, daß die Gesamtzeit der Therapie für beide Beteiligten gut überschaubar bleibt. Bei einer Frequenz von einer Sitzung pro Woche bedeutet das ca. ein halbes Jahr. Die Anzahl der Sitzungen als solche ist aber nicht so wesentlich wie die *definitive Beendigung der Therapie* bei Ablauf der im Vorgespräch vereinbarten maximalen Sitzungszahl. Erst die konsequente Durchhaltung dieses Prinzips bringt nach unserer Erfahrung die spezifische Dynamik in die Therapie, die Patienten sowie Therapeuten veranlaßt, sich auf das Wesentliche zu konzentrieren.

Neben diesem äußeren Rahmen bietet die innere Strukturierung der POT eine Orientierungshilfe zur zielgerichteten Führung des therapeutischen Prozesses. Zu diesem Zweck haben wir ein *Strukturschema* entworfen, dessen Elemente stufenartig aufeinander aufbauen (siehe Kap. 5). Die jeweils vorausgegangenen Therapiestufen bilden dabei die Basis für die folgenden Stufen. Wir sprechen bewußt nicht von Therapiephasen, die einander ablösen oder sich voneinander abgrenzen lassen. Vielmehr bestehen fließende Übergänge, und Rückgriffe auf vorausgegangene Stufen sind im Verlauf der Therapie jederzeit möglich, vielfach auch nötig. In Anlehnung an Problemlösungsstrategien aus dem Bereich kognitiver Therapiekonzepte haben wir den Therapieprozeß folgendermassen gegliedert:

Therapiestufen

1. Aufbau einer tragfähigen zwischenmenschlichen *Beziehung* und Einleitung einer konstruktiven Arbeitsbeziehung als durchgehendes Fundament für die gesamte Therapie.
2. *Problemdarstellung* aus der Sicht des Patienten unter Einbeziehung seiner «subjektiven Krankheitstheorie».
3. *Problemanalyse* anhand aktueller Bedingungen, lebensgeschichtlichem Hintergrund und funktionaler Bedeutung.
4. *Problemdefinition*, Zielsetzung und Therapieplanung.
5. *Problemdurcharbeitung* und Umsetzung in die Realität außerhalb der Therapie.
6. *Ablösung* und *Beendigung* der Therapie.

Der oben dargestellte Stufenplan stellt eine Orientierungshilfe für den Therapeuten dar. Er ist nicht als starres Schema gedacht, nach dem die Therapie abzulaufen hat. Vielmehr ist auch da eine *problembezogene Flexibilität* gefordert. Wieviel Zeit für die einzelnen Stufen benötigt und welches Gewicht ihnen jeweils zugemessen wird, kann nicht generell bestimmt werden. Es gibt z. B. Probleme, deren Lösung sich im wesentlichen aus der Analyse ihrer Bedingungen ergibt, so daß die entsprechende Therapiestufe einen sehr breiten Raum einnimmt. In anderen Fällen liegt der Schwerpunkt im Ausprobieren neuer Verhaltensmuster oder in der Klärung der Interaktion zwischen Therapeut und Patient. (Ausführlicheres zu den oben genannten Therapiestufen siehe Kap. 5.1 bis 5.6).

4. Therapeutischer Prozeß und therapeutische Beziehung

4.1 Therapeutische Grundhaltung

Empathisches Zuhören

Der Patient sucht Verständnis und Hilfe. Somit besteht die therapeutische Aktivität im Vermitteln von Verständnis und in der Anwendung von Maßnahmen, die vom Patienten als hilfreich empfunden werden.

> Die Kommunikation von *Verständnis* besteht in erster Linie aus empathischem Zuhören.

Mit *Empathie* ist gemeint, eine Teilidentifikation mit dem Patienten, die es dem Therapeuten erlaubt, sich in den Klienten einzufühlen, aber auch in einer gewissen Distanz zu bleiben, bzw. zwischen diesen beiden Punkten hin und her zu pendeln. Empathie ist nicht zu verwechseln mit Sympathie, die eine Identifikation mit dem Patienten und ein Mitgehen bedeutet, welche die therapeutisch oft notwendige Halbdistanz erschwert.

> *Zuhören* besteht einerseits aus einem schweigsamen Aufmerksamsein, andererseits in verbalen Interventionen, welche dem Klienten das Verstandensein vermitteln.

Dies kann geschehen durch eine klärende Umformulierung dessen, was der Klient gesagt hat, wie es die Schule von Rogers handhabt.
Die nicht verbale Kommunikation von Verständnis besteht in einer motorisch ruhigen Zugewandtheit, Blickkontakt, mimischer Begleitung, Nicken sowie der Dosierung von körperlicher Nähe-Distanz.

Insbesondere gilt:

- Höre solange zu, bis Du ein genügendes Verständnis dessen hast, was der Klient zu vermitteln versucht. Wenn du nicht verstehst, was passiert, teile dies dem Patienten mit. Stelle Fragen.
- Lasse den Patienten nicht hängen. Schweigen ist keine therapeutische Grundhaltung, die an und für sich gut ist. Wenn der Gesprächsfaden abreißt, kann man das

vorhergehende Thema verstärkend, bestätigend oder in ermutigender, positiver Variante aufgreifen. Bedenke, daß ausgedehntes Schweigen Distanz schafft und Überlegenheit sowie Macht signalisiert. Dadurch werden unnötige Übertragungsreaktionen provoziert.

Innere Ruhe

Ein wesentlicher Teil der therapeutischen Haltung besteht aus einem psychischen Zustand des Therapeuten, der mit innerer Ruhe oder Gefaßtheit beschrieben werden kann. Beunruhigung oder Angst im Therapeuten als Folge des Verhaltens des Patienten hindert diesen daran, weiterzukommen.
Zu der inneren Ruhe gehört auch eine Haltung der *Offenheit*. Diese bezieht sich auf die Bereitschaft und Fähigkeit des Therapeuten, alles aufzunehmen, was der Patient sagt und tut, ohne zunächst wertend Stellung zu nehmen. In diesem Punkt unterscheidet sich die therapeutische Haltung von der Alltagsbeziehung zwischen zwei Personen.

Respekt für den Patienten

Die therapeutische Grundhaltung geht davon aus, daß zwischen Patient und Therapeut eine gleichberechtigte Beziehung besteht. Der Therapeut ist dem Patienten nicht überlegen als Mensch, höchstens in einem professionellen Teilbereich durch seine Erfahrung und sein Wissen.
Das *Akzeptieren* des Patienten mit allen seinen Eigenheiten ist ein Teil des Respektes. Die ganze Sichtweise des Patienten, sein «Krankheitsmodell», wie überhaupt seine ethische Haltung müssen vom Therapeuten respektiert werden. Aufrichtigkeit seitens des Therapeuten vermittelt Respekt, währenddem eine moralistische Haltung respektlose Besserwisserei bedeutet. Abwertende Interventionen gehören nicht in das Repertoire des Psychotherapeuten. Davon müssen abgrenzende Einwände seitens des Therapeuten unterschieden werden, die durchaus ihren Platz haben.

Introspektion

Das Sich-selbst-zum-Objekt-der-Betrachtung-nehmen gehört zum festen Bestandteil der therapeutischen Haltung. Die Befindlichkeit des Therapeuten hängt ab von Bedingungen, die mit dem Patienten nichts zu tun haben, und von solchen, die durch den Patienten bedingt sind. Oft vermischen sich beide Komponenten.

> Man geht idealerweise davon aus, daß der Therapeut durch seine Ausbildung und Sensibilisierung sich selbst so weit kennt, daß er *Abweichungen von seiner «mittleren Befindlichkeit»* erkennt, die durch den Patienten bedingt sind.

Beispielsweise kann er feststellen, daß er ungewöhnlich ungeduldig, gelangweilt oder wütend ist. Er wird solche Gefühle als hypothesenbildende Hinweise nehmen können, um daraus etwas über die Beziehung zum Patienten abzuleiten. Solche «dynamische» Betrachtungen sind zwar nicht das zentrale Anliegen der POT, sind aber oft hilfreich. Die dafür geltenden Richtlinien können den psychoanalytischen Vorstellungen über die sog. Übertragungs-Gegenübertragungsdynamik entnommen werden.
Die *Selbstreflexion* über die eigenen Interventionen bildet den Hintergrund des therapeutischen Handelns. Ein fortwährendes Abwägen der eigenen Motive, welche zu den Interventionen führen, ein Sich-Fragen, ob diese im Interesse des Patienten liegen oder im eigenen, bilden den Rahmen der Selbstreflexion. Innerhalb dieses Rahmens sollte sich der Therapeut fragen, ob die spezifische Intervention mit der gewählten Zielrichtung zusammenfällt und welches ihre Konsequenzen kurz oder langfristig sein mögen. Das erwähnte Prinzip der Flexibilität erleichtert dem Therapeuten, seine Interventionen wenn nötig auszutauschen.

Offenheit

Offenheit sich selbst und dem Patienten gegenüber, ist eine gute Richtlinie. Offenheit ist nicht gleichbedeutend mit Ehrlichkeit, welche auch destruktiv sein kann. Ausgangspunkt ist die Annahme, daß beide Partner jederzeit ein Anrecht auf eine unberührbare, persönliche Sphäre haben. Besteht der Patient auf einem solchen Bereich, braucht dies nicht an und für sich gegen die Behandlung gerichtet zu sein. Andererseits ist ein unkritisches Mitteilen jeder inneren Regung des Therapeuten gegenüber dem Patienten oft Anlaß zu unnötigen Komplikationen in der Beziehung. Nicht Grenzenlosigkeit sondern Erkennbarwerden des Therapeuten ist gefragt. Dieses Bestreben muß reflektiert werden, damit Verletzendes vermieden werden kann. Persönliche Mitteilungen des Therapeuten sollen nur der Klärung und der Erhaltung der therapeutischen Beziehung dienen.

Professionalität

Der Therapeut definiert sich in einer professionellen Rolle, welche mehr oder weniger, z. B. durch Ausbildung und standesethische Richtlinien, bestimmt sein kann. Der Patient seinerseits bestimmt sich als Hilfesuchender. Diese Rollenteilung fördert an sich und unabhängig von den beteiligten Personen Verhaltensweisen, von denen man sich einen positiven Einfluß auf die Behandlung verspricht.

> Therapeutisch ist es daher wichtig, in der Rolle des Therapeuten zwar flexibel zu verbleiben, diese aber nicht mit der Rolle des Patienten zu vermischen.

Die Klärung der Rollen sollte in der ersten Therapiestunde vorgenommen werden (siehe Kap. 4.3). Der Therapeut muß davon ausgehen, daß er nicht die volle Verantwortung für den Patienten übernehmen kann und ihn zu keiner Veränderung bringen oder zwingen kann. Diese Tatsache sollte aber nicht als Rationalisierung für eine passive Haltung des Therapeuten verwendet werden. Ist das therapeutische Können nach bestem Wissen und Gewissen nicht genügend, sind die Grenzen des Therapeuten erreicht, sollte er dies dem Patienten mitteilen. Dies bedeutet nicht, daß der Patient ein hoffnungsloser Fall ist. Der Therapeut kann von dem Bild ausgehen, daß er auf einer gewissen Bandbreite therapeutisch arbeiten kann, die für ihn persönlich stimmig ist. Diese Bandbreite zu spüren, ist nicht nur eine Sache der erlernten Fertigkeiten, sondern eine Angelegenheit persönlicher Grenzen. Wenn man merkt, daß diese Grenzen erreicht oder sogar überschritten sind, ist es Zeit, die Beziehung zum Patienten neu zu überdenken. Eine realistische Haltung den eigenen Fähigkeiten und denjenigen des Patienten gegenüber fördert die angestrebte Veränderung im Patienten. Der Therapeut vermittelt dem Patienten, daß er selbst auch Grenzen und Einschränkungen hat, so wie er dies auch dem Patienten zumutet.
Dem Patienten sind in seiner Rolle als Hilfesuchender verschiedene Grenzen gesetzt. Im Rahmen des therapeutischen Vertrages und des Settings (siehe Kap. 4.3.1 und 4.3.2) wird er darüber aufgeklärt, was seine Rechte und Pflichten sind. Ein flexibles Festhalten an diesen Abmachungen, ohne diese zum obersten Prinzip zu erheben, erleichtert manche potentiell schwierige Situation in der Therapie.

4.2 Therapeutische Haltung und Verhaltensweisen in der Problemorientierten Therapie

Was ist das Spezifische an der Haltung und den Verhaltensweisen des POT-Therapeuten? Bisher wurde die allgemeine psychotherapeutische Grundhaltung besprochen. Nun folgt das POT-Spezifische. Dazu können wir auf der Theorie (vgl. Kap. 2) aufbauen. Der theoretische Aufbau hat in seinem ganzen Eklektizismus haltungs- und handlungsvermittelnde Konsequenzen für den Therapeuten. Es geht um die Hauptmerkmale der POT.

4.2.1 Patientenorientiertheit

Für viele Therapieschulen und Therapeuten sind die Schule, bzw. die eigenen Vorstellungen, der Kern der Therapie. In dieses ideologische Prokrustesbett wird der Patient gezwängt. Unsere Vorstellungen über die Patientenorientiertheit haben wir in den Kapiteln 2.2 und 3.2 dargelegt. Die handlungsanweisende Konsequenz dazu besteht in erster Linie in der therapeutischen Grundhaltung des POT-Therapeuten. Sie bedeutet, daß der Patient mit seiner subjektiven Krankheitstheorie ernst genommen wird, diese zur Problemdefinition beigezogen wird und daß ein partnerschaftliches Verhältnis die Arbeitsweise durch die ganze Therapie hindurch bestimmt. Der Patient wird nicht in das Prokrustesbett der Theorie des Therapeuten hineingepreßt, sondern der Rahmen der Therapie, namentlich die Problemdefinition aber auch die Führung des therapeutischen Prozesses wird, soweit wie möglich, mit dem Patienten in transparenter Form gehandhabt. Das extreme Beispiel dafür, wie es schiefgehen kann, wenn der Therapeut auf seinem Standpunkt beharrt und die aus seiner Sicht ohnehin falsche Theorie des Patienten vernachlässigt, zeigt sich am «psychosomatischen» Patienten. Er vertritt eine völlig somatogene Theorie seiner Kopfschmerzen und steht einem Psychotherapeuten gegenüber, der sich durch die somatischen Vorabklärungen hat überzeugen lassen, daß nichts Körperliches als Ursache vorhanden ist. Somit müssen die Schmerzen psychogen sein. Ein Seilziehen der Art «Sie sind gesund, körperlich fehlt Ihnen nichts, das ist rein seelisch», liegt nahe. Der POT-Therapeut vermeidet eine solche Konfrontation nicht nur, sondern geht dem Krankheitsverständnis des Patienten sehr weit entgegen. Er stellt ihm die Schmerzmittel beispielsweise nicht ab, sondern versucht vielleicht im Gegenteil, die therapeutische Aufmerksamkeit des Patienten auf die Medikamenteneinnahme zu konzentrieren. Weitere strategische Überlegungen könnten den Therapeuten dazu bringen, Übungen zur Körperwahrnehmung oder Entspannungstechniken zu vermitteln. Erst später, wenn überhaupt nötig, würden mehr psychologische Methoden herangezogen werden, wenn etwa Ursachen angegangen werden müßten.

4.2.2 Problemorientiertheit

Eng mit der aktiven Haltung des Therapeuten verbunden ist seine problemorientierte Aufmerksamkeit (siehe Kap. 5.2 bis 5.4). Die mit dem Patienten vereinbarten Rahmenbedingungen beinhalten das Ziel der Therapie. Die Behandlung orientiert sich an den zu lösenden, im voraus definierten Problemen und die Aufmerksamkeit des Therapeuten bleibt besser erkennbar, wenn die Sprache konkret und direkt ist. Der Therapeut schweift nicht in hypothetische Konstrukte ab, sondern bleibt beim beobachtbaren Material. Er verwendet keine Fachausdrücke, und er versichert sich immer wieder, daß er verstanden worden ist, so wie er seinerseits zu verstehen versucht.

> Die Therapie wird nicht in erster Linie dadurch vertieft, daß der Therapeut eine assoziative Haltung einnimmt oder den Patienten dazu anleitet, sondern durch aktives Problemlösen.

Die Problemdefinition (siehe Kap. 5.4) ist der Ankerpunkt der ganzen Therapie. Sie dient sowohl als Ausgangspunkt, an welchem man den jeweiligen Standort der laufenden Therapie feststellen kann, wie auch als Zielvorstellung. Um Ausgangspunkt und Ziel dauernd im Auge behalten zu wollen, braucht es eine gewisse Bereitschaft, die für den POT-Therapeuten eine Notwendigkeit ist.

Ein assoziatives Ausufernlassen im blinden Vertrauen darauf, daß das Problem von selber wieder auftauchen werde, gehört nicht zur problemorientierten Haltung. Die problemorientierte Ausrichtung zeichnet sich durch ein aktives «am Ball bleiben» aus und durch Flexibilität.

4.2.3 Aktivität

Die Kürze der Behandlung bedingt eine aktive Grundhaltung des Therapeuten. In den Langzeittherapien geht man davon aus, daß bestimmte Themen immer wieder von selbst auftauchen, auch wenn man sie einmal verpaßt hat. In der Kurztherapie muß der Therapeut selektiver und direkter sein. Es genügt nicht, wenn der Therapeut nur assoziiert. Er muß kommunizieren. Der kontinuierlichen Frage: «Was vermittelt mir der Patient jetzt?», muß die Frage folgen: «Ist das in Bezug auf die Zielsetzung relevant?». Entscheidet der Therapeut, daß dies nicht der Fall ist, ist eine Intervention fällig. Mit einer aktiveren Haltung verbunden ist eine straffere Strukturierung der Interaktion. Diese bezieht sich womöglich immer auf das Problem.
Ein zentrales Anliegen der Kurztherapie ist es, den Patienten möglichst rasch von seinen offensichtlich bisher erfolglosen Bewältigungsstrategien (vgl. Kap. 10) wegzubringen und neue, auf ihn zugeschnittene Lösungen zu finden. In der Kurztherapie geschieht dies nicht nur durch korrigierende Erfahrungen in der therapeutischen, zwischenmenschlichen Beziehung, sondern in aktiver Veränderung des beobachtbaren Verhaltens. Im Versuch, mit dem Patienten zusammen das Problem zu lösen (siehe Kap. 5.2 und 5.3), sollten unter dem Prinzip der Flexibilität möglichst mehrere Alternativen angeboten werden. Dadurch lernt der Patient am Modell, wie ein Problem angegangen werden kann, welche Vor- und Nachteile auftreten und wann es keine gute Lösung gibt.

4.2.4 Flexibilität

Es kann als gesichert gelten, daß nicht die theoretische Orientierung des Therapeuten darüber entscheidet, ob seine Interventionen qualitativ geeignet sind oder nicht. Hingegen hat seine Orientierung Konsequenzen auf seine Auswahl der Patienten und ihrer Beschwerden. Wer auf bestimmte schulische Vorstellungen oder Techniken limitiert ist, wird ein kleineres Spektrum möglicher Patienten erreichen und behandeln können als der Therapeut mit einer undogmatisch flexiblen Einstellung. Aber auch innerhalb einer einzelnen Therapie und einer Einzeltherapiesitzung bringt die Flexibilität des Therapeuten Vorteile.

> Flexibilität bedeutet, daß der Therapeut nicht an einer Intervention oder Behandlungsstrategie haften bleibt, sondern alternative Ideen und Handlungen bereithält.

Die flexible Haltung ist integrativ. Sie berücksichtigt mehrere Standpunkte gleichzeitig, ohne das Ziel aus den Augen zu verlieren. Dogmatische Äußerungen des Therapeuten hingegen zeugen nicht von Flexibilität. Vielmehr wird sie vermittelt durch eine fragende Haltung, durch Erwägen von Möglichkeiten. Das Festhalten an äußerlichen Ritualen sowie sich mit Patienten in Machtkämpfe einlassen, sind Zeichen mangelnder Flexibilität. Schließlich gehört es zum Verhalten des flexiblen Therapeuten, daß er die Patienten auf andere Behandlungsmöglichkeiten und andere Therapeuten aufmerksam macht, wenn er merkt, daß seine Flexibilität zur Behandlung des Patienten nicht mehr ausreicht.

Die Flexibilität ist ein zentrales Anliegen der POT.

4.2.5 Ermutigung

Das Prinzip der Hoffnung ist wohl neben dem der Liebe das stärkste Motiv im Heilwesen. Ein Mensch ohne Hoffnung zerfällt.

Es ist daher eine wichtige Funktion des Therapeuten, dem Patienten Anstöße zur Hoffnung zu kommunizieren. Dies geschieht in erster Linie durch Aufwertung und durch Suggestion.

Zuversichtlichkeit allein genügt aber nicht. Vielmehr muß der Patient erleben können, daß die in Aussicht gestellten Hoffnungen wenigstens in einem Mindestmaß erreicht werden können. Konkrete Verhaltensänderungen im erwünschten Sinne sind daher notwendige Erlebnisse, die den Patienten in einen hoffnungsvollen Zustand versetzen. Der Therapeut darf keine unrealistischen Erwartungen erwecken, sich nicht omnipotent darstellen und dadurch eine massive Erwartungshaltung fördern. Die Richtung der Ermutigung und alle damit verbundenen Verstärker zielen auf vermehrte Aktivität und Selbstverantwortung des Patienten. Kritik an der Person des Patienten, eine moralistische Einstellung oder entmutigende Interventionen sind untherapeutisch.

4.3 Führung des therapeutischen Prozesses

4.3.1 Der therapeutische Prozeß

In diesem Kapitel sprechen wir über die Art und Weise, wie die POT geführt werden soll. Die theoretische Sicht des therapeutischen Prozesses haben wir in Kapitel 2 dargelegt. Diese integrative und schulunabhängige Betrachtung des therapeutischen Prozesses nach *Howard und Orlinsky* setzt den Rahmen zu der nun mehr inhaltlich erfolgenden Betrachtung der therapeutischen Beziehung in der POT.

Die Beziehung ist auch für POT das Zentrale. Wir schlagen hierzu folgendes Beziehungsmodell vor:
Es berücksichtigt zwei Dimensionen.
Die *horizontale* Ebene enthält vier Beziehungsqualitäten, die sich auf der *vertikalen* Ebene durch ihre Bewusstheitsgrade unterscheiden. Diese Beziehungsqualitäten sind häufig gleichzeitig vorhanden. Je nach dem Verlauf und Stufe der Therapie (vgl. Kap. 5), wird die eine oder andere Beziehungsebene wichtiger sein.

- Die erste, oberste Beziehungsqualität nennen wir die *«normale zwischenmenschliche Beziehung»*. Sie spielt in der therapeutischen Situation immer eine Rolle, fällt aber vor allem zu Beginn und bei Ende der Therapie ins Gewicht. Weil die gleichgestellte, völlig symmetrische Interaktion zwischen Patient und Therapeut unmöglich ist, tritt eine rollenfreie Interaktion in der therapeutischen Beziehung nur kurz, sporadisch und spontan auf. Am Ende der Therapie gilt diese Beziehungsform als Zeichen einer geglückten Ablösung vom therapeutischen Geschehen.

> Die Anerkennung der «normalen zwischenmenschlichen Beziehung» geht von der Grundhaltung aus, daß nicht jede menschliche Regung in der Therapie zu problematisieren sei. Nicht jeder Gedanke, nicht jedes Gefühl muß vom Therapeuten verfolgt werden. Nicht jede Intervention und nicht jede Verhaltensweise des Patienten braucht therapeutische Konsequenzen zu haben.

- Die zweite Beziehungsqualität nennen wir die *Arbeitsbeziehung* in Anlehnung an das Greenson'sche Arbeitsbündnis. Diese Beziehung ist geprägt durch den therapeutischen Vertrag, also vor allem durch die jeweiligen Rollen des Patienten und des Therapeuten. Diese Beziehung ist vorwiegend rational und typischerweise nicht überwiegend emotional. Das Verhalten des Patienten richtet sich nach den expliziten und impliziten Bedingungen des therapeutischen Vertrages. Das Verhalten des Therapeuten wird durch berufsständische und persönliche Normen geprägt sowie durch dessen Identifikation als Therapeut, etwa im Sinne einer Schule.
- Die dritte Ebene nennen wir die *Problemebene*. Sie wird oft bezeichnet als die Ebene der Übertragung und der Gegenübertragung. Auf dieser Ebene bringt der Patient alle diejenigen Inhalte, welche er als konflikthaft und problematisch empfindet. Der Therapeut antwortet auf dem Niveau der Problemebene mit therapeutischen Interventionen. In der POT berücksichtigt man das psychoanalytische Konzept der Beziehung (Übertragung-Gegenübertragung) in mehr deskriptiv verstandener Weise. Wir möchten in erster Linie vermeiden, daß durch die Verwendung des Übertragung/Gegenübertragungskonzeptes der Beziehungsaspekt vertechnisiert wird und eine theoretische Abstraktion erfährt. Es ist klar, daß das Verhalten beider Gesprächspartner durch vergangene wie durch gegenwärtige Beziehungsaspekte und Erfahrungen geprägt ist. Ein Teil der Problematik

des Patienten kann darin bestehen, daß er diese auf den Therapeuten mit irrationalen, anachronistischen und unbewußten Verhaltensweisen ausrichtet (Übertragung). Es gehört zur Aufgabe des Therapeuten dies zu erkennen. In der POT muss dies jedoch nicht in jedem Fall auch «interpretiert» werden. Wir vermeiden es ferner, auf dieser Ebene der Beziehung die Reaktion des Therapeuten als «Gegenübertragung» zu bezeichnen. Vielmehr geht es primär um «Gefühle des Therapeuten», die es zu reflektieren gilt. Vom Therapeuten wird zudem gefordert, daß er auf der Problemebene eigene Lebenserfahrung therapeutisch umsetzen kann. Gelingt ihm dies nicht oder nur teilweise, so werden sich die problematischen Seiten des Patienten mit denjenigen des Therapeuten auf der Ebene der «Verstrikkung» begegnen.

– Die vierte Ebene nennen wir die *«Verstrickung»*. Sie kommt dadurch zustande, daß der Therapeut über seine problematischen Anteile mit dem Patienten und dessen Übertragung interagiert.

> In der Verstrickung kommen die Erfahrungen der Vergangenheit des Therapeuten in störendem Sinne zum Tragen, weshalb wir nur für *dieses* Phänomen den Terminus der *Gegenübertragung* reservieren wollen.

Eine solche Verstrickung kommt dadurch zustande, daß der Therapeut sich in eine unbewußte Inszenierung des Patienten hineinziehen läßt, in welcher er für den Patienten die Rolle einer bedeutsamen Person (aus dessen Vergangenheit oder Gegenwart) übernimmt. Es kann auch vorkommen, daß der Therapeut in analoger Weise den Patienten in eigene konflikthafte Inszenierungen verstrickt, die den therapeutischen Prozeß wesentlich behindern oder gar zum Scheitern bringen können.

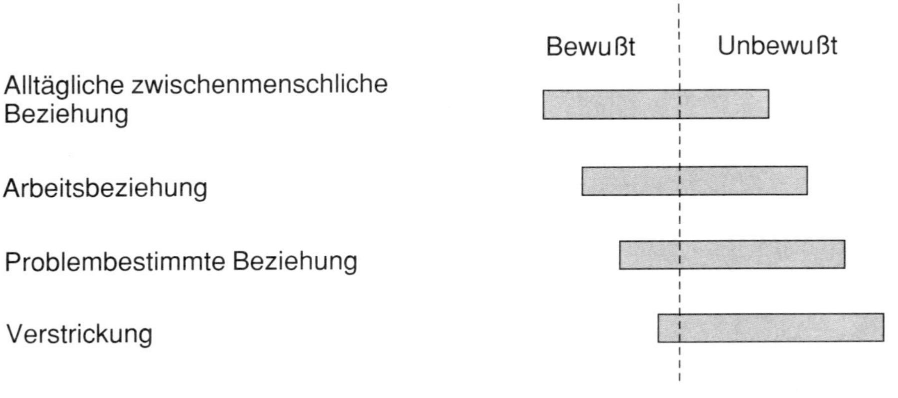

Abbildung 3: Die vier Ebenen der therapeutischen Beziehung

Im Verlaufe der Therapie haben diese vier Interaktionsebenen eine unterschiedliche Bedeutung. Die *alltägliche zwischenmenschliche Beziehung* wird während der ganzen Therapie beobachtbar sein, aber immer nur in kurzen Interaktionen, vor allem bei der Begrüßung und Verabschiedung, bei nicht therapierelevanten Gesprächen. Sie gewinnt erst gegen Therapieende auch während der therapeutischen Sitzung zunehmend an Bedeutung. Die therapeutische Rolle wird dann zunehmend durch die Alltagsbeziehung ergänzt. Dies geht oft mit einer gewissen Verflachung der Beziehung einher, in welcher auch belanglose Themen ihren Platz einnehmen können.
Die *Arbeitsbeziehung* wird spätestens ab Formulierung des therapeutischen Vertrages bis zum Therapieende dauern. Das rationale Verhalten in den Rollen des Patienten bzw. Therapeuten und den dazugehörigen expliziten und impliziten Rollenerwartungen sind ein fester und andauernder Bestandteil der therapeutischen Beziehung. Dies wirkt sich direkt auf die Qualität der therapeutischen Bindung aus. Störungen im Therapieprozeß können es nötig machen, den Arbeitsvertrag zu verändern. Es kann auch notwendig werden, daß man aus problematischen Verstrikkungen heraus, sich wieder auf die Abmachungen dieser rationalen Ebene besinnen muß.
Die *problembestimmte Beziehungsebene* bzw. die therapeutische Intervention nimmt vor allem im Mittelteil der Therapie eine wichtige Rolle ein, wenn der Patient aufgrund einer guten Bindung es wagt, seine gestörten Verhaltensweisen bzw. Probleme offen darzulegen. Entsprechend steigt die Bedeutung der therapeutischen Interventionen.
Zu *Verstrickungen* zwischen Therapeut und Patient kann es schon früh und immer wieder kommen, wenn auch dazu die Mittelphase am ehesten Gelegenheit bietet. Gegen Ende der Therapie sollten solche Verstrickungen auf ein Maß reduziert sein, welches der Interaktion nicht mehr abträglich ist.

4.3.2 Der therapeutische Vertrag

Die eben beschriebene therapeutische Grundhaltung bildet die Ausgangslage, um den Verlauf der therapeutischen Beziehung im Rahmen der POT zu gestalten.
Sobald der Therapeut sich über die Indikation und die Vorgehensweise im klaren ist, unterbreitet er dem Patienten den therapeutischen Vertrag. Dieser beinhaltet Aussagen über:

Begründung der gewählten Therapieform

Der Therapeut erläutert das Wesen der vorgeschlagenen Therapie, indem er Angaben macht über die Besonderheiten der POT. Für den Patienten von Interesse ist in erster Linie der Hinweis auf die begrenzte Dauer der Therapie. Dies muß in jedem Fall im Zusammenhang mit der Besonderheit der Umstände des Patienten begründet werden. Wichtig ist zudem, dem Patienten zu erklären, was unter «Problemorientiertheit» verstanden werden soll. Es wird dem Patienten gesagt, daß sich die gesamte therapeutische Aktivität um wenige, abgrenzbare Probleme drehen wird und daß die Therapie bemüht sein wird, nicht auszuufern. Ferner wird der Patient ermutigt, eine aktive Haltung einzunehmen, und es wird ihm klar gemacht, daß der Therapeut an seinen Ideen zur Lösung der Probleme interessiert ist. Schließlich gehört an diese Stelle einige Information über die Bedeutung der therapeutischen Beziehung. Es wird dem Patienten erklärt, daß sich die wesentlichen Probleme des Patienten auch in der therapeutischen Beziehung abbilden werden. Der Patient wird darüber aufgeklärt, daß die Ereignisse in der therapeutischen Beziehung nicht zufällig sind, sondern mit seinen Verhaltensweisen außerhalb der Therapie in Zusammenhang stehen können. Somit werde diesen Verhaltensweisen in der Therapie besondere Beachtung geschenkt.

Formale Bedingungen der Therapie

Der therapeutische Vertrag besteht auch im Definieren der ungefähren Anzahl der Sitzungen. Dem Patienten wird erklärt, daß 15 – 20 Sitzungen die Richtlinie sind, an der man sich orientiert, die aber nicht unbedingt stur eingehalten werden muß. Schließlich wird mit dem Patienten die Handhabung der Bezahlung vereinbart. Abmachungen bezüglich kurzfristiger Annullierungen von Terminen, Krankheitsfall und dergleichen gehören ebenfalls hierher.

4.3.3 Das Setting

Das Werkzeug der POT ist das Gespräch. Eine Räumlichkeit, die einem vertraulichen Gespräch in entspannter Atmosphäre förderlich ist, genügt. Darüber hinaus ist es nützlich, wenn der Patient für Entspannungsübungen sich auf einer Liege, Couch oder Matratze installieren kann.
Die Dauer der Sitzung kann von 25 bis 50 Minuten variieren, je nach den Bedürfnissen des Patienten und den Möglichkeiten des Therapeuten. Hingegen ist es im Sinne des Therapievertrages nützlich, die Zeitdauer von Anfang an zu fixieren, weil ein Wechsel zu Komplikationen in der therapeutischen Beziehung führen könnte. Die Frequenz der Sitzungen kann ebenfalls variieren. Wöchentliche Sitzungen werden die Regel sein. Für die POT bezeichnend ist auch hier eine flexible Handhabung des Settings. Diese richtet sich nach der Indikationsstellung.

4.3.4 Die Werkzeuge des Therapeuten in der POT

In Kapitel 2.3 haben wir dargelegt, wie sich die Psychotherapie auf vier Ebenen abspielt: auf der strategischen, der Methoden-, der Interventions- und der Wirkfaktorenebene. Die Wirkfaktoren sind die allen Psychotherapieformen gemeinsamen Elemente. Diese Wirkfaktoren oder Kommunikationsmodi können als die grundlegenden Werkzeuge der Psychotherapie angesehen werden. In einer verbal geführten Psychotherapie, wie dies bei POT der Fall ist, beziehen sich diese Werkzeuge auf verbale Interventionsformen des Therapeuten. Diese variieren je nach Schule und Therapeut, sind aber, wie erwähnt, allen Formen gemeinsam.Es ist evident, daß sich die Intervention «jetzt wollen wir uns einmal genau anschauen, was für Sie hier die Schwierigkeit ist» in der therapeutischen Absicht unterscheidet von «Hier bin ich anderer Ansicht als Sie». Beide Aussagen lassen sich aufteilen in kommunikative Grundelemente, die beobachtbar sind. Die erste Intervention setzt sich zusammen aus einer Aufforderung zur Analyse kognitiver oder emotionaler Inhalte; die zweite ist eine Konfrontation mit einer anderen Ansicht in der Absicht einen Lernprozeß in Gang zu setzen. Die folgend angeführten Kommunikationsmodi oder Werkzeuge illustrieren Möglichkeiten, wie der Therapeut bestimmtes Verhalten des Patienten fördern kann.

«Kognitives Verstehen»: Interventionen, die zur Klärung von Denkinhalten, Analysieren von Strukturen, Erwirken von Einsichten führen. Es geht um die Förderung von analytischem Denken, was häufig zu Introspektion führt. Auch das Entstehen von Emotionen kann diesen Prozeß begleiten.

Beispiel: «Mir scheint, daß Ihre jetzige Reaktion Ähnlichkeiten hat mit einer Ihnen altbekannten Erfahrung, die Sie in ähnlicher Situation immer wieder anwenden. – Ja, es scheint mir auch, daß Sie hier eigentlich zwei Personen miteinander verwechseln.»

«Emotionales Verstehen»: Hier geht es um das Klären, Analysieren, Verdeutlichen und Aufzeigen von Gefühlen, von Gefühlsqualitäten und Nuancen. Diese Dimension grenzt sich von dem «Erleben von Emotionen» ab, indem hier nicht der emotionale Ausdruck gefördert, sondern analysiert und geklärt wird. Nicht der Inhalt des Gefühles wird gedeutet, sondern nur die Präsenz.

Beispiel: «Können Sie jetzt besser sagen, welches Gefühl Sie gerade vorhin hatten? War es eher Wut oder Trauer?»

«Erleben von Emotionen»: Aussagen, in denen der Umgang mit Affekten von Bedeutung ist. Es geht um Förderung des emotionalen Ausdrucks bis hin zur Katharsis. Diese Dimension grenzt sich vom «emotionalen Verstehen» darin ab, daß hier kein Analysieren der Gefühle angestrebt wird.

Beispiel: «Lassen Sie doch dieses Gefühl zu. Merken Sie, wie es Sie erleichtert, diese Enttäuschung so richtig fühlen zu können?»

«Lernen»: Fördern von erwünschten oder Mindern von nicht erwünschten Verhaltensweisen nach Modell, Bestätigung, Hypothesenbildung, Anweisung oder didaktische Aussagen.

Beispiel: «Das haben Sie gut gemacht. Sie haben auch bemerkt, daß Ihr Partner diesmal positiv reagiert hat. Ihre frühere Reaktionsweise war schwierig zu akzeptieren.»

«Stützen»: Interventionen, die Unterstützung, Bestärkung, Verstärkung, Trost vermitteln; die Hoffnungen und positive Erwartungen fördern, Schuld mindern, Verständnis vermitteln.

Beispiel: «Ich verstehe Sie gut, es muß sehr schwer sein. – Da haben Sie aber schon gewaltige Fortschritte gemacht.»

«Aktivieren»: Interventionen, die eine eigene Aktivität des Patienten fördern. Es handelt sich hier um eine Intervention, die sich nicht auf den Inhalt der Aktivität, sondern nur auf das Formale bezieht.

Beispiel: «Denken Sie mal darüber nach, wie Sie antworten möchten. Was meinen Sie dazu?»

«Konfrontieren»: Interventionen, die darauf zielen, den Patienten mit altem, gegenwärtigem, oder bisher vermiedenem Verhalten zu konfrontieren oder dieses Verhalten durch Spiegeln deutlich machen oder in Frage stellen.

Beispiel: «Immer, wenn Sie darüber sprechen, machen Sie einen geknickten Eindruck. Sehen Sie, genau diese Antwort geben Sie immer wieder.»

«Eigen- und Mitverantwortung tragen»: Interventionen, welche die Einstellung zu Eigen- und Mitverantwortung fördern, welche den Patienten zu Mitentscheiden, zur Selbst- und Mitverantwortung auffordern. Es geht im Gegensatz zu «Aktivieren» um ethisch gewertete Verhaltensweisen.

Beispiel: «Haben Sie sich schon gefragt, was Sie eigentlich von der Sache halten. Da hätten Sie wohl auch etwas dazu zu sagen!»

«Informieren»: Vermitteln von Sachinformationen, Orientieren. Es geht hier rein um Sachinformationen und nicht um «Verständnis» im weitesten Sinne.

Beispiel: «Die Wirkungen dieses Medikamentes werden Sie erst etwa in zwei Wochen spüren.»

«Erleben des Körpers»: Interventionen, die Bewegung, körperliche Entspannung fördern, Konzentration auf Körpergefühle und Körperteile ansprechen, die Wahrnehmung des Körpers fördern.

Beispiel: «Atmen Sie tief und ruhig und fühlen Sie, wie Sie dabei ganz schwer werden. Was haben Sie jetzt für Empfindungen in Ihrem Magen?»

Natürlich bestehen die einzelnen Interventionen des Therapeuten meistens gleichzeitig aus verschiedenen dieser Elemente, so daß bei einer allfälligen Klassierung mehrere davon gleichzeitig beachtet werden müßten.

Es ergibt sich für jeden Therapeuten oder jede Gruppe von Therapeuten ein Profil solcher Kommunikationsmodi. So ließe sich z. B. zeigen, daß ein Therapeut vor allem mit Konfrontation und Aktivierung und kognitivem Verstehen interveniert, ein anderer Therapeut mehr mit emotionalem Verstehen, Stützung und Information geben und nur in geringem Maße mit kognitivem Verstehen und Konfrontation. Wenn man die beiden Profile übereinander legen würde, ersähe man die gemeinsamen oder «unspezifischen», bzw. die nicht-gemeinsamen oder «spezifischen» Anteile der Therapeuten an diesen Kommunikationsmodi.

4.3.5 Gefühle des Therapeuten

Wir erinnern daran, daß der Therapeut im Sinne des Beziehungsmodelles auf Seite 63 mehrere Gefühlsebenen auch bei sich unterscheiden sollte.

Nicht alle Gefühle des Therapeuten sind als «Gegenübertragung» im psychoanalytischen Sinne zu bezeichnen.

Dies aus folgenden Gründen:

1. Es sind bisher unter dem Gegenübertragungsbegriff viele sehr verschiedenartige Dinge verstanden worden.
2. Die Definition der Gegenübertragung als «alle Gefühle des Therapeuten» ist zu umfassend und zu allgemein.
3. Die Auffassung, daß Gegenübertragung eine spezifische Gefühlsantwort des Therapeuten auf problematisches Verhalten des Patienten sei, ist aus praktischen Gründen sehr gefährlich. Sie vernachlässigt nämlich, daß der Therapeut auch aus der eigenen Problematik heraus Gefühle für den Patienten generieren kann. Diese letzte Gegenübertragungsdefinition immunisiert den Therapeuten zudem gegenüber jeder Kritik.

In der POT sprechen wir im allgemeinen von «den Gefühlen des Therapeuten» und nur in einem speziellen Fall von «Gegenübertragung».

Mit «Gegenübertragung» meinen wir die Verstrickung vorwiegend unbewußter Teile des Therapeuten mit dem Patienten.

Analog den Empfehlungen zum Umgang der Patienten mit ihren Gefühlen gilt auch für den Therapeuten, daß er sich seiner Gefühle klar werden muß. Dies bedeutet nicht, daß er sie auch immer mitzuteilen hat. Fehlende oder überstarke Gefühlsreaktionen des Therapeuten können auf Störungen in der Beziehung zum Patienten und/ oder auf eigene Probleme hinweisen.

4.3.6 Umgang mit Widerstand gegen Veränderung

Mit Widerständen ist alles gemeint, was sich dem therapeutischen Prozeß (aus der Sicht des Therapeuten) entgegenstellt.
Spezifisch für die POT betrifft dies alle Verhaltensweisen des Patienten, welche die Problembearbeitung im Sinne des Vertrages mit dem Patienten (vgl. Kap. 4.3.2) behindern.
Diese Definition birgt potentielle Gefahren, welche sich besonders in kurz geführten Therapien auswirken können. Es geht in erster Linie gegen eine allzu puristische Definition von Widerstand durch den Therapeuten. In der POT wird gleichsam nicht mit der Lupe oder gar dem Mikroskop gearbeitet, sondern es wird vorwiegend das behandelt, was dem Patienten und dem Therapeuten von bloßem Auge sichtbar wird. Die POT befaßt sich in erster Linie mit «Offensichtlichem».

In der POT werden Widerstände nur beachtet und behandelt, wenn sie mit dem vereinbarten Therapieziel in direkten Konflikt geraten.

Erst wenn ein Widerstand das Erreichen des Zieles zu verunmöglichen droht, ist seine Bearbeitung angezeigt. Die Tatsache, dass ein Therapeut ein Verhalten als Widerstand taxiert, genügt alleine noch nicht, um den Widerstand auch therapeutisch anzugehen. Es muß die dem Therapeuten *und* Patienten notwendige Evidenz hinzukommen, daß der Widerstand bearbeitet werden muß, um überhaupt zum Ziel zu gelangen. Dies besagt auch, daß Widerstände nicht unbedingt «weggeschafft» werden müssen, sondern einfach anders angegangen werden können.

In der POT ist Widerstandsbearbeitung kein Selbstzweck.

Der problemorientierte Therapeut hat drei Methoden um Widerstände anzugehen:

a) Umgehen des Widerstandes

b) Durchgehen des Widerstandes

c) Analysieren des Widerstandes

a) Das Umgehen von Widerständen

Wir haben erläutert, daß in der POT die Widerstände erst dann angegangen werden, wenn sie dem erklärten Ziel direkt im Wege stehen und wenn auch der Patient erkennen kann, daß der Therapieverlauf behindert wird, zum Stillstand gekommen oder unfruchtbar geworden ist.
Wenn Widerstände massiv und wie Betonblöcke unverrückbar sind, bleibt oft nur das Umgehen. Dies gilt vor allem dann, wenn der Patient keine psychologischen Voraussetzungen mitbringt, welche ein Analysieren ermöglichen.
Umgehen bedeutet, den Widerstand als solchen stehen zu lassen und ihm beispielsweise durch positives Umdeuten die Bedeutung zu nehmen, welche er zu haben droht. Es geht darum, mit dem Patienten zusammen eine goldene Brücke zu bauen, auf welcher der Widerstand überwunden werden kann.

Ein Patient gerät in Schwierigkeiten mit seinem neuen Mitarbeiter, weil dieser ihn so sehr an seinen Bruder erinnert. Mit seinem Bruder hatte er zeitlebens ein hartes Konkurrenzverhalten um die Gunst der Eltern. Der Mitarbeiter nun zeigte verblüffende Ähnlichkeit mit dem Bruder. Der Patient beabsichtigte, gerade weil ihm die Übertragung so bewusst war, sich nicht wieder unterkriegen zu lassen, sondern zu siegen. Aus Gründen der Hierarchie musste dies zu selbstdestruktiven Folgen führen. Dieses selbstdestruktive Verhalten wurde vom Patienten und vom Therapeuten als Widerstand gegen das vereinbarte Ziel einer besseren sozialen Integration im Berufsleben erkannt. Das Umgehen des Widerstandes bestand nun darin, daß Therapeut und Patient zusammen die Konsequenzen eines so provokativen Verhaltens durchdachten. Dadurch kam der Patient selbst zum Schluß, daß er gegen seine emotionale Kampflust am Arbeitsplatz «vernünftig» zu sein habe, weil er sonst alte Verhaltensmuster wiederholen würde.

Mit dieser Maßnahme ist vorläufig nur das selbstdestruktive Verhalten unterbunden, aber noch nicht der dazugehörige Affekt. Trotzdem sind zwei Dinge erreicht worden: der Patient hat sein unerwünschtes Verhalten nicht wiederholt (und damit seinen Widerstand auf die Seite gelegt) und zweitens ist dadurch zum erstenmal ein Teufelskreis durchbrochen worden. Es ist bezeichnend für den Pragmatismus der POT, daß man sich mit diesem Sachverhalt zufrieden geben kann und nicht den Widerstand nach psychoanalytischen Vorstellungen analysieren, bzw. «auflösen» muß. Der POT-Therapeut wird mit dem Patienten zusammen ein wachsames Auge auf die Gefahr einer Wiederholung richten.
Das zweite Beispiel zeigt, wie beim Umgehen von Widerständen unter Umständen der Widerstand selbst völlig unangetastet bleiben kann.

Eine Patientin teilt ihrem Therapeuten mit, daß sie über ein bestimmtes Thema nicht sprechen könne, sie bringe die nötigen Worte nicht über ihre Lippen. Der Therapeut bespricht mit ihr daraufhin, was die Mitteilung erleichtern könnte. Sie einigen sich darauf, dass die Patientin die schwierige Thematik schriftlich abfasst und dem Therapeuten vor der nächsten Sitzung zustellt.

Umgehen ist dann angezeigt, wenn der Patient zuwenig robust ist, um die Widerstände durchgehen zu können (vgl. folgender Abschnitt), oder nicht die Fähigkeiten mitbringt, um Widerstände zu analysieren. Das Umgehen gibt dem Patienten mehr Spielraum und ist weniger angstauslösend.

b) Das Durchgehen von Widerständen

Durchgehen von Widerständen bedeutet das Weiterverfolgen des Zieles trotz des Widerstandes, durch ihn hindurch. Durchgehen ist angezeigt, wenn der Widerstand als solcher erkannt worden ist und der Therapeut ihn als schwach oder brüchig beurteilt. Hier ist die Meinung des Patienten für einmal nicht ausschlaggebend. Bildlich gesprochen geht es um das Eindrücken eines aufgespannten Papieres oder Tuches. Daraus wird ersichtlich, daß das Papier dünn genug sein muß, damit man es durchstoßen kann, also der Widerstand nicht allzu massiv sein darf. Ist er zu massiv, muß er umgangen, oder nach Möglichkeit, analysiert werden.

Ein Patient wirkt während der auf eine halbe Stunde angesetzten Therapiezeit sehr ausweichend und beginnt erst in den letzten fünf Minuten auf das zentrale Thema einzugehen. Der Therapeut konfrontiert den Patienten mit dieser Tatsache und der Patient gibt zu, daß man die übrige Zeit besser hätte nutzen können. Die beiden vereinbaren, daß mit dem gleichen Thema zu Beginn der nächsten Sitzung begonnen werden soll.

In diesem Beispiel wird klar, daß nicht nach Motiven des Widerstandes geforscht wird, sondern der Widerstand durchgangen wird durch die Abmachung, daß das vermiedene Thema direkt angepackt werden soll. Erscheint der Patient zur nächsten Sitzung zu spät, beginnt er ein anderes Thema vorzuschieben etc., so führt der Therapeut ihn ganz direktiv auf die Abmachung der letzten Stunde zurück und setzt die Thematisierung durch. Beim Durchgehen des Widerstandes geht es nicht um die Motivationsanalyse, sondern um das Ziel, dem Patienten zu zeigen, daß er trotz seiner Widerstände das vermiedene Verhalten durchstehen kann.
Beim Durchgehen von Widerständen kann eine straffe Handhabung seitens des Therapeuten notwendig werden. Ermahnungen, dem Patienten etwas abverlangen, Erinnern an Vereinbarungen sind typische Interventionen. Vielleicht ist zudem ein neues Stück Motivationsarbeit im Sinne der Arbeitsbeziehung notwendig.
Widerstände können auch iatrogen durch fehlende Flexibilität des Therapeuten entstehen. Wichtig ist allgemein, daß der Therapeut den realen und bisher stabilisierenden Anteil des Widerstandes erkennt und anerkennt.

c) Das Aufdecken und Analysieren von Widerständen

Aufdecken und Analysieren sind psychoanalytische Verfahren. Aufdecken wird dann notwendig, wenn der Widerstand zunächst nur vom Therapeuten als solcher erkannt oder vermutet wird und er dann diese Hypothese dem Patienten plausibel machen will. Analysieren bedeutet eine umfassende und oft langwierige psychologische Arbeit. Sie ist im Rahmen der POT zwar möglich, aber eher selten indiziert. Wie das Analysieren von Widerständen in der POT gehandhabt wird, ist in Kapitel 8.3.2 beschrieben.

4.3.7 Die Gefühle des Patienten als Teil der «Übertragung»

Unser Modell der Therapeuten-Patienten-Beziehung (vgl. Kap. 4.3.1) unterscheidet vier Ebenen der Beziehung, die natürlich auch von Gefühlen bestimmt sind. Wir übernehmen nicht das psychoanalytische Modell, wonach alle Gefühle des Patienten als Übertragung bezeichnet werden können.

> Die Gestaltung einer emotionalen Beziehung in der POT wird durch die Kürze der Dauer und durch die Problemorientiertheit mitbestimmt.

Die Kürze wirkt sich auf die Gefühle der Abhängigkeit aus. Der therapeutische Vertrag mit der expliziten Abmachung der Kürze strukturiert die Abhängigkeitsproblematik zum vornherein. Eine Zeitdauer von ca. 20 Wochen ist absehbar. Das Ende der Therapie kann schon von Anfang an erblickt werden. Aus dieser Tatsache konstellieren sich typischerweise zwei Reaktionsweisen im Patienten. Entweder der Patient läßt sich emotional gar nicht so weit ein, daß die Abhängigkeit zum Tragen kommen könnte oder aber die Beziehungsthematik wird zum eigentlichen Problem im Sinne der Problemdefinition (vgl. Kap. 5.2 – 5.4). Hier wird klar, wie wichtig die sorgfältige Indikationsstellung zur POT ist (vgl. Kap. 6). Menschen, deren zentrale Problematik nur in einer langdauernden, emotional tiefen Beziehung angegangen werden kann, sind für POT ungeeignet. Übertragungen entwickeln sich oft spontan und schon vor der eigentlichen Begegnung mit dem Therapeuten. In der POT wird die «Übertragungsneurose» nicht gefördert, sondern eher behindert. Ist dies nicht möglich ohne dem Patienten und der Sache zu schaden, dann ist die Indikation für POT nicht gegeben.

Auch ohne die Förderung der Übertragungsneurose muß die Ablösungsthematik spätestens ab Mitte der Therapie immer wieder angesprochen werden.

In der Langzeittherapie kann man sich genügend Zeit lassen, um die emotionale Abhängigkeit, eine besondere Qualität der therapeutischen Bindung, entwickeln zu lassen. Nicht so in der POT. Der POT-Therapeut verwendet die zeitliche Strukturierung der Therapie insbesondere auch für die Gestaltung der Autonomie-Abhängigkeitsfrage, so daß dieses Thema wie ein roter Faden durch die ganze Therapie, sicher aber durch die zweite Hälfte, läuft.

Die Qualität und Intensität der Gefühle des Patienten sind dann angemessen, wenn diese mit dem Inhalt übereinstimmen und so deutlich sind, daß sie unmittelbar erlebbar werden. Die POT verfügt über Methoden und Interventionen, mit welchen das Gefühlserleben beeinflußt werden kann (vgl. 8.4).

Analog dem Umgang mit Widerständen, schlagen wir für die Behandlung der Übertragung folgende Maßnahmen vor.

a) Umgehen der Übertragungsreaktion

Sind dem Therapeuten die Auslöser von Übertragungsreaktionen bekannt, so kann er diese bewußt vermeiden, den Patienten davon ablenken, verharmlosen, beschwichtigen etc. Er hat auch die Möglichkeit, die Übertragungsreaktion zu ignorieren bzw. alles zu tun, um das entsprechende Verhalten nicht zu belohnen.

Beispiel: Eine Patientin mit einem äußerst autoritären Vater versucht im Sinne ihrer Übertragung immer wieder den Therapeuten zu Ratschlägen zu provozieren, die sie dann aber heftig ablehnt. Gleichzeitig fühlt sie sich nicht verstanden.

Die Strategie des Umgehens besteht hier darin, das Hindernis zu bezeichnen und es dann bewußt mit der Patientin zusammen zu umgehen. Der Therapeut kann etwa sinngemäß sagen: «Jetzt sind wir wieder an der heiklen Stelle, wo sie einen Ratschlag möchten, den sie dann nicht so gut ertragen. Was wollen wir jetzt damit machen?» Der Therapeut führt die Lösung darauf hinaus, daß sich die Beteiligten jeweils sagen «Ah, wir sind wieder bei unserer heiklen Stelle, lassen wir das einmal beiseite.»
Umgehen ist nur dann zulässig, wenn die Übertragungsreaktion nicht ein wichtiger Bestandteil des deklarierten Problemes ist. Handelt es sich jedoch um einen Teil des Problems, so muß die Übertragungsreaktion in die Problemdefinition integriert oder sogar als neues Problem definiert werden.
Wenn Durchgehen und Umgehen nicht zum Ziel des ungestörten Fortganges der Therapie führen, kann es nötig werden, die Übertragung in einen Sinnzusammenhang zu bringen. Solche Bezüge können, aber müssen nicht, historisch sein. Sie können auch horizontale Verbindungen in der Gegenwart betreffen.

b) Durchgehen von Übertragungsreaktionen

Durchgehen von Übertragungsreaktionen verhindert diese natürlich nicht, nimmt ihnen aber in den entscheidenden Momenten ihre Wirkung.

> Durchgehen und Umgehen dienen als Maßnahmen lediglich dazu, die Übertragung nicht so stark werden zu lassen, daß sie den Verlauf der Therapie stört.

Um dies zu vermeiden, müssen in erster Linie übertragungsfördernde Maßnahmen unterlassen werden. Dazu gehören Maßnahmen, welche den Patienten stark frustrieren oder verwöhnen, und solche, die ihn regredieren lassen. Durchgehen der Übertragung kann geschehen durch dauernde Konfrontation mit dem Phänomen selbst und mit der Realität der Dinge. Beim Auftreten einer störenden Übertragungsreaktion konfrontiert der Therapeut sofort und unablässig und macht den Patienten dabei auf das Inadäquate seiner Reaktion aufmerksam, ohne dabei kritisierend zu sein.

Beispiel: «Merken Sie jetzt, wie sehr Sie meine Bemerkung in Wut bringt und Sie dabei über das Ziel hinausschießen? Dies ist etwas, was Ihnen immer wieder passiert, auch mit andern Personen. Früher war es der erste Freund, wenn er Sie erniedrigt hat. Ich bin aber nicht dieser Mann und habe nicht die Absicht, Sie zu erniedrigen.»

Obwohl diese Intervention die Elemente «Konfrontation» und «kognitive Analyse» enthält (siehe Kap. 4.3.4), ist sie nicht bewußtseinsfördernd. Sie stoppt die Übertragungsreaktion durch die Konfrontation mit der Realität der Personenverwechslung und der zu intensiven Gefühle. Zudem wird im letzten Satz klar gemacht, daß der Ursprung der Übertragungsreaktion nicht weiterverfolgt werden und der Patient sich auf die Umstände der unmittelbaren Gegenwart einstellen soll.

Übertragungsinterpretationen in der POT sind angebracht, wenn:

1. Die Übertragungsgefühle in der Intensität unübersehbar und unumgehbar geworden sind und/oder einen wesentlichen Widerstand für die ungestörte Fortführung der Therapie bedeuten.
2. Die Arbeitsbeziehung durch intensive Übertragungsgefühle so gestört wird, daß der Patient sich nicht mehr an sein Rollenverhalten gebunden fühlt.
3. Konflikte in der Übertragung direkte Beziehungen zum aktuellen Konflikt haben.
4. Der Patient genügend psychologische Fähigkeiten hat, um Übertragungsinterpretationen zu verstehen und zu beobachten, wie auch diese zu ertragen und letztlich außerhalb der Therapie anzuwenden.

Bei der Anwendung von Übertragungsinterpretationen ist insbesondere in der POT darauf zu achten, daß genügend Sitzungen verbleiben, in welchen solche Erklärungen noch verarbeitet werden können. Übertragungsinterpretationen als letzte Instanz in letzter Minute sind nicht nützlich.
Die Übertragung wird nicht bearbeitet,

1. wenn die Übertragungsphänomene nicht genügend ausgeprägt sind.
2. wenn starke Gefühle zwar vorhanden sind, aber nicht im Zusammenhang mit dem Problem stehen und den Fortgang der Therapie nicht behindern.
3. wenn die Arbeitsbeziehung nicht gefestigt genug ist, so daß sie durch einen forschen Übertragungshinweis gefährdet werden könnte.
4. wenn der Patient nicht genügend psychologische Fähigkeiten besitzt, um Übertragungsinterpretationen zu verstehen.

4.4 Die Beendigung der Therapie

4.4.1 Der Beginn des Endes

Eine Therapiedauer von max. 15 – 20 Sitzungen ermöglicht es schon von Anfang an, sicher aber ab der Mitte, das Therapieende konkret abzusehen. Die Verbindung mit dem Ende geschieht über zwei Wege: Über die voraussichtlich verbleibende Zeit

bzw. Sitzungszahl und über den Stand der Therapie im Verhältnis zum definierten Ziel. Bei einer ungefähren Sitzungszahl von 15 bis max. 20 kann der Patient das kommende Ende leicht abschätzen, es ist jedoch nötig, daß der Therapeut etwa ab Mitte der Behandlung immer wieder auf das Ende hinweist. Dies kann in eingeflochtenen Bemerkungen stattfinden wie etwa: «Um dies klarer zu sehen, haben wir ja noch etwa sechs Sitzungen vor uns.» Die POT als Kurztherapie kann hier eine ihrer Stärken ausspielen. Die Begrenztheit der Dauer wirkt als Motor sowohl für Patient wie Therapeut. Beiden ist klar, daß ein therapeutischer Maximalismus nicht möglich ist, und daß innert der verbleibenden Frist pragmatisch die gesteckten Ziele aktiv angegangen werden müssen.
Der Vergleich zwischen gestecktem Ziel und Stand der Therapie bildet die zweite Möglichkeit, das Ende der Therapie ins Auge zu fassen. Die Frage «Wo stehen wir?», «Was haben wir bisher erreicht?», «Kann der Patient in diesem Zustand alleine weitergehen?», führen zum nötigen Vergleich des aktuellen Standes mit der Zielsetzung.

4.4.2 Der Abschluß

Der Zeitpunkt zur Beendigung der Therapie kann im Idealfall durch das Erreichen der gesteckten Ziele gegeben sein, im ungünstigen Fall durch das Ende der vereinbarten Therapiedauer.
Wie stellt man fest, daß der richtige Zeitpunkt gekommen ist, oder daß das gesteckte Ziel erreicht ist? Die Frage nach dem Erreichen des vereinbarten Zeitpunktes ist leichter zu beantworten. Meistens wird es in der POT so sein, daß von Anfang an eine feste, absolut definierte Stundenzahl abgemacht wird. Man einigt sich auf «maximal 20 Sitzungen». Im vorhergehenden Abschnitt über den Beginn des Endes wurde empfohlen, durch wiederholte Zwischenbilanzen sich zu vergewissern, wie weit der Stand der Therapie vom angestrebten Endzustand noch entfernt ist. Aus solchen Zwischenbilanzen wird hervorgehen, ob die maximale Zahl von 20 Sitzungen unterschritten werden kann. Im allgemeinen stellt das Verkürzen der Therapie weniger Probleme, wenn der günstige Fortschritt dies erlaubt. Eine Gefahr bei der Kürzung der Behandlung besteht in der Verkennung der noch bestehenden hintergründigen Probleme. Der Enthusiasmus bei Patient und Therapeut nach einem erzielten Erfolg kann zu einer ungerechtfertigt optimistischen Einschätzung der Besserung führen. Der Rückfall nach der vorzeitigen Beendung der Therapie könnte die Folge sein.
Hat sich der angestrebte Erfolg bei nahestehendem Therapieende nicht eingestellt, muß dies mit dem Patienten offen erörtert werden. Es können zusätzliche Sitzungen, nicht mehr als etwa fünf, angehängt werden. An diesem Punkt ist die Versuchung beiderseits natürlich groß, aus der Kurztherapie ein mittelfristige oder gar eine Langzeittherapie werden zu lassen. Wir empfehlen ganz klar, die POT auf alle Fälle als solche zu beendigen und sie nicht durch mehrere Anfügungen auszudehnen. Vorzuziehen ist ein vielleicht erzwungener und stur scheinender Abschluß mit der

Vereinbarung einer mehrmonatigen Pause. Zwei Erfahrungen führen zu diesem Vorgehen:

1. Die Spontanheilung des Patienten.

2. Die Erfahrung, daß die Therapie auch nach Abschluß noch nachwirkt.

Vielleicht handelt es sich bei beiden Phänomenen um dieselbe Ursache. Jedenfalls wird sich der Patient nach Ablauf der Pause vor eine neue Entscheidung gestellt sehen. Zur Wahl stehen:

1. Keine neue Therapie beginnen.

2. Beim selben Therapeuten eine neue Therapie beginnen.

3. Den Therapeuten zu wechseln.

Sicher kann aus den gemachten Erfahrungen in der Therapie etwas über die Indikation zum weiteren Vorgehen gewonnen werden.
Schwierig ist die Abklärung des Therapieerfolges bzw. die Berechtigung zum Abschluß der Therapie nach der Frage «Ist das Ziel erreicht?». Drei Parteien können sich dazu äußern: Der Patient, der Therapeut und der Vertreter der Umwelt des Patienten. Im Konzept der POT hat dazu in erster Linie der Patient das Sagen. Eine ausführliche Diskussion über das bisher Erreichte, seine Befindlichkeit und Zufriedenheit ist demnach das wichtigste Mittel zur Abklärung dieser Frage. Will der Patient die Therapie abschließen, sind seine Motive besonders dann zu überdenken, wenn der Therapeut mit diesem Entscheid nicht einverstanden ist. Es stellt sich die Frage, ob der Patient mit dem Ende der Therapie etwas vermeidet.

Es empfiehlt sich, etwa drei Monate nach Abschluß der Therapie eine *Nachbesprechung* vorzunehmen und diese bei Abschluß der Therapie bereits anzukünden. Diese drei Monate ohne eigentliche Therapie bringen häufig noch Verhaltensveränderungen mit sich, welche während der Therapie noch nicht möglich waren.

Bei der Nachbesprechung geht es um eine realistischere Möglichkeit, die Wirkung der Therapie korrekt einzuschätzen. Ferner ermöglicht die Nachbesprechung einen Entscheid darüber, ob eine allfällige weitere Therapieindikation gegeben ist. Die neue Behandlung braucht nicht beim selben Therapeuten stattzufinden.

Weiterführende Literatur:

Garfield (1980)
Garfield & Bergin (1986)
Strupp & Binder (1984)

5. Zeitliche und inhaltliche Strukturierung

Problemorientierte Therapie unterscheidet sich von Langzeittherapie durch ihre **zeitliche und inhaltliche Begrenzung**. Das steckt allerdings nur den äußeren Rahmen für die Therapie ab. Innerhalb dieses Rahmens entwickelt sich eine therapeutisch-zwischenmenschliche Beziehung, die einerseits Grundlage und Motor der gemeinsamen Arbeit ist, anderseits aber auch zu Hoffnungen, Erwartungen, Wünschen sowie Abhängigkeiten führen kann, die weit über die Grenzen einer solchen Therapie hinaus gehen. Dieser Dynamik des Beziehungsprozesses, der zum Teil unbewußt abläuft, sind erfahrungsgemäß beide Beteiligte, Patient sowie Therapeut, unterworfen. In einer Langzeittherapie ohne definierte Zielsetzung und Begrenzung kann dieser Prozeß eher seiner eigenen Dynamik überlassen werden. In POT dagegen wäre eine solche Haltung kontraproduktiv, weil sie zu einer entmutigenden Erfahrung für Patient und Therapeut führen könnte.
Hier gilt es also Strategien zu entwickeln, die dem therapeutischen Prozeß eine **Struktur** geben, an der der Therapeut sich bei seinem zielgerichteten Handeln orientieren kann und die zugleich für den Patienten **durchschaubar** ist. Eine solche Struktur hilft auch dabei, sich die realistischen Grenzen der gemeinsamen Aufgabe immer wieder bewußt zu machen. Vom Therapeuten wird erwartet, daß er in feinfühliger und einfühlender Weise den therapeutischen Prozeß aktiv gestaltet, ohne den Patienten zu «entmündigen». Im Gegenteil, die Offenlegung des folgend beschriebenen **Stufenplanes** soll den Patienten zu aktiver Mitgestaltung anregen:

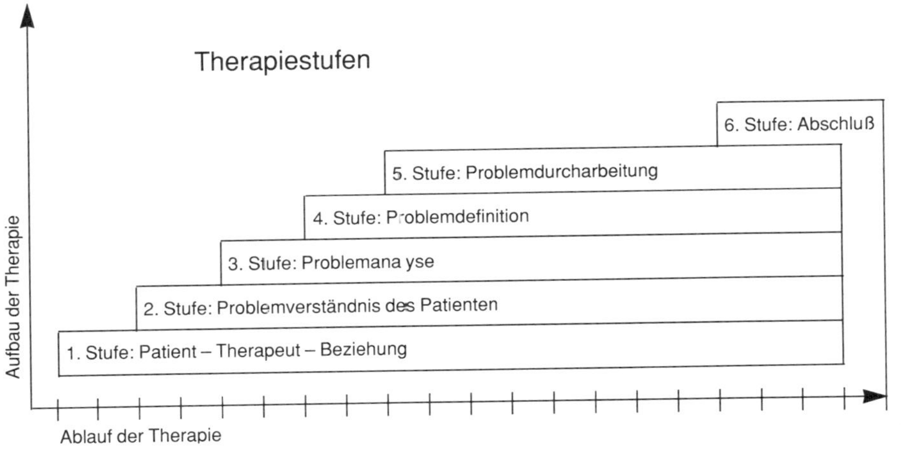

Abbildung 4: Therapiestufen

Dieser Stufenplan gibt eine Anleitung dazu, wie der therapeutische Prozeß sinnvoll strukturiert werden kann. Er setzt sich zusammen aus den «Bauelementen» der POT, die nach der logischen Abfolge eines Problemlösungsprozesses geordnet sind und wie «Treppenstufen» aufeinander aufbauen. Es handelt sich dabei nicht um ein starres Schema, nach dem die Therapie abzulaufen hat, sondern um einen *Leitfaden zur Orientierung*. Es ist absichtlich nicht die Rede von Therapiephasen, die einander ablösen, oder Therapieabschnitten, die sich voneinander abgrenzen ließen. Vielmehr haben die einzelnen Stufen fließende Übergänge, überlappen sich und bauen aufeinander auf. Vorausgehende Therapiestufen sind jeweils Grundlage für die folgenden. Wie ein Fundament ziehen sie sich durch die gesamte Therapie. Im Laufe der Therapie kann und soll immer wieder auf frühere Stufen zurückgegriffen werden, z. B. wenn neue Erkenntnisse eine *Umdefinition des Problems* nahelegen oder wenn Schwierigkeiten in der Patient-Therapeut-Beziehung (Übertragung, Gegenübertragung) entstehen. Andererseits kann es manchmal auch sinnvoll sein, für Teilaspekte eines Problems rasch von einer Stufe zu den folgenden überzugehen, indem z. B. schon im ersten Teil der Therapie der Patient dazu angeregt wird, bestimmte Lösungsansätze in die Realität außerhalb der Therapie umzusetzen, auch wenn das Problem noch nicht vollständig analysiert ist.

Für die **zeitliche Einteilung** gibt es keine allgemein gültige Regel, die angibt, bis zu welcher Sitzungszahl eine bestimmte Therapiestufe erreicht sein muß. Wieviel Zeit benötigt wird und welche Gewichtung den einzelnen Stufen beigemessen wird, hängt von der Persönlichkeit und den Fähigkeiten des Patienten und denen des Therapeuten sowie von der jeweiligen Problemstellung ab. Es gibt Probleme, deren Lösung sich im wesentlichen aus der Analyse ihrer Bedingungen ergibt, so daß die entsprechende Therapiestufe einen sehr breiten Raum einnimmt. In anderen Fällen liegt das Schwergewicht auf dem Ausprobieren neuer Verhaltensmuster in der Realität; erst in den damit gemachten Erfahrungen wird dann die Problemlösung gefunden. Andere Probleme wiederum konstellieren sich von Anfang an vor allem in der Interaktion zwischen Patient und Therapeut, so daß die Problemdurcharbeitung bereits in der ersten Therapiestufe beginnt. Trotz der Vielgestaltigkeit der tatsächlichen Therapieverläufe kann als grobe Orientierung für die Zeiteinteilung gelten, daß in der Regel bis zur Mitte der Therapie die Problemdurcharbeitung (Stufe 5) erreicht sein sollte, damit genügend Zeit bleibt, um Veränderungen konkret umzusetzen und der Verselbständigungs- und Ablösungsprozeß rechtzeitig abgeschlossen werden kann.

Neben den persönlichen Problemen, mit denen der Patient in die Therapie kommt, die im Zentrum der therapeutischen Arbeit stehen sollen und deren Lösung man sich stufenweise nähert, ergibt sich aus der speziellen Konstellation jeder Kurztherapie ein grundsätzliches Problem, das während der gesamten Therapiedauer eine besondere Rolle spielt, nämlich: *Die Trennung!*

Von Anfang an steht die Kurztherapie in einem *Spannungsfeld* zwischen *Aufbau* und Erhaltung einer tragfähigen und konstruktiven zwischenmenschlichen *Beziehung* einerseits *und* der Gewißheit einer absehbaren *Beendigung* dieser Beziehung andererseits. Es ist daher wichtig, daß die Trennungsproblematik spätestens in der Mitte der Therapie konkret und gezielt thematisiert wird und als Begleitthema bis zur Ablösung am Ende der Therapie berücksichtigt bleibt.

Erfahrungsgemäß besteht nämlich sowohl auf seiten des Patienten wie auch auf seiten des Therapeuten die Tendenz, diese Problematik auszublenden.
Die folgenden Erläuterungen zu den einzelnen Therapiestufen geben Hinweise darauf, welche therapeutische Haltung und welche methodischen Ansätze den einzelnen Stufen angemessen sind. Es handelt sich dabei nicht um eine rezeptartige Anweisung, sondern um eine Anregung, den *Therapieprozeß* entsprechend *aktiv* zu *gestalten*.

5.1 Erste Stufe: Aufbau einer tragfähigen zwischenmenschlichen Beziehung und konstruktiven Arbeitsbeziehung

Einfühlsam offenes, aktives Zuhören ist eine wesentliche Voraussetzung zur Entwicklung einer vertrauensvollen und tragfähigen Beziehung.

Der Therapeut soll dabei in seiner verbalen und averbalen Kommunikation für den Patienten erkennbar und faßbar sein. Eine unbestimmte Abstinenzhaltung würde auf den Patienten befremdlich wirken. Gezielte Fragen sollen Verständnis signalisieren und es dem Patienten erleichtern, sein Anliegen vorzubringen. Direkt oder indirekt geäußerte Wünsche des Patienten nach Schutz, Anlehnung, von einer kompetenten Autoritätsperson «an die Hand genommen» zu werden, sollen vom Therapeuten nicht gleich abgewiesen oder abgewehrt werden, sondern verständnisvoll zur Kenntnis genommen und ihnen ein Stück weit entgegengekommen werden. Dies kann durch unterstützenden Zuspruch, Ermutigung sowie durch klare und sachliche Beantwortung von Fragen geschehen (vgl. Kap. 4.1). Es ist immer zu berücksichtigen, daß in der Regel die Erwartungen des Patienten primär nicht den Therapie-Vorstellungen des Therapeuten entsprechen.

Die Erkenntnis, daß Psychotherapie *Hilfe zur Selbsthilfe* bedeutet, ist Teil des *Lernprozesses* im Rahmen der Therapie.

Die ersten Grundsteine dazu kann der Therapeut legen, indem er nicht nur die Probleme und Defizite des Patienten registriert, sondern vor allem auch gesunde, autonome, aktive Anteile wahrnimmt, diese hervorhebt und damit unterstützt und sie als *Problemlösungsressourcen* erkennbar macht.
Zum Aufbau einer konstruktiven Arbeitsbeziehung ist es auch notwendig, daß der

Therapeut neben dem jeweils vorgegebenen äußeren Setting insbesondere Aufbau, Sinn und Ziel des Therapie-Konzeptes in einer verständlichen Form erklärt. Der Patient muß eine Vorstellung von dem bekommen, was ihn erwartet und was von ihm erwartet wird. Die Begrenzung und damit Überschaubarkeit der POT wirkt erfahrungsgemäß eher ermutigend als enttäuschend für den Patienten, da er damit ein faßbares Ziel vor Augen hat. Ebenso soll dem Patienten zu verstehen gegeben werden, daß er *aktiver Partner bei der therapeutischen Arbeit* sein wird. Damit werden ihm Fähigkeiten zugetraut, die er an sich selbst vielleicht noch gar nicht erkannt hatte. Er wird aufgewertet und ermutigt.

5.2 Zweite Stufe: Problemdarstellung aus der Sicht des Patienten

Hier soll dem Patienten Gelegenheit gegeben werden, das Problem oder die Probleme aus seiner individuellen, *subjektiven Sicht* darzustellen.

> Nicht abstrakte, dem Lehrbuch entnommene Konstrukte, nicht die «Psycho-Logik» des Therapeuten, sondern die eigene *Krankheits- oder Problemtheorie des Patienten*, seine eigenen Erklärungs- und Lösungsversuche sind Ausgangspunkt für die therapeutische Arbeit (siehe dazu auch Kap. 2.2).

Wenn auch viele Patienten zunächst nur die sie störenden Symptome in den Vordergrund rücken, so haben sich die meisten doch darüber Gedanken gemacht, wie es dazu gekommen ist, und häufig sogar differenzierte, auf subjektiven Kausalitätsprinzipien beruhende Entstehungstheorien, d. h. eine eigene Krankheitstheorie entwickelt.

> Es ist wichtig, die inneren Zusammenhänge der «subjektiven Krankheitstheorien» zu verstehen, weil häufig darin das eigentliche *Problem* steckt, das eine Lösung behindert oder verunmöglicht.

Es kommt also darauf an, genau hinzuhören und hinzuschauen, wie der Patient die Entstehung und die Zusammenhänge seines Problems darstellt. Die – wenn auch unausgesprochene – Haltung eines Therapeuten «Sie brauchen mir gar nichts weiter zu erklären, ich weiß schon, was Ihnen fehlt» wäre nicht nur arrogant gegenüber dem Patienten, sondern führt meist an seinem Problem vorbei und in die Irre. Es ist auch wichtig, nicht nur darauf zu achten, *was* der Patient denkt, sondern auch *wie* er denkt, welche subjektive Logik er verwendet; denn in der Regel ist es erfolgversprechender, *mit der Logik des Patienten eine Problemlösung zu suchen*, als ihm eine völlig neue und ihm fremde Denkweise beibringen zu wollen.

5.3 Dritte Stufe: Problemanalyse

Hierbei geht es um eine gezielte und strukturierte Erfassung aller relevanten Faktoren, die zu einem Problem beitragen bzw. dessen Lösung behindern. Insbesondere beleuchtet die *Problemanalyse* auch solche Aspekte, die der Patient bei seiner eigenen Problemdarstellung ausgeblendet hat, weil sie ihm vielleicht zu viel Angst bereiten oder er sich ihrer schämt. Die therapeutische Situation soll ihm soviel Schutz bieten, daß er auch da genau hinschauen und darüber sprechen kann.

> Die *Problemanalyse* erweitert bzw. ergänzt die subjektive Problemdarstellung des Patienten.

Es ist ein bekanntes Phänomen, daß Tatsachen, die nicht zur eigenen Theorie passen, übersehen oder gar geleugnet werden. Häufig findet sich jedoch gerade dort der Schlüssel zu einer Problemlösung.

> Bei der Problemanalyse nimmt der Therapeut eine aktiv befragende und *hinterfragende Haltung* ein. Er soll sich an die konkret faßbaren Fakten aus der Lebensgeschichte und aus der aktuellen Lebenssituation des Patienten halten und dabei dessen subjektive Erlebnisinterpretation berücksichtigen.

Die theoretischen Konstrukte des Therapeuten treten in den Hintergrund. Problembezogene, verallgemeinernde Erklärungshypothesen, Schlußfolgerungen und Bewertungen gehören erst zur nächsten Stufe, der *Problemdefinition*.
Um die therapierelevanten Aspekte des Problems klar und überschaubar erfassen zu können, empfiehlt es sich, die *Problemanalyse* nach folgendem Schema zu gliedern:

> **Dimensionen der Problemanalyse**
>
> a) **Aktuelle Bedingungen:** *Wie* ist das Problem, und zwar *hier* und *jetzt*? Welche inneren und äußeren auslösenden Situationen, welche Wahrnehmungen und welche kognitive Verarbeitung, welche emotionale Reaktion, welches Verhalten, welche Auswirkungen und Folgen und welche Rückwirkungen bestimmen das Problem?
>
> b) **Lebensgeschichtliche Bedingungen:** *Woher* kommt das Problem? Gibt es praedisponierende frühere Erlebnisse? Wann, wo und wie ist das Problem entstanden? Wie hat es sich im Laufe der Zeit verändert?
>
> c) **Funktionale Bedeutung:** *Wozu* ist das Problem da? Wie regelt es die aktuellen zwischenmenschlichen Beziehungen? Welchen Zweck erfüllt das Problem in der gegenwärtigen Lebenssituation? Wozu ist es nötig? Wozu ist es vielleicht sogar gut?

Die Reihenfolge, in der diese drei *Dimensionen der Problemanalyse* aufgeführt sind, soll keine Aussage über deren Wichtigkeit machen. Es ist dem jeweiligen Therapeuten überlassen, wie stark er die Problemanalyse nach dieser Gliederung strukturiert, in welcher Reihenfolge er dabei vorgeht und welche Gewichtung er der einzelnen Dimension gibt. Vom Patienten selbst gesetzte Prioritäten sollten allerdings berücksichtigt werden. Im folgenden werden die einzelnen Dimensionen der Problemanalyse näher erläutert.

a) Aktuelle Bedingungen

Die *Bedingungsanalyse* konzentriert sich auf den gegenwärtigen, konkret beschreibbaren Ablauf der Ereignisse, die das Problem ausmachen. Sie bezieht sich nicht nur auf das äußerlich sichtbare Verhalten, sondern ebenso auf *begleitende Gefühle*, Gefühlsreaktionen, Stimmungen, seelische und körperliche Symptome, auf *begleitende Gedankenabläufe* und gedankliche Erlebnisverarbeitung. Insbesondere sind dabei die konkreten Bedingungen wichtig, unter denen das Problem auftritt, nämlich die *auslösenden Situationen* und die *Folgen des Problems* (vgl. dazu auch Kap. 8.2).
Häufig erhalten wir von Patienten zunächst nur sehr vage oder pauschale Angaben zu den Beschwerden oder Symptomen, unter denen sie leiden. Z. B. «Ich bin immer so depressiv. Ich habe zu nichts Lust. Mich überfällt immer wieder so ein Angstgefühl». Bei der Bedingungsanalyse kommt es nun darauf an, ganz gezielt zu fragen, wie die Gefühle, Beschwerden, Symptome genau aussehen, unter welchen Umständen sie auftreten und welche Auswirkungen sie für den Patienten und gegebenenfalls für seine Umgebung haben. Der folgende *Fragenkatalog* bietet einen Leitfaden zu einer solchen Bedingungsanalyse.

– *Wie* sieht das Problem genau aus?
Was heißt «depressiv sein» für diesen speziellen Menschen?Ist es Traurigkeit, Lustlosigkeit, Genußunfähigkeit, Antriebslosigkeit, Angst, Gereiztheit, Wut? Wie stark sind diese Gefühle? Sind sie manchmal stärker, manchmal schwächer?

– *Wie oft und wie lang* ist das Problem vorhanden?
Sind die Verstimmungen oder Ängste fast immer da? Häufig oder nur gelegentlich?
Wie lange dauern sie? Gibt es beschwerdefreie Intervalle?

– *Wann und wo* tritt das Problem auf?
Zu welcher Tageszeit? Während der Woche oder am Wochenende?
Bei der Arbeit oder in der Freizeit?
Tritt es spontan auf? Was heißt «spontan»?

Gibt es bestimmte Personen, Orte, Ereignisse, d. h. gibt es bestimmte Situationen die z. B. Angst auslösen?
Sind eher (scheinbar) spontane, situationsunabhängige Gedankeneinfälle, Überlegungen oder Erinnerungen auslösend?

– *Welche begleitende Gedanken* gehen dem Patienten in kritischen Situationen durch den Kopf? (vgl. Kap. 8.2). Z. B. «Diese Situation ist gefährlich! Das schaffe ich nie! Da mache ich mich lächerlich! Ich bin sowieso ein Versager!»

– *Welche Auswirkungen* hat das Problem für den Patienten und seine Umgebung?
Vermeidet der Patient bestimmte (auslösende) Situationen?
Wie stark ist dadurch sein Lebensraum, seine Handlungsfähigkeit eingeschränkt?
Kann er arbeiten? Kann er seine Freizeit gestalten?
Kann er sich frei bewegen? Kann er allein sein, allein etwas unternehmen?
Braucht er dazu immer eine Begleitperson?
Wie reagiert die Umgebung auf das Problem des Patienten?
In welcher Weise hat sich nicht nur seine eigene Lebensführung sondern auch die naher Bezugspersonen verändert?

Bei der Frage nach den allfälligen Auswirkungen eines Problems ist zu *differenzieren zwischen unmittelbaren, kurzfristigen, mittelfristigen und langfristigen, positiven und negativen Konsequenzen*. Die unterschiedlichen Konsequenzen können nämlich in gegensätzlicher Richtung wirken und je nach Bewertung des Patienten die Motivation zu bestimmten therapeutischen Ansätzen stark beeinflussen.

Ein Beispiel soll dies verdeutlichen: Vermeidungsverhalten bei einer Phobie hat

1. die positive Konsequenz, daß weniger Angst erlebt wird;
2. die negative Konsequenz, daß die Bewegungsfreiheit eingeschränkt ist;
3. häufig die positive Konsequenz, daß nahe Bezugspersonen sich mehr um den Patienten kümmern und ihn nicht mehr allein lassen, ihn überall hin begleiten;
4. die negative Konsequenz, die vielleicht noch nicht konkret eingetreten ist oder vom Patienten noch nicht erkannt wird, daß er eventuell seinen beruflichen Aufgaben nicht mehr gewachsen sein wird oder daß seine Partnerbeziehung daran zerbricht.

Eine zentrale Frage ist:
Wie hat der Patient *bisher versucht*, sein *Problem zu lösen?*

Hat er sein Leben irgendwie umgestaltet, um das Problem abzumildern oder ihm aus dem Weg zu gehen? Hat er bestimmte Vorsichtsmaßnahmen getroffen, um (vermeintlich) gefährliche Situationen unter Kontrolle zu bringen? Welche Hilfe hat er dazu mobilisieren können und was bedeutet das für ihn? Ist er z. B. in Abhängigkeiten geraten, die ihn noch hilfloser machen? Ist dieser Lösungsversuch Teil des Problems?

b) Lebensgeschichtliche Bedingungen

> Auch wenn die POT sich auf die gegenwärtige Lebenssituation konzentriert, kann die Analyse der Vorgeschichte wesentliche Informationen zum Verständnis des aktuellen Problems liefern.

Dieser Teil der Problemanalyse konzentriert sich daher primär auf den Lebensabschnitt um und seit der Erstmanifestation des Problems. Insbesondere sind *bedeutsame Lebensereignisse* oder *Veränderungen der Lebensumstände*, die das Problem ausgelöst oder verursacht haben könnten, zu berücksichtigen. Es soll versucht werden, die Entstehung, *Entwicklung* und eventuelle Veränderung des Problems nachzuzeichnen und nach Faktoren zu suchen, die es *aufrechterhalten*. Ob dies mehr nach psychodynamischer, mehr nach lerntheoretischer oder anderer Betrachtungsweise geschieht, ist dem einzelnen Therapeuten überlassen (Methodenpluralismus). Wenn er sich dabei am subjektiven Problemverständnis des Patienten orientiert, dessen Denkweise und Sprache berücksichtigt, dann werden dem Patienten am ehesten die lebensgeschichtlichen Zusammenhänge seines Problems verständlich. Weiter zurückliegende Lebensumstände oder Ereignisse (z. B. Kindheitserlebnisse) sollten nur dann in die Problemanalyse miteinbezogen werden, wenn sie in einen für den Patienten plausiblen Zusammenhang mit der gegenwärtigen Problemsituation gebracht werden können und zu dessen Verständnis beitragen. Das kann dann relevant sein, wenn z. B. Beziehungsmuster aus der Kindheit oder aus früheren Partnerschaften in inadäquater Weise auf gegenwärtige Beziehungen übertragen werden (Wiederholungszwang, siehe dazu Kap. 8.1).

c) Funktionale Bedeutung

> Bei der aktuellen Bedingungs- und der lebensgeschichtlichen Analyse wurde die Frage nach dem Was und Woher gestellt. Bei der funktionalen Analyse lautet die Frage: *Wozu?*

Bei dieser Fragestellung wird das Problem, bzw. der Patient mit seinem *Problem, als Subsystem innerhalb eines übergeordneten Systems* (Partnerbeziehung, Familie, Gesellschaft) betrachtet. Die Fragen dazu lauten:

> *Welchen Sinn* oder welche finale Bedeutung hat das Problem?
> *Welchen Zweck*, welche Aufgabe erfüllt es?
> *Wozu* benötigt der Patient das Problem oder wozu setzt er es ein?

Was versucht er damit zu erreichen?
Welche Rolle hat er sich damit selbst zugeteilt oder ist ihm von anderer Seite zugeteilt worden?
Welche Funktion hat das Problem in der gegenwärtigen Lebens-, Beziehungssituation des Patienten?

Die Frage nach dem funktionalen Sinn des Problems bezieht sich weniger auf intrapsychische Konflikte. Da diese meist unbewußt sind, bleiben Erklärungsversuche in dieser Richtung spekulativ, wenn sie nicht durch einen zeitaufwendigen analytischen Prozeß aufgedeckt werden können. Es sollte vielmehr nach der Bedeutung des Problems in den konkret faßbaren *interpersonalen Beziehungen im Hier und Jetzt*, in Partnerschaft, Familie, Beruf und anderen zwischenmenschlichen Beziehungen gesucht werden. Konkrete Fragen in dieser Richtung könnten sein:

Welche Rolle spielt das Problem oder der Patient *als «Symptomträger» in der Partnerinteraktion?*
Ist das Problem eventuell Teil eines Machtkampfes?
Versucht der Patient mit ungeeigneten Mitteln eine symmetrische Beziehung herzustellen oder übernimmt er mit dem Problem eine von ihm gewünschte oder ihm zugedachte komplementäre Rolle?
Erlebt der Patient vielleicht aufgrund äußerer Veränderungen seine Beziehung als gefährdet und versucht er, durch seine Krankenrolle den Partner an sich zu binden?
Fehlt ihm die Fähigkeit, Bedürfnisse auf direkte und adäquate Weise zur Geltung zu bringen?

Gerade die Klärung der funktionalen Bedeutung des Problems kann zum Angelpunkt der Therapie werden und über Erfolg und Mißerfolg entscheiden. Jede *Störung* kann auch *als Adaptation* an eine bestimmte Lebenssituation verstanden werden und besitzt damit eine positive Seite für den Patienten. Symptombeseitigung allein hat dann keinen Bestand, wenn es nicht gelingt, den bisherigen problematischen Lösungsversuch durch etwas Besseres sinnvoll (!) zu ersetzen. Deshalb die Frage: *Wozu ist das Problem gut?* Das kann dann Überlegungen auslösen, wie wichtige Lebensziele mit anderen Mitteln als den bisherigen (problematischen) realisiert werden können.
In unmittelbarem Zusammenhang damit steht der sog. *«sekundäre Krankheitsgewinn»*, der häufig vom Therapeuten einseitig als Störfaktor in der Therapie bewertet wird, der die Motivation des Patienten und, wenn zu groß befunden, auch die Motivation des Therapeuten untergräbt. Bei einer nicht wertenden, funktionalen Betrachtungsweise ist es möglich, den «sekundären Krankheitsgewinn» als einen Faktor zu identifizieren, der die Problematik des Patienten mitgestaltet und mitaufrechterhält. So kann der «sekundäre Krankheitsgewinn» in den therapeutischen Ansatz integriert werden.

Es wird nicht immer gelingen, im ersten Therapieabschnitt alle drei oben angeführten Fragenkomplexe – *Was? Woher? Wozu?* – ausreichend zu beantworten. Gerade die Frage nach dem Wozu, nach der funktionalen Bedeutung des Problems kann heikel sein und läßt sich häufig erst im Laufe des weiteren Therapieprozesses klären. Die Problemanalyse sollte jedoch ausreichend Material liefern, um eine möglichst wenig spekulative, sondern konkret patientenbezogene Problemdefinition oder Problemhypothese aufzustellen.

5.4 Vierte Stufe: Problemdefinition, Zielsetzung und Therapieplanung

Problemdefinition:

Die vorausgegangene Problemanalyse liefert das Rohmaterial für die Problemdefinition.

> Die *Problemdefinition* beinhaltet eine *Erklärungshypothese* und impliziert gleichzeitig eine *Zielsetzung*, die Ansatz für eine konkrete therapeutische Strategie bietet.

Die Formulierung der Problemdefinition knüpft an die eigenen Überlegungen bzw. Krankheitserklärungen des Patienten an, soll in einer *allgemein verständlichen Sprache* gehalten sein, keinen Fachjargon enthalten und nicht dem «gesunden Menschenverstand» widersprechen. Komplizierte psychodynamische Hypothesen, die sich allein auf unbewußte Vorgänge abstützen, sind zu vermeiden. Denn eine Problemdefinition oder Hypothese, die nur im Kopf des Therapeuten existiert, nur von Fachkollegen verstanden würde, nicht aber vom Patienten selbst oder von ihm gar abgelehnt würde, führt nicht zu kooperativer und aktiver Mitarbeit, wie sie in der POT notwendig ist. Besonders ist darauf zu achten, daß die *Problemdefinition* nicht aus einer abstrakten Theorie deduktiv abgeleitet, sondern aus den konkreten Angaben des Patienten *induktiv entwickelt* wird. Optimal ist es, wenn der Patient dazu angeleitet werden kann, die Problemdefinition selbst zu formulieren und der Therapeut nur noch im Hinblick auf das pragmatische therapeutische Vorgehen Korrekturen anbringt. Wenn das nicht möglich ist, kann der Therapeut selbst eine Problemdefinition in Form einer Arbeitshypothese anbieten. So kann der Patient dazu Stellung nehmen und eventuell von seiner Seite eigene Korrekturen anbringen.
Es ist günstig, aber nicht notwendig, bei der Problemdefinition alle drei bei der vorausgegangenen Problemanalyse erfaßten Dimensionen eines Problems (aktuelle Bedingungen, lebensgeschichtliche Bedingungen, funktionale Bedeutung) zu berücksichtigen. Je nach Situation, Einsichtsfähigkeit und Bereitschaft des Patienten kann der eine oder andere Aspekt mehr im Vordergrund stehen:

- Wenn z. B. die aktuellen Bedingungen des Problems ausreichend geklärt, dagegen der lebensgeschichtliche Hintergrund und die funktionale Bedeutung noch unklar sind, könnte eine Problemdefinition auf der Ebene des Verhaltens in der aktuellen Lebenssituation formuliert werden. Daraus würde sich zunächst eine kognitiv-verhaltenstherapeutische Therapiestrategie ergeben, wobei auf die weiteren Problemzusammenhänge zu einem späteren Zeitpunkt zurückzukommen wäre.
- Oder wenn der Patient von sich aus schon in der Problemdarstellung die funktionale Bedeutung seines Problems hervorhebt, z. B. im Rahmen eines aktuellen Beziehungskonfliktes, so würde sich die Problemdefinition primär auf diesen funktionalen Aspekt konzentrieren und die anderen Dimensionen, wenn nötig, erst später ergänzend einbezogen werden. Ein systemorientierter Therapieansatz mit Vorbereitung auf Paargespräche und später problemzentrierten Gesprächen zusammen mit dem Partner wäre dann angezeigt.
- Anders wieder, wenn aus der Anamnese offensichtlich wird, daß das jetzige Problem vor allem eine Wiederholung früherer Problem- und Konfliktsituationen darstellt, aber der Patient selbst noch keine ausreichende Verbindung oder keinen Zusammenhang zwischen diesen Situationen herstellen kann. Dann wird sich die Problemdefinition eher an einem psychodynamischen Konzept orientieren, woraus entsprechende therapeutische Strategien abgeleitet würden.

Welche Problemdefinition für den primären *Therapieeinstieg* gewählt wird, hängt von der Differenziertheit, Einsichtsfähigkeit und Bereitschaft der Patienten ab und sollte mehr von *pragmatischen Überlegungen* und weniger von therapeutischen Idealvorstellungen geleitet sein (siehe dazu auch Kap. 7.2).

Drei Merkmale der Problemdefinition sind hervorzuheben:
- Die *Formulierung in Ich-Form* und der *konkrete Inhalt* (nicht allgemein und abstrakt), um die Identifizierung des Patienten mit seinem Problem zu fördern, und zwar als aktiv beteiligter und nicht nur als passiv erleidender.
- Die *Erklärung für das Problem*, soweit möglich in mehreren Dimensionen, damit die daraus abgeleiteten therapeutischen Strategien für den Patienten auch verständlich sind und er dabei aktiv kooperieren kann.
- Die *konkrete Handlungsanweisung*, die einen zukunftsgerichteten Ansatz zur Problemlösung bietet. Die häufig vor allem Defizite und Hilflosigkeit betonende, ursprüngliche Problemdarstellung wird dadurch positiv umformuliert.

Fallbeispiel:

38jährige Patientin, verheiratet, zwei Kinder, mit Agoraphobie. Die Verhaltensanalyse ergibt, daß zahllose Situationen außerhalb des Hauses bei der Patientin Angst auslösen, die Patientin ein entsprechendes Vermeidungsverhalten entwickelt hat, so daß sie schließlich ohne Begleitung des Ehemannes das Haus nicht mehr verlassen kann. Unmittelbar auslösend für die phobische Entwicklung war ein harmloser Unfall mit leichter Gehirnerschütterung. Dieses Ereignis fiel in eine Zeit, als der Ehemann sich beruflich veränderte, eine Karriere begann und weniger Zeit für die

Familie übrig hatte. Die Patientin fühlte sich zunehmend vernachlässigt und bekam sogar Angst, ihrem Mann könne etwas zustoßen. Die weitere Anamnese ergab, daß die Patientin ein sehr braves Kind war, von der Mutter stark materiell verwöhnt wurde, aber sobald die Patientin in die Schule kam, ihre frühere Berufstätigkeit wieder aufnahm. Die Patientin sei während der Schulzeit immer sehr fleißig und brav gewesen, auch heute versuche sie eine perfekte Ehe-, Hausfrau und Mutter zu sein. Im übrigen gebe es keine Probleme in der Familie.

Die Problemanalyse (vgl. Stufe 3) führt schließlich zu folgender *Problemdefinition*:
«Ich habe in letzter Zeit vermieden, allein aus dem Haus zu gehen und mich nur noch auf meinen Mann, meine Kinder und die perfekte Haushaltsführung konzentriert. Ich habe gedacht, mein Mann braucht das jetzt bei seiner beruflichen Belastung, sonst würde er mich nicht mehr mögen. Uneingestanden habe ich sogar befürchtet, er würde mich vielleicht verlassen. Mir ist auch eingefallen, daß ich schon früher auch meiner Mutter immer alles habe recht machen wollen. Dadurch habe ich meinen Lebensraum völlig eingeengt, mich isoliert und unselbständig gemacht. – Jetzt will ich lernen, wie ich meine Ängste überwinden kann, um wieder so selbständig wie früher zu werden, wieder Kontakte aufzunehmen und noch etwas neben dem Haushalt zu haben. Ich will die Beziehung mit meinem Mann verbessern und versuchen, mit ihm direkt darüber zu sprechen, so daß ich eigene Wünsche realisieren kann. Und ich will verstehen, welchen Zusammenhang meine jetzigen Ängste mit früheren Lebenssituationen haben. Dazu will ich mich mit therapeutischer Unterstützung der angstauslösenden Situation stellen und nach anderen Lösungen für meine Probleme suchen.»

Zielsetzung:

> Das Therapieziel leitet sich unmittelbar aus der Problemdefinition ab. Es soll *konkret, operational*, d. h. auf der Handlungsebene formuliert und *realistisch* sein.

In der POT kann es nicht um das Erreichen von allgemeinen Idealvorstellungen gehen. Glücklich und zufrieden zu sein, einen Sinn im Leben zu finden, erfolgreich zu sein, etc. sind keine Zielsetzungen für die POT. Es kann nämlich ein Teilproblem der bisherigen erfolglosen Lösungsversuche sein, daß die Zielvorstellungen zu allgemein, zu wenig konkret waren und deshalb kein konkreter Ansatz zu deren Verwirklichung zu finden war oder daß sie zu hoch gesteckt waren und somit immer wieder zu Mißerfolge führten. Ein Teilaspekt der Zielsetzung muß also sein, gemeinsam mit dem Patienten *die allgemeinen Wunschvorstellungen mit konkretem Inhalt zu füllen*, d. h. Therapieziele zu formulieren, die realistischerweise im Rahmen von 15 bis 20 Therapiesitzungen zu erreichen sind. Im Zweifelsfall sollte das Ziel lieber etwas bescheidener angesetzt werden, um mehr Aussicht auf Erfolg zu haben. Erfolg im Kleinen entwickelt nämlich eine Eigendynamik, die auch Erfolg im Größeren begünstigt, so wie umgekehrt wiederholte Mißerfolge bei zu hoch gesteckten Zielen entmutigend wirken, selbst bei der Lösung kleiner alltäglicher Probleme.

Bei dem Fallbeispiel der Patientin mit Agoraphobie kann das Therapieziel nicht lauten, nie mehr Angst zu haben und in einer «idealen» konfliktfreien Partnerbeziehung zu leben, die durch nichts gefährdet werden könnte. Sondern realistisch und konkret: Wieder ohne Angst die täglichen Aufgaben erfüllen, das Haus ohne Begleitung verlassen und einen Teil der Freizeit wieder selbständig gestalten zu können, z. B. ein Hobby wieder aufzunehmen; im Hinblick auf die Partnerbeziehung, konkrete Wünsche und Bedürfnisse dem Partner direkt mitteilen zu können, ihre Realisierung zu besprechen oder einen Kompromiß auszuhandeln. Anhand konkret formulierter Ziele kann die Patientin Erfolgserlebnisse haben, die sie auch nach Beendigung der Therapie zu weiteren progressiven Schritten ermutigen.

Therapieplanung:

Die Therapieplanung und Durchführungsstrategie richtet sich nach pragmatischen Überlegungen.

Aus systemtheoretischen Überlegungen und praktischen Erfahrungen weiß man, daß Einsichten, Einstellungen und Verhalten sich gegenseitig bedingen, voneinander abhängig sind und nicht nach einem chronologischen Prinzip geordnet sind. Jede Veränderung in einem Teilbereich führt auch zu Veränderungen im Ganzen. Es geht also bei der Therapieplanung darum zu erkennen, in welchem Bereich, von welcher Seite her Veränderungen für den Patienten voraussichtlich am leichtesten zu erreichen sind. Dort soll auch der *primäre Therapieansatz* liegen, um *frühzeitig Erfolgserlebnisse* zu ermöglichen. Es muß nicht unbedingt die scheinbar logische Reihenfolge in der Durcharbeitung der Probleme eingehalten werden: Erst Einsicht gewinnen, dann Einstellungen ändern und schließlich daraus neue Verhaltensweisen ableiten. Je nach Fähigkeit, Neigung und Problem des Patienten kann die Reihenfolge im Einzelfall sehr verschieden sein. Es gibt Patienten, denen es leichter fällt, unter therapeutischer Anleitung neue Verhaltensweisen zu erlernen und auszuprobieren und aus den dabei gemachten praktischen Erfahrungen neue Einstellungen zu sich selbst und ihrer Umgebung zu entwickeln, ohne unbedingt vorher auch Einsicht in die Zusammenhänge des Problems gewonnen zu haben. Andere Patienten müssen erst genau wissen, warum und wozu, bevor sie neue Schritte unternehmen können. Der Therapeut soll dem Patienten nicht seine eigene Vorstellung vom logischen Ablauf eines Veränderungsprozesses aufdrängen. Dies führt in der Regel zu Widerständen, die die Therapie behindern. Die einzelnen Problemaspekte oder Problembereiche können je nach Situation nacheinander oder gleichzeitig bzw. parallel mit dem Patienten durchgearbeitet werden. Nach dem Grundkonzept der POT gibt es auch keine Einwände dagegen, *verschiedene methodische Ansätze* (z. B. psychodynamische und gleichzeitig kognitiv-verhaltenstherapeutische Methoden) *integrativ zu verwenden* (vgl. Kap. 7.2 und 8).

Fallbeispiel:

Ein Patient mit funktionellen Magenbeschwerden wird vom Hausarzt überwiesen. Der Patient ist nicht überzeugt von der Idee, sich von einem Psychotherapeuten behandeln zu lassen. Im

Erstinterview wird dem Therapeuten klar, daß die somatischen Symptome eine Reaktion auf berufliche Überforderung sind und mit den strengen Idealvorstellungen des Patienten zusammenhängen. Der Patient ist zunächst nicht in der Lage oder bereit dazu, diese Zusammenhänge zu erkennen. Über den Umweg mit Entspannungsübungen, die zu einer Linderung der Symptomatik führen, kann eine tragfähige Beziehung zwischen Patient und Therapeut und damit eine bessere Motivierung zu einer Psychotherapie erreicht werden. Erst jetzt kann an die eigentliche Problemanalyse herangegangen werden, nämlich die Klärung der beruflichen Situation und der Gründe für die überhöhten Anforderungen an sich selbst. Ziel der weiteren Problemdurcharbeitung ist dann die Entwicklung adäquater Einstellungen und neuer Bewältigungsstrategien in der konkreten Berufssituation.

Die für die Stufe 3 (Problemanalyse) und 4 (Problemdefinition, Zielsetzung und Therapieplanung) vorgeschlagenen Strategien sollen eine Anregung zur **inhaltlichen Strukturierung** sein und kein starres Therapiekorsett. Es sind vielmehr Arbeitshypothesen und Orientierungshilfen, die *flexibel gehandhabt* und korrigiert werden sollen, wenn im Laufe des Therapieprozesses neue Erkenntnisse auftauchen oder sich Veränderungen ergeben, die das ursprüngliche Problem unter einem neuen Blickwinkel erscheinen lassen und damit Anlaß geben zur Veränderung des therapeutischen Vorgehens.

5.5 Fünfte Stufe: Problemdurcharbeitung und Übertragung in die Realität außerhalb der Therapie

Je nach Problemstellung, Persönlichkeitsstruktur und Fähigkeit des Patienten kommen bei der Problemdurcharbeitung eine oder mehrere Therapiemethoden aus dem Kap. 8.1 bis 8.7 zum Einsatz. Dabei kommt es darauf an, möglichst *problemzentriert* zu arbeiten. Der Therapeut hat die Aufgabe, in feinfühliger und einfühlender Weise den Patienten immer wieder zum zentralen Problem, das vorausgehend definiert worden ist, hinzuführen. *Zwei Tendenzen muß dabei entgegengewirkt werden:* Zum einen dem *Ausufern der Therapie*, wenn immer wieder neue oder zusätzliche Probleme, die auch wichtig sein mögen, angesprochen werden; zum andern dem *Vermeidungsverhalten*, wenn der Patient aus Angst vor Veränderung versucht, dem eigentlichen Hauptproblem auszuweichen und über Dinge spricht, die fern vom definierten Problem liegen. Bei der zeitlichen Begrenzung der POT ist es sinnvoll und auch erfolgversprechender, sich auf eines oder wenige Probleme zu beschränken, als sich zu viel vorzunehmen, da sonst die Gefahr besteht, bei der Lösung der Probleme auf halber Strecke abbrechen zu müssen, weil die Zeit abgelaufen ist.
Was für die Gesamttherapie gilt, gilt ebenso für die einzelne Therapiesitzung. Auch da empfiehlt es sich, sich eher auf ein Thema oder einen Teilaspekt des Problems zu beschränken, als zu viel in eine Therapiesitzung hineinpacken zu wollen. Es schadet nämlich nicht, wiederholt dieselben kritischen Aspekte des Problems in einer und den folgenden Sitzungen immer wieder durchzuarbeiten.

Ein bestimmtes Maß an *Redundanz* ist sogar notwendig für einen erfolgreichen Lernprozeß. Neue Einsichten, neue Einstellungen, neue Problemlösungsstrategien werden erst durch *wiederholtes Durchdenken* und *wiederholtes Ausprobieren* wirksam in Richtung auf beständige Veränderungen.

Es empfiehlt sich auch, *immer wieder auf die ursprüngliche Problemdefinition zurückzugreifen*, um zu prüfen, welche Fortschritte in Richtung Problemlösung gemacht worden sind. Gegebenenfalls muß das Problem neu definiert werden, um die weiteren therapeutischen Schritte flexibel anzupassen.

Neben der Konzentration auf das definierte Problem ist ein weiterer wesentlicher Aspekt bei der Problemdurcharbeitung die *Umsetzung von Veränderungen* aus der therapeutischen Situation *in die Realität* außerhalb der Therapie.

Das steht im Gegensatz zu der Haltung in der analytischen Langzeittherapie, bei der die psychodynamischen Prozesse zumindest zeitweilig allein auf die Zweierbeziehung Patient-Therapeut beschränkt bleiben und eventuell sogar Anweisung gegeben wird, über den Inhalt der Therapie nicht mit Dritten zu sprechen. In der POT dagegen geht es darum, möglichst frühzeitig die Übertragung von Ergebnissen, auch Teilergebnissen, aus der Therapie in die reale Lebenssituation anzustreben. Der Patient soll angeregt, aufgefordert werden, neue Einsichten, neue Einstellungen, neue Problemlösungsstrategien, auch wenn sie nur Teillösungen darstellen, außerhalb der Therapie anzuwenden. Natürlich soll bei sog. «Hausaufgaben» eine Überforderung vermieden werden, d. h. in genügend kleinen Schritten vorgegangen werden, damit kleine Erfolgserlebnisse eine therapiefördernde Dynamik entwickeln können.
Umsetzung des therapeutischen Geschehens in die reale Lebenssituation des Patienten bedingt auch, daß dem Patienten nicht untersagt wird, *mit wichtigen Bezugspersonen über den Inhalt der Therapie* zu *sprechen*, sondern daß er aktiv dazu angeregt wird. Die meisten Patienten tun dies von sich aus. Durch gezielte Fragen nach Reaktionen und Einstellungen von Partnern oder anderen Bezugspersonen zu dem, was in der Therapie geschieht, kann deren Einbeziehung gefördert werden. Obwohl POT primär als Einzeltherapie konzipiert ist, können bei bestimmten Problemstellungen durchaus auch Bezugspersonen konkret einbezogen, d. h. in begrenztem Umgang Paar- oder Familiengespräche durchgeführt werden. Dazu wird mit dem Patienten vorab geklärt, welcher Teilaspekt seines Problems zur Sprache kommen soll und welche Zielsetzung damit verbunden ist. Natürlich ist auch diese Gesprächsvorgabe flexibel zu handhaben. Es können sich neue Erkenntnisse ergeben, die zu einer Korrektur der Problemdefinition führen und damit zu veränderten Therapiestrategien Anlaß geben.
Bei der Problemdurcharbeitung wird häufig nicht die vollständige Lösung des anfänglich definierten Problems oder die Lösung aller Teilprobleme erreicht. Psychologische Veränderungsprozesse lassen sich auch durch noch so intensiv und konsequent durchgeführte Therapien nicht beliebig beschleunigen. Grundsätzliches

Ziel der Problemdurcharbeitung ist, daß der Patient so viel Einsicht und Verständnis für seine Probleme gewinnt und entsprechende Bewältigungsstrategien entwickeln kann, daß er *nach Beendigung der Therapie mit seinem Problem besser umgehen und selbständig daran weiterarbeiten* kann, d. h. daß er lernt, sein eigener Therapeut zu sein. Das setzt voraus, daß der Patient zu einem gleichberechtigten Partner gemacht wird, ihm selbständiges «therapeutisches» Handeln zugetraut und auch zugemutet wird. Deshalb muß *Therapietransparenz* einen hohen Stellenwert in POT haben. Eine detailliertere Darstellung der Indikation und praktischen Anwendung einzelner therapeutischer Methoden wird in den Kapiteln 7.2 und 8.1 bis 8.7 gegeben.

5.6 Sechste Stufe: Ablösung und Beendigung der Therapie

Auf die Problematik der Begrenzung der POT wurde bereits einleitend hingewiesen. Neben den Problemen, die der Patient in die Therapie bringt, hat das *Problem Trennung* einen spezifischen Stellenwert in jeder Kurztherapie. Die Durcharbeitung dieser Problematik bedarf besonderer Beachtung, um das bis dahin in der Therapie Erreichte nicht durch eine traumatisierende Therapiebeendigung zu gefährden.

> Der notwendige *Ablösungsprozeß* kann nicht erst in den allerletzten Therapiesitzungen eingeleitet werden, sondern muß schon frühzeitig, spätestens gegen Mitte der Therapie, konkret angesprochen und bei geeigneter Gelegenheit immer wieder aufgegriffen werden. In den letzten 3 bis 4 Sitzungen wird die Ablösung und endgültige *Trennung zum zentralen Thema.*

Dem stellen sich häufig erhebliche Widerstände von seiten des Patienten wie auch des Therapeuten entgegen. Der Patient wünscht sich vielleicht weiter Hilfestellung des Therapeuten und kann dies dadurch ausdrücken, daß er immer wieder neue Probleme bringt oder auf noch nicht oder unzureichend gelöste, bekannte Probleme hinweist oder gar Rückfälle erleidet. Der Therapeut ist vielleicht unzufrieden mit dem Ergebnis der Therapie und/oder kommt nicht damit zurecht, daß er überflüssig werden soll. Beide beschäftigen sich dann mit allen möglichen Problemen, nur um das aktuell anstehende Problem zu umgehen, nämlich die bevorstehende Trennung. In einer solchen Situation kommt es darauf an, daß der Therapeut in bewußter und aktiver Form den Ablösungsprozeß lenkt, indem er das *Gespräch immer wieder auf das Problem Trennung fokussiert.* Andere vom Patienten aufgebrachte Probleme sollen dabei nicht einfach als erledigt beiseite geschoben werden, sondern an den Patienten zurückgegeben und ihm zur eigenen selbständigen Weiterbearbeitung anvertraut werden. *Die therapeutische Kompetenz wird an den Patienten übergeben.*

Die Gefühle dagegen, die beim Trennungsprozeß aufkommen, die unmittelbar etwas mit der *Patient-Therapeut-Beziehung* zu tun haben, können nicht einfach dem Patienten allein überlassen werden. Diese Gefühle betreffen beide Beteiligten und müssen von beiden gemeinsam durchgearbeitet werden. Dazu ist ein Stück *Trauerarbeit* notwendig, die nicht in einer einzigen Sitzung geleistet werden kann. Neben angemessener Traurigkeit können regressiv-depressive Verstimmungen und/oder aggressive Gefühle aufkommen, zum Teil bedingt durch aktualisierte Ängste oder Kränkungen aus früheren Verlusterlebnissen. Es ist dabei wichtig, daß der Therapeut in einfühlender Weise den Zusammenhang mit dem bevorstehenden Ende der Therapie und wenn möglich auch mit den früheren schmerzlichen Trennungserlebnissen herstellt. Der Therapeut kann auch eigene, auf die aktuelle Situation bezogene Gefühle mitteilen, z. B. daß auch ihm das Abschiednehmen Mühe bereitet. Mitteilungen solcher Art erleichtern dem Patienten, seine eigenen Gefühle zu äußern, ohne dabei sein Gesicht zu verlieren und dazustehen als einer, der mit Trennung nicht souverän zurechtkommt. *Bei einem bewußten und offenen Umgang mit der Trennungsproblematik kann sich der Patient so am modellhaften Verhalten des Therapeuten orientieren.*

Zur Förderung der aktiven Auseinandersetzung mit der Trennungsproblematik hat sich auch bewährt, gegen Ende der Therapie den Patienten selbst entscheiden zu lassen, wieviele der verbleibenden (insgesamt max. 20) Therapiesitzungen er noch haben will. So kann der Patient den Ablösungsprozeß mitgestalten und selbst das definitive Ende bestimmen. Er muß sich so nicht als Opfer der Ereignisse erleben. Es wird ihm *Eigenverantwortung* zugestanden, die seine Selbständigkeit unterstreicht.

Zusammenfassend soll noch einmal betont werden, daß dem Abschiednehmen genügend Zeit eingeräumt wird und daß bei beiden Beteiligten Klarheit über die *eindeutige Beendigung der Therapie* besteht. Es wäre schade, wenn die progressive Dynamik der Therapie durch einen unvollständigen Abschluß am Ende wieder verloren ginge. Die häufig aufgeworfene Frage, ob eine weitere Behandlung notwendig sei, sollte wenn möglich zunächst offen gehalten und erst nach einem therapiefreien Intervall erneut aufgegriffen werden. Insbesondere ist eine solche zukünftige Therapie nicht als Fortsetzung, sondern als etwas Neues zu deklarieren, auch wenn sie auf dem Ergebnis der POT aufbaut. Mit anderen Worten:

> Es soll ein klarer Schlußstrich unter die jetzige Therapie gezogen werden.

(Zum Thema therapeutische Beziehung und Termination siehe auch Kap. 4).

6. Indikation zur Problemorientierten Therapie

Es empfiehlt sich, die Behandelbarkeit des Patienten für die Problemorientierte Therapie aufgrund der **Patientenmerkmale**, **Therapeutenmerkmale** und der **Rahmenmerkmale** zu bestimmen.

Die Diagnose als Indikationskriterium hat sich nicht bewährt. Es hat sich gezeigt, daß sie im allgemeinen keine handlungsanweisenden Konsequenzen für die Therapieindikation nach sich zieht.

Obwohl die Diagnose im Bereich der ambulanten Psychotherapie keine direkten Konsequenzen für die Behandlungsmethode hat, gilt für die Kurztherapie natürlich, daß keine Patienten aufgenommen werden können, die unter Störungen leiden, welche erfahrungsgemäß eine Langzeittherapie brauchen. Dazu gehören Störungen des psychotischen Formenkreises, narzißtische und Borderline-Störungen, sowie diffuse Probleme, deren Kern unklar ist.

Eher geeignet sind alle Störungen, die sich durch eine erkennbare Ursache oder Abgrenzbarkeit definieren, eher akut als chronisch und eher dramatisch als schleichend sind. Hierzu gehören typischerweise akute Depressionen, Angstzustände, Phobien, akute Belastungsreaktionen, hysterische und funktionelle psychosomatische Beschwerden, «Nervenzusammenbrüche», soweit diese nicht mit einer Krisenintervention behandelt werden können. Auch Störungen, die auf ein «Verhaltensdefizit» schließen lassen, wie mangelndes Durchsetzungsvermögen, fehlendes Selbstwertgefühl, Überangepaßtheit und Unfähigkeit, eigene Gefühle und Bedürfnisse zu erkennen, eignen sich für die Problemorientierte Therapie.

Das Indikationsgespräch wird mit Vorteil so strukturiert, daß die folgenden Fragenkomplexe erfaßt werden. Starre Erstinterviewschemata sind selten angebracht. Der Patient soll sich bereits vom ersten Moment an als Individuum verstanden fühlen. Als solches müssen die Fragen seiner Person und seinem Anliegen angepaßt sein.

Aktuelles Problem

1. Worum geht es? Warum kommt der Patient gerade jetzt?
2. Ist ein unmittelbarer Anlaß sichtbar?
3. Ist das Problem abgrenzbar? Wenn nicht, ist der Patient bereit, in der Hierarchie

der Probleme eine begrenzte Zahl davon herauszugreifen und sich auf diese zu beschränken?

4. Ist zu erwarten, daß durch die Veränderung der so ausgelesenen Probleme auch andere, nicht direkt behandelte, sich verändern werden?
5. Zeigen sich diese Probleme zum erstenmal im Leben des Patienten? Wenn nicht, wie lange dauern sie schon an? Was hat der Patient bisher dagegen unternommen?

Beziehungsfähigkeit

1. Ergibt die Nachfrage über die Gestaltung von Freundschaften in Kindheit, Jugend- und Erwachsenenalter Hinweise für eine erhaltene Beziehungsfähigkeit, die es dem Patienten ermöglicht, über längere Zeit diese affektiven Bindungen aufrechtzuerhalten?
2. Wie steht es diesbezüglich mit seinen Eltern, Geschwistern und Freunden?
3. Wie ist der Patient über Verluste von ihm nahestehenden Personen hinweggekommen?

Verantwortlichkeit

1. Kann der Patient einsehen, daß er eine aktive Rolle in der Entstehung und Aufrechterhaltung seiner Störung einnimmt?
2. Hat er die Fähigkeit, sich und seine Rollen im Leben relativieren zu können oder geht er mit Überzeugung davon aus, daß allein die Umwelt an seiner Störung schuld ist?
3. Ist der Patient von sich aus motiviert, etwas zu verändern oder kommt die Motivation vor allem durch Druck von außen durch Personen seiner Umwelt?

Problemanalyse

1. In welchen Bereichen liegen die Stärken des Patienten? Beziehungen, Leistung, Beruf, bestimmte Rollen?
2. Wodurch im einzelnen sind die Stärken des Patienten bedingt, welche Eigenschaften und Fähigkeiten sind besonders gut entwickelt?

Die Problemanalyse bildet im Rahmen der POT natürlich das Zentrum und gleichzeitig den roten Faden der therapeutischen Bemühungen. In Kapitel 5 wird beschrieben, wie POT die Frage der Problemanalyse handhabt.

Der Indikationsprozeß für Psychotherapie läuft im allgemeinen rasch ab. Bei der Indikation zur POT ist dieser Tendenz somit bewußt entgegenzusteuern.
Für die Urteilsbildung zur Indikation sind die Patienten-, Therapeuten- und Rahmenmerkmale besonders zu beachten.

6.1 Patientenmerkmale

Gut validierte empirische Forschung hat ergeben, daß die Psychotherapeuten bei der Auswahl ihrer Patienten zur Psychotherapie folgende Eigenschaften als wichtig erachten:

- **Affektive Differenziertheit:** Wie ausgeprägt ist die Vielfalt des emotionalen Repertoires des Patienten?
- **Aufrichtigkeit:** Wie sehr haben Sie den Eindruck, daß der Patient dem Therapeuten die «subjektiv erlebte Wahrheit» erzählt, nichts versteckt oder entstellt?
- **Demonstratives:** Wie sehr glauben Sie, daß der Patient sein Erleben demonstrativ präsentiert?
- **Durchhaltekraft:** Wie sehr ist der Patient voraussichtlich belastbar/bereit, die therapeutischen Unannehmlichkeiten auf sich zu nehmen?
- **Gespanntheit:** Haben Sie den Eindruck, daß der Patient leicht erregbar ist, unabhängig von bestimmten Situationen gespannt oder ängstlich ist?
- **Fähigkeit zu verbalisieren:** Wie gut kann sich der Patient sprachlich ausdrücken?
- **Intelligenz:** Wie beurteilen Sie die durchschnittliche intellektuelle Leistungsfähigkeit des Patienten?
- **Introspektionsfähigkeit:** Wie gut kann der Patient in sich hineinsehen, über sich selbst reflektieren?
- **Introversion/Extraversion:** Ist der Patient eher mitteilsam, impulsiv, optimistisch, gesellig, oder eher ruhig, ernst, vorsichtig, beherrscht, zurückgezogen?
- **Leidensdruck:** Wie stark haben Sie den Eindruck, daß der Patient wirklich leidet?
- **Verhaltensrepertoire:** Hat der Patient außerhalb der Problemsituation ein ausreichendes Verhaltensrepertoire, weiß er, wie er in welchen Situationen handeln kann?

Es handelt sich dabei um subjektive Einschätzungen des Therapeuten über die genannten Eigenschaften des Patienten. Diese Eigenschaften bilden, wie erwähnt, sozusagen die Grundlage der therapeutisch relevanten Eigenschaften und Fähigkeiten des Patienten, auf welche sich die spezifischen Indikationskriterien zur Kurztherapie stützen. Die genannten Persönlichkeitseigenschaften haben sich in empirischen

Untersuchungen als nützlich erwiesen. Sie sollen zur Indikationsstellung zusammen mit den folgenden spezifischen Indikationskriterien berücksichtigt werden.

6.2 Therapeuteneigenschaften

Die Qualität der Beziehung zwischen Therapeut und Patient ist wohl der wichtigste einzelne Beitrag zum positiven Gelingen einer Therapie. Diese Beziehung ist zwar modifizierbar, aber in der Kurztherapie wird im allgemeinen für die Pflege der Beziehung weniger Zeit und Raum vorhanden sein als in Langzeittherapien. Umso mehr sollte der Therapeut auf seine ersten, unmittelbaren gefühlsmäßigen Reaktionen gegenüber dem Patienten achten. Es gibt eine Reihe von empirisch nachgewiesenen Hinweisen, die für die Wichtigkeit folgender Gefühlsbereiche im Therapeuten sprechen:

- Interesse am Fall: Wie sehr fühlen Sie sich aus Neugier, aus therapeutischen oder wissenschaftlichen Gründen am «Fall» interessiert?
- Sympathie: Wie sympathisch ist Ihnen der Patient aus Ihrer ganz subjektiven Sicht?
- Gefühl, dem Patienten helfen zu können: Wie sehr gibt Ihnen der Patient das Gefühl, daß Sie ihm helfen können? (Äußere Faktoren wie Zeitmangel, fehlendes Interesse usw. spielen keine Rolle.)

Analysieren wir einige der möglichen Kombinationen der drei genannten Gefühlsqualitäten des Therapeuten.
Wenn Sie als Therapeut sowohl kein Interesse, wie auch keine Sympathie für den Patienten empfinden und dazu das Gefühl von fachlicher Hilflosigkeit schon von Anfang an besteht, ist wohl die Notwendigkeit, den Patienten zu überweisen, klar.
Verspüren Sie vorwiegend nur Sympathie für Ihren Patienten bei gleichzeitiger Verneinung von Interesse und dem Gefühl professioneller Kompetenz, wird Ihre Beziehung zum Patienten vermutlich vor allem aus einer emotionalen Konstellation bestehen, welche die Therapie erschwert.
Ist Ihnen der Patient sympathisch, fühlen Sie sich auch fachlich kompetent ihm zu helfen, aber fehlt das wie auch immer gelagerte Interesse an ihm, dann ist eine wesentliche Voraussetzung nicht vorhanden, die für ein gutes Gelingen gefordert ist.
Interessieren Sie sich für den Patienten und glauben Sie auch an Ihre fachliche Kompetenz ihm helfen zu können, bemerken Sie aber eine Antipathie gegenüber dem Patienten, so ist gerade in der Kurztherapie wenig Zeit gegeben, damit Sie als Therapeut an dieser Antipathie arbeiten könnten. Auch hier ist eine Überweisung wohl besser.
Diese vier von acht möglichen Kombinationen zeigen anschaulich die Wichtigkeit eines jeden dieser drei Gefühle des Therapeuten. Idealerweise wäre zu fordern, daß

nur Patienten, bei denen alle drei Qualitäten bejaht werden können, in Therapie genommen werden.

Der Therapeut soll berücksichtigen, daß sein Interesse für den Patienten, das Gefühl dem Patienten helfen zu können und die Sympathie für den Patienten für die Indikation sehr relevante Merkmale sind. Idealerweise sollten alle drei gleichzeitig vorhanden sein.

6.3 Rahmenmerkmale

Auf dem Kontinuum zwischen der eigentlichen Krisenintervention und der (psychoanalytischen) Langzeittherapie befindet sich die POT mit ihren 15–20 Sitzungen zwar zwischen beiden Polen, ist aber in ihrer strukturierten und zeitlich begrenzten Form der Krisenintervention näher als der Langzeittherapie. Eine Umschreibung der Indikation zur Krisenintervention und zur offenendigen Langzeittherapie dient dazu, die differentielle Indikation zur POT, welche wie erwähnt, zwischen diesen Extremen liegt, besser zu verstehen.

Die **Indikation zur Krisenintervention** ist gegeben (vgl. Kap. 10):

- Wenn der Patient durch den Krisenanlaß psychisch *akut dekompensiert* ist und mit starken bis heftigen (schmerzlichen) Gefühlen reagiert (z. B. Panikzustände; akute Verzweiflung; schwere Trauer; dissoziative Störungen; psychophysiologische Störungen wie Hyperventilation, vegetatives kardiovaskuläres Syndrom etc.).
- Wenn die besonderen Merkmale der akuten Krise vorhanden sind. Diese kann *situativ* bedingt sein (z. B. Suizidversuch, schwere Ehekrise, äußere oder innere Bedrohung wie Examensangst, Arbeitsplatzverlust, Vergewaltigung, Auto- oder Bergunfall etc.). Die akute Krise kann aber auch *entwicklungsbezogen* sein: Eine Reifungskrise (z. B. Pubertät; Klimakterium; Alter) kann bei entsprechender Disposition oder besonderen Umständen zu einer eigentlichen existentiellen oder Lebenskrise werden.
- Wenn durch wenige (drei bis sechs) Therapiestunden ein *absehbares Ziel* erreicht werden kann, das zumindest dem vorbestehenden Gleichgewicht entspricht oder wenn möglich einer verbesserten psychosozialen Anpassung gleichkommt.

Häufig ist das Umfeld des Patienten durch die Krise ebenso belastet wie dieser selbst. Es kann also notwendig sein, die wichtigsten Bezugspersonen in die Krisenintervention einzubeziehen.
Die **Indikation zu einer Langzeittherapie** ist vor allem bei Störungen gegeben, die psychopathologisch von der *Dauer* wie von der *Ausprägung* für den Patienten stark behindernd sind. Es betrifft dies vor allem Patienten mit Persönlichkeitsstörungen (z. B. «narzißtisch», «Borderline» oder «Charakterneurosen»), d. h. Störungen, die

weniger durch bestimmte, gut beobachtbare Verhaltensmerkmale als eher durch langdauernde adaptative Schwierigkeiten charakterisiert sind.
In seinem Behandlungskonzept geht der Therapeut meist davon aus, daß diese Störungen *lebensgeschichtlich* bedingt sind und einen entsprechenden *chronischen Verlauf* nehmen. Somit gibt in der Regel weder ein akutes Ereignis noch eine krisenhafte emotionale Spannung Anlaß zur Therapie. Vielmehr ist es Therapeut und Patient einsichtig, daß hier in einem *dauerhaften «Lernprozeß»*, der die Beziehung zwischen den beiden einschließt, eine grundsätzliche Verhaltensänderung angestrebt werden muß.
Dazu bringt der *Patient* die *Bereitschaft, Zeit und Geld* zu investieren und der *Therapeut* ausreichendes berufliches Interesse, sich *engagiert in die Beziehung einzulassen.*

> *Die Indikation zur problemoreintierten Therapie* liegt in mancher Hinsicht zwischen den beiden beschriebenen Polen der Krisenintervention und der Langzeittherapie. Damit ist gleichzeitig gesagt, daß die meisten Patienten in diesen relativ weiten Indikationsbereich fallen.

Zusammenfassend ist die **Indikation zur POT** bei folgender Sachlage gegeben:
- Die *aktuelle Situation* beim Erstkontakt mit dem Patienten zeigt *keine* Merkmale einer *Akutkrise.*
- Die *emotionale Befindlichkeit* des Patienten zeigt einen Leidensdruck an, welcher weder zu hoch noch zu tief ist.
- Das *Motiv*, welches den Patienten in die Behandlung führt, zeigt *Merkmale*, die beobachtbar sind und welche so formuliert werden können (Problembereich), daß sich konkrete therapeutische Schritte daraus ableiten lassen. Diese sind nicht nur für den Therapeuten, sondern auch für den Patienten einsichtig und plausibel.

Der so definierte Problembereich läßt sich innerhalb von 15 – 20 Stunden sinnvoll bearbeiten.

Weiterführende Literatur:

Blaser (1977)
Frances et al. (1984)

7. Indikation innerhalb der Problemorientierten Therapie

7.1 Problemdefinition statt nosologischer Kategorien

Die Psychiatrie als Teil der Medizin hat traditionellerweise die Maxime «Ohne Diagnose keine Therapie» übernommen. Eine genauere Betrachtung zeigt jedoch immer wieder, daß auch die Bestrebungen nach einheitlicheren Diagnosen, so wie sie etwa im DSM-III R zu finden sind, nichts daran ändern, daß die Diagnosen an sich keine Handlungsanweisung für die Indikation zur Psychotherapie abwerfen. Maßgebend ist die Tatsache, daß verschiedene Ursachen zu einheitlichen Krankheitsbildern, bzw. Diagnosen führen können und daß sich die Therapie nach den Ursachen richten muß. Wenn bei jemandem beispielsweise eine «neurotische Depression» diagnostiziert wird, so werden Psychotherapeuten diesen Patienten mit verschiedenen Therapien behandeln. Die nosologisch korrekt diagnostizierte Depression kann viele Ursachen haben, worüber die Diagnose an sich nichts aussagt.
Beschreibt man jedoch denselben Menschen etwa mit «sich selbst entwertend» oder «kann sich nicht durchsetzen und sich nicht wehren» oder präzisiert man sein Problem im Sinne der Problemdefinition, wie wir es hier vorschlagen (vgl. Kap. 5.2 bis 5.4), dann gehen aus der Problemdefinition viel eher indikationsrelevante Informationen hervor. Offensichtlich müßte man bei einem sich selbst entwertenden, nicht durchsetzungsfähigen und aggressionsgehemmten Menschen therapeutische Strategien entwickeln, die dem Ziel dienen, eben diese umschriebenen Defizite anzugehen.

Wir verzichten in der POT auf die Diagnose als vermeintliches Mittel zur Indikation und stützen uns auf die Problemdefinition.

Aus der Problemdefinition geht im Sinne der Erläuterungen in Kapitel 2.1 eine therapeutische Strategie hervor. Diese wiederum beinhaltet verschiedene therapeutische Methoden und diese bestehen ihrerseits aus therapeutischen Interventionen.

Beispiel:

Ein als depressiv diagnostizierter Mann, 62jährig, wird überwiesen. Er klagt über Antriebsarmut und Arbeitsunlust. Er ist der Arbeit ferngeblieben ohne körperliche Beschwerden. Er möchte am liebsten nicht mehr zur Arbeit gehen, sondern sich vorzeitig pensionieren lassen. Die Problemanalyse ergibt die Formel: «Ich stehe kurz vor der Pension und habe mein mir gesetztes Ziel nicht erreicht. Das beweist, daß ich nichts tauge. Als Vater habe ich auch versagt. Deshalb möchte ich mich am liebsten zurückziehen. Was ich bräuchte, ist ein Erfolgserlebnis noch vor meiner Pensionierung.»

Nicht in der Problemdefinition enthalten ist mit Zustimmung des Patienten die schwierige Ehebeziehung, weil der Patient diese als seit langem vorbestehend betrachtet. Sie hat keinen unmittelbaren Anlaß zur depressiven Dekompensation gegeben.
In diesem Fall kann die therapeutische Strategie lauten:
Der Patient wünscht noch ein durchschlagendes Erfolgserlebnis, um sich in Ehren in Pension zu begeben. Ein jüngerer Mitarbeiter wurde ihm vor die Nase gesetzt. Dies hat alte Konflikte und Rivalitäten mit seinem Sohn unbewußt wieder aktiviert, welche der Patient nun in Form von Versagen als Vater und entsprechenden, depressiv verarbeiteten Schuldgefühlen, erlebt.
Es geht darum, auf der Verhaltensebene dem Patienten dazu zu helfen, das gewünschte Erfolgserlebnis (Vorsitz einer Fachgruppe) anzustreben. Zudem kann versucht werden, sofern die Beziehung und die Fähigkeiten des Patienten es erlauben, ihm die Problematik mit dem Sohn bewußt zu machen.
Die dazu nützlichen therapeutischen *Methoden* können sein: Methoden zur Veränderung von Verhalten sowie Methoden zur Modifikation von Einstellungen und Denkschemata. Für die Problematik mit dem Sohn müßten bewußtseinsfördernde Methoden angewendet werden.

Die Stärke der multimodalen, eklektischen Psychotherapie liegt, wie an diesem Beispiel gezeigt, in der freien, flexiblen Wahl der psychotherapeutischen Methoden. Der Therapeut hat die Möglichkeit, diejenigen therapeutischen Methoden einzusetzen, von welchen er sich Erfolg verspricht.
Eine zu diesem Punkt häufig gehörte Kritik ist die der Polypragmasie. Polypragmasie bedeutet, daß der Therapeut ad hoc Methode um Methode aneinanderreiht, sich sozusagen nach dem Wind der gerade herrschenden Problemlage mit dem Patienten richtet und keine theoretischen oder strategischen Überlegungen macht. Ein solches Vorgehen läßt auch wenig Platz für Reflexion und Selbstkritik, weil der Therapeut in schwierigen Situationen gar kein Modell zu Hilfe nehmen kann, welches ihm neue Richtungshinweise gibt. Polypragmasie käme demnach einer Feuerwehrintervention gleich, die gerade dort löscht, wo die Flammen am höchsten sind, ohne sich über Ursachen und Zusammenhänge für den zweckmäßigen Einsatz Gedanken zu machen.
Unser Verständnis des Eklektizismus richtet sich zwar nach dem pragmatisch Machbaren und somit nach dem Nützlichen, ohne aber auf das Hintergrundsmodell zu verzichten, wie wir es für unser POT-Modell entworfen haben. Die optimale eklektische Wahl psychotherapeutischer Methoden orientiert sich:

- am Problem und am Problemverständnis des Patienten
- an der Person des Patienten
- an den Fähigkeiten des Patienten
- an der Person des Therapeuten
- an den Fähigkeiten des Therapeuten
- und an der Variable Zeit

Die Indikation richtet sich in der POT nach der Frage: «Was kann ich als Therapeut mit meinen persönlichen Fähigkeiten und Grenzen diesem Patienten als Person mit seinen momentanen Problemen an therapeutischen Hilfen anbieten, damit das gemeinsam definierte Ziel erreicht werden kann?»

7.2 Zuordnung von therapeutischen Methoden zu Problembereichen

Die **Problemdefinition** ist der Ausgangspunkt aller Überlegungen zur Indikationsstellung. Aus ihr wird eine **therapeutische Strategie** entwickelt. Die therapeutische Strategie ist eine Richtlinie, welche den Einsatz von einer oder mehreren Methoden (vgl. Kap. 8) im Hinblick auf ein therapeutisches **Ziel** festlegt. Die Strategie beschreibt den Weg zum Ziel.

Wie spezifisch therapeutische Methoden und die dazugehörenden einzelnen Interventionen verhaltensverändernd sind, hat die Forschung noch nicht geklärt. Wir nehmen jedoch an, daß beispielsweise eine bewußtseinsfördernde Methode nicht dasselbe bewirkt wie eine gefühlsaktivierende. Beide können zu Verhaltensveränderungen führen, zu besserem Wohlbefinden usw. Solche Annahmen berechtigen uns, schwerpunktmäßig einige Problembereiche zu beschreiben, wie sie in der ambulanten Praxis häufig vorkommen. Diesen können wir dann therapeutische Methoden zuordnen. Ein solches Vorgehen ersetzt, wie gesagt, die nosologische Diagnose, welche ohnehin keine Handlungsanweisung beinhaltet.
In der Folge sind einige idealtypisch zu verstehende Beschreibungen von Problemsituationen gegeben, wie sie Patienten in ambulanter Behandlung häufig aufweisen. Die POT ist so konzipiert, daß mehrere Problemaspekte gleichzeitig angegangen werden können, in der Art, wie es in Kapitel 5.4 erklärt wurde.
Als Konzession an nosologisch Interessierte fügen wir jeweils einige relevante Beispiele aus DSM-Diagnoseziffern an. Sie umschreiben als Etiketten in etwa, was wir mit der idealtypisch verstandenen Beschreibung zu illustrieren versuchen. Wir möchten betonen, daß die DSM-Diagnosen nur als beschreibendes Denkgerüst aufzufassen sind. Sie beinhalten nichts über die Ursachen der Störung. In der POT dagegen ist das Auffinden der Ursachen im Sinne der Problemanalyse und der Problemdefinition das Zentrale.

1. Der sich entwertende Mensch

Die Problemdefinition kann zum Ergebnis führen, daß der Patient unter Verhaltensstörungen leidet, durch welche er sich selbst entwertet, infolge von zu wenig Selbstvertrauen oder Aggressionshemmungen. Er zeigt unflexible, einseitige Kogni-

tionen, und emotional wirkt er depressiv. Hier können im Rahmen der POT Strategien zur Problemlösung und zur Modifikation von Denkschemata zum Einsatz kommen, wie sie im Kapitel 8.2 beschrieben sind.
Geht die Problemdefinition jedoch davon aus, daß es sich in erster Linie um einen Mangel an Selbstbehauptung handelt bzw. um die Folgen davon, dann wird ein Training in Verhaltensweisen, die das Selbstgefühl stützen und Abgrenzungen ermöglichen, angebracht sein.
Geht die Problemdefinition davon aus, daß starke Aggressionen bewußtseinsnah oder sogar bewußt sind, aber am Objekt nicht in adäquater Form angebracht werden können, wird eine Methode der Aggressionsförderung bzw. des Abbaues hemmender Faktoren indiziert sein. Solche Probleme werden in der Regel z. B. in folgenden diagnostischen Kategorien festgehalten.
Wir betonen hier noch einmal, daß unsere so definierten Problembereiche nicht identisch mit nosologischen Diagnosen sind. Die folgende Aufzählung von Diagnosen ist somit nur eine vergleichende Konzession an diagnostisches Denken.

Dazugehörige diagnostische Kategorien sind z. B.:
DSM-III R:
300.40 Neurotische Depression
309.00 Kurzdauernde depressive Reaktion
309.10 Längerdauernde depressive Reaktion
309.40 Anpassungsstörung im Sozialverhalten und mit depressiver Symptomatik
301.60 Asthenische Persönlichkeit
301.84 Passiv-aggressive Persönlichkeit
301.81 «narzißtische Störungen»
311.00 NNB Depressive Störung

2. Der Mensch mit mangelnder Energie oder zu großen Hemmungen

Überwiegen Hemmungen, bestehen nicht genügend soziale Kompetenzen oder liegt eine übermäßige Impulskontrolle vor, so hat der Therapeut die Wahl, beispielsweise mit verhaltensmodifikatorischen oder emotionsfördernden Methoden zu arbeiten. Bei mangelnder Energie kann es nötig sein, den Patienten zu aktivieren und ihn auf die eigenen Möglichkeiten hin zu sensibilisieren und zu stützen.

Dazugehörige diagnostische Kategorien sind z. B.:
300.81 Somatisierungsstörung
301.60 Asthenische Persönlichkeit oder abhängige Persönlichkeit

3. Der Mensch mit körperlichen Symptomen

Funktionelle oder psychosomatische Beschwerden können verstanden werden als im Körper symbolisierte oder nicht-symbolisierte psychische Konflikte, die dem Bewußtsein nicht zugänglich sind. Ein Schwerpunkt der Intervention könnte somit in bewußtseinsfördernden Methoden bestehen, aber auch in entspannenden, zudeckenden oder die Körperwahrnehmung fördernden Methoden. Häufig ist es sinnvoller mit

Methoden der Körperwahrnehmung zu beginnen, weil die körperlichen Störungen den Patienten in die Therapie gebracht haben. In einer zweiten Phase kann man mit bewußtseinsfördernden Methoden die Zusammenhänge zwischen den körperlichen Störungen und den die Störung aufrechterhaltenden Ursachen herstellen.

Dazugehörige diagnostische Kategorien sind z. B.:
DSM-III R:
300.10 Hysterische Neurose
301.50 Hysterische Persönlichkeit
306 Körperliche Funktionsstörungen psychischen Ursprungs
307.20 Ticks
307.50 Andere und nicht näher bezeichnete Essstörungen
307.80 Psychalgie; 307.90 Andere und nicht näher bezeichnete spezifische Symptome oder Syndrome
311 Konversionsstörungen
308.10 Prädominierende Bewußtseinsstörung
309.82 Anpassungsstörungen mit körperlichen Beschwerden

4. Der Mensch mit Beziehungsproblemen

Beziehungsprobleme können sich als akute Konflikte in einer Beziehung zeigen oder als chronische Störung in der Beziehungsfähigkeit. Dieser letzte Fall eignet sich nicht für eine Kurztherapie, sondern braucht eine lange Arbeit. In leichten Fällen von Beziehungsstörungen kann der Partner zu gelegentlichen Sitzungen eingeladen werden, oder der Therapeut kann sich auch alleine mit dem Partner beschäftigen. Handelt es sich jedoch um kollusive oder sonstwie verfestigte chronische Störungen der Interaktion, ist eine Paartherapie außerhalb der POT indiziert. Beziehungsprobleme mit vorwiegend sexueller Symptomatik werden in die Spezialsprechstunde überwiesen.
Beziehungsprobleme sind in vielen Störungen enthalten, in den diagnostischen Schlüsseln jedoch nicht genau verzeichnet. Dazu können auch alle sensitiven und paranoiden Zustandsbilder gerechnet werden. Auch sie eignen sich schlecht für POT. Trotzdem kann man davon ausgehen, daß der sensitive Mensch von einer nichtinvasiven, emotional eher zurückhaltend geführten und kognitiv strukturierenden Therapie mehr profitiert als von aktivierenden Interventionen, welche er als bedrohlich interpretieren müßte.
Wesentlich häufiger sind Störungen, welche man traditionellerweise als «hysterisch» zu bezeichnen pflegt. Das übertriebene Bedürfnis nach Bestätigung, Attraktivität sowie die demonstrativ vorgetragenen Emotionen und die egozentrische Einstellung führen zu Schwierigkeiten in der Beziehungsgestaltung. Therapeutisch ist oft eine konfrontative Problemanalyse und eine verhaltensmodifikatorische Strategie angebracht.

Dazugehörige diagnostische Kriterien sind z. B.:
DSM-III R:
300.23 Soziale Phobie
301.50 Hysterische Persönlichkeit

5. Der Mensch mit Angst und Spannung

Die häufigste klinische Erscheinungsweise von konfliktuösen Spannungen ist Angst. Angstsyndrome, soweit es sich nicht um Phobien handelt, brauchen nicht an bestimmte Inhalte gebunden zu sein. In diesem Falle mag es angezeigt sein, mit bewußtseinsfördernden Methoden den Inhalt zu suchen und mit dem Patienten zusammen eine Theorie zu errichten, in welche er die Ursprünge seiner Angstzustände einordnen kann. Bei Phobien oder sonst klar umrissenen angstbeladenen Inhalten können desensibilierende oder kognitiv-strukturierende Strategien angewendet werden.

Dazugehörige diagnostische Kategorien sind z. B.:
DSM-III R:
300.00 Angstneurose
300.20 Phobie
308.00 Akute Belastungsreaktion mit vorwiegend emotionaler Störung
309.20 Anpassungsstörung mit vorwiegend emotionaler Symptomatik
312.30 Störungen des Sozialverhaltens mit emotionaler Symptomatik
300.01 Paniksyndrom

6. Der Mensch mit mangelnder Impulskontrolle

Mangelnde Impulskontrolle liegt dann vor, wenn der Patient durch Unbeherrschtheit, Aufbrausen, Jähzorn und unüberlegte Handlungen in zwischenmenschliche Schwierigkeiten gerät. Bei differenzierten Menschen mag ein solches Verhalten ein Alarmzeichen einer drohenden Dekompensation sein, bei weniger differenzierten eine erlernte, chronifizierte Verhaltensweise. Als therapeutische Maßnahme kann hier eine verhaltensmodifikatorische Intervention nützlich sein, verbunden mit kognitiven Kontrolltechniken, mit deren Hilfe der Patient den Kontrollverlust antizipieren und verhindern kann. Beurteilt der Therapeut diese Störung als Symptom einer zugrundeliegenden Ursache, so mag es angezeigt sein, diese Ursache durch kognitive Analyse oder mit bewußtseinsfördernden Methoden zu suchen.

Dazugehörige diagnostische Begriffe sind nicht einheitlich.
DSM-III R:
301.83 Borderline-Störungen
301.70 Asoziale Persönlichkeit
301.50 Hysterische Persönlichkeit

7. Der überkontrollierte Mensch

Menschen mit zuviel Kontrolliertheit wirken unspontan, steif und sie leiden häufig unter dem Gefühl, nicht aus sich herausgehen zu können. Die mangelnde Fähigkeit, Gefühle ausdrücken zu können, wird anschließend beschrieben. Hier geht es vielmehr um zwangshaftes Verhalten, also Verhaltensweisen, welche vom Patienten

selbst als unangepaßt oder unsinnig empfunden werden. Häufig wehrt sich der Patient dagegen, bestimmte Handlungen auszuüben oder bestimmten Gedanken nachzugrübeln; die Verhaltensweisen oder unerwünschten Gedanken tauchen aber zwangshaft immer wieder auf. Solche Verhaltensweisen können sich auf sehr umschriebene, kleine Verhaltenselemente beziehen, aber auch auf eine allgemeine Neigung, sich kontrolliert zu verhalten und sich strenge Maßstäbe sozialer Angepaßtheit oder Leistungsanforderungen aufzuerlegen.
Therapeutisch geht es hier vor allem um die Auflockerung der bestehenden starren Verhaltensmuster. Ein alleiniges Neuüberdenken des unerwünschten Verhaltens bringt in der Regel wenig Erfolg. Vielmehr geht es um das Ausprobieren neuer Verhaltensweisen in alten Situationen, wie dies im Kapitel 8.3 beschrieben ist. Häufig sind Menschen mit Kontrollüberschuß auch wenig fähig, ihre Gefühle auszudrücken und sich in spezifischen Situationen oder allgemein entspannen zu können. Entsprechend können Methoden zur Förderung der Emotionalität und solche zur Förderung der Körperwahrnehmung und Entspannung eingesetzt werden.

Dazugehörige diagnostische Kategorien sind z. B.:
DSM-III R:
300.30 Zwangsneurose, Zwangsstörung
301.40 Zwangshafte Persönlichkeitsstörung

8. Der nervöse Mensch

«Nervosität» dient dem Laien als Beschreibung verschiedenster psychischer Störungen kleineren oder größeren Ausmasses. Im allgemeinen ist jedoch damit eine motorische und/oder innere Unruhe verbunden ohne klar umschriebene weitere Verhaltensstörungen. Der Patient fühlt sich gestreßt, gehetzt, unfähig sich zu entspannen, und zeigt nicht selten funktionelle körperliche Störungen. Häufig führen die sekundären Störungen zu einem Leidensdruck. Beispielsweise läßt die Leistungsfähigkeit nach, die Patienten klagen über Konzentrationsstörungen oder erhöhte Ermüdbarkeit und dergleichen.
Im Rahmen der POT werden solche Klagen zwar als drohende Dekompensationszeichen verstanden, und möglicherweise kann darin unschwer ein Symptom einer zugrundeliegenden Störung erkannt werden. Dennoch ist es für die POT bezeichnend, daß zunächst die Störung als solche und nicht die vermuteten Ursachen angegangen werden. Dies insbesondere dann, wenn der Patient nur unter der manifesten Störung leidet und keine dahinterliegenden Ursachen erkennen kann.
Die therapeutische Intervention besteht im Anwenden von Methoden zur Körperwahrnehmung und Entspannung. Diese führen oft nach kurzer Zeit zu einer Wiederherstellung eines adaptativen Gleichgewichtes, auch wenn die vermuteten Ursachen dadurch keineswegs behoben sind. Verbessert sich die Symptomatik während dieser Behandlung nicht, ist eine Erweiterung der therapeutischen Strategie durch eine neue Problemdefinition (vgl. Kap. 5.2 und 5.3) angezeigt.

Dazugehörige diagnostische Kategorien sind z. B.:
DSM-III R:
308.30 Posttraumatisches Streßsyndrom, akute Form
309.81 Posttraumatisches Streßsyndrom, chronische oder verzögerte Form
309.24 Anpassungsstörung mit ängstlicher Gestimmtheit
309.28 Anpassungsstörung mit gemischten emotionalen Merkmalen

9. Der Mensch mit inadäquatem Gefühlsausdruck

Nur in ganz seltenen Fällen melden sich Patienten spontan wegen inadäquatem oder mangelndem Gefühlsausdruck. Viel häufiger handelt es sich um eine Diagnose des Therapeuten und um dessen Vorstellungen zur Behebung dieser «Störung».
In letzter Zeit ist man aus psychopathologischer Sicht häufiger darauf aufmerksam geworden, daß Patienten unfähig sind, ihre Gefühle zu erkennen und ihnen entsprechend Ausdruck geben zu können. Dies wurde zwar bei Körperkranken als eigenständige Störung, «Alexithymie», beschrieben; sie tritt in der Praxis jedoch viel häufiger als eine begleitende Störung in komplexerem Zusammenhang auf. Mit inadäquatem oder mangelndem Gefühlsausdruck ebenfalls häufig verbunden sind zwangshafte Verhaltensweisen, emotionsarme Depressionen, funktionelle Störungen, allgemeine Nervosität.
Die Methoden zur Förderung der Emotionalität (vgl. Kap. 8.4), aber auch der Körperwahrnehmung und Entspannung (Kap. 8.5) können hier als therapeutisches Hilfsmittel angewandt werden. Weil die meisten Patienten in der Förderung ihres Gefühlsausdruckes an und für sich keine erstrebenswerte Hilfe sehen, ist diese Methode als begleitende Strategie zu anderen therapeutischen Interventionen anzuwenden. Eine Förderung der Emotionalität ist für den Patienten selten eine ausreichend erwünschte und einsichtige Therapie, wenn sie nicht ohne begleitende Strategien angewandt wird.

Dazugehörige diagnostische Kategorien sind z. B.:
DSM-III R:
301.50 Hysterische Persönlichkeit
Zustandsbilder, welche zu Somatisationsstörungen zählen, wie 300.81, 300.11, 300.70

8. Therapeutische Methoden

8.1 Methoden zur Bewußtseinsförderung

8.1.1 Das Grundprinzip

Die Existenz nichtbewußter psychischer Inhalte und Kräfte gilt als unbestritten. Die Vorstellungen der Psychoanalyse, wie das Unbewußte beschaffen sei, hat über die letzten Jahrzehnte eine deutliche Entwicklung durchgemacht, die von der Begrenzung auf die Triebkonflikte wegführt. Das Unbewußte ist an allen Instanzen des psychischen Apparates beteiligt, und alle psychischen Prozesse sind durch unbewußte Vorgänge mitbestimmt. Trotz dieser Erweiterungen scheint uns immer noch eine einseitige Gewichtung der Triebkonflikte und der Widerstandsanalyse zu bestehen.

Eine wesentliche Erweiterung innerhalb der modernen Psychoanalyse brachte die Objekt-Beziehungs-Theorie.

Sie beruht auf Erkenntnissen, die nach Freud vorerst von den Kleinianern, dann von der Ich-Psychologie der 50er und 60er Jahre (Hartmann bis Mahler), gefolgt von der Selbst-Psychologie Kohut's und schließlich von Kernberg's Beiträgen gefördert wurde. Die Objekt-Beziehungs-Theorie geht bekanntlich davon aus, daß in der frühkindlichen Entwicklung (eine von der Mutter getrennte) Eigenständigkeit nur schrittweise erreicht wird. Neueste Erkenntnisse (B. Stern; J. D. Lichtenberg) weisen darauf hin, daß die Fähigkeit, Bezugspersonen (Objekte) wahrzunehmen schon relativ kurze Zeit nach der Geburt entwickelt wird. Dabei werden innere Vorstellungen von der Person selbst (als das «Selbst»), aber auch von den andern Menschen (sog. «Objekten», allen voran Mutter und Vater) gebildet und innerpsychisch gespeichert (als sog. «Selbst- und Objekt-Repräsentanzen»). Dieser Prozeß wird in der weiteren Kindheit und Adoleszenz bis ins Erwachsenenalter hinein fortgesetzt. Ständig werden weitere Vorstellungen über unsere Beziehungen aufgenommen und als Schemata angelegt. Zugleich wird die Gestaltung zwischenmenschlicher Beziehungen durch diese inneren Vorstellungen bestimmt.

Bei psychischer Krankheit, wird angenommen, sind diese internalisierten Schemata gestört oder unangemessen, was zu unbewußten repetitiven oder extremen Verhaltensweisen führt. So können unbewußte Beziehungsmuster im Umgang mit andern Menschen sich derart kundtun, daß diese (als «Objekte») überhaupt nicht real wahrgenommen werden und sie sich entsprechend befremdet und mißverstanden fühlen.

Das beziehungsdynamische Konzept unterscheidet also sowohl ein Subjekt (das «Selbst») und als Bezugspersonen «Objekte» sowie deren innerpsychische Repräsentation als Teil einer unbewußten psychischen Organisation.
Die so innerpsychisch als Schemata angelegten Beziehungsmuster können vielfältig gestört sein: Durch Verkennen der von realen Personen gemeinten Intention; durch Spaltung, Projektion, Idealisierung, Entwertung etc. In der realen Welt des Patienten werden diese Störungen meist als Beziehungskonflikte erlebt. Sie sind häufig von intensiven und quälenden Emotionen begleitet.

Verschiedenen Autoren ist es gelungen, dieses an sich anspruchsvolle metapsychologische Konzept in eine unmittelbar handhabbare Sprache und Therapietechnik überzuführen. So spricht etwa Luborsky von einem «Core Conflict Relationship Theme» oder «CCRT» (deutsch als «Zentraler Beziehungs-Konflikt» übersetzt). Das innere Schema wird in Anteile des Selbst, der Objekte und der entsprechenden Wünsche und Befürchtungen gegliedert. Im deutschen Sprachraum haben v.a. Thomä und Kächele diese neuere Entwicklung der Psychoanalyse in verständlicher Weise in einem Lehrbuch dargestellt.

Jede Psychotherapie ist durch zwischenmenschliche Vorgänge zwischen Patient und Therapeut charakterisiert. Entsprechend können sich auch Beziehungsstörungen und -konflikte in der Therapie konstellieren.

Ihre Bewußtmachung kann ein notwendiger oder zumindest hilfreicher therapeutischer Prozeß sein. Innerhalb der POT wird sich das Ausmaß der nötigen oder erwünschten Bewußtseinsförderung an der Problemdefinition orientieren. Einsicht in unbewußte Zusammenhänge kann für den betroffenen Menschen einerseits in der Vergangenheit (Kindheit) erworbene Konfliktmuster erhellen (vertikaler Vorgang); andererseits wird ihm die Einsicht in gegenwärtig gestörte Beziehungsmuster (horizontaler Vorgang) auch die Möglichkeit der Korrektur und Neuanpassung eröffnen. Erst die neuere psychoanalytische Denkweise der Objekt-Beziehungs-Theorien brachte also eine Öffnung hin zu zwischenmenschlichen und sozialen Dimensionen. Die triebdynamischen, der Beobachtung nicht direkt zugänglichen Konstrukte machten klareren beziehungsdynamischen Konzepten Platz. Die Betrachtung gilt dem Subjekt oder «Selbst» bzw. dem «Objekt» und deren Repräsentation.
In der POT ist die Transparenz ein zentrales Anliegen. Psychoanalytische Konstrukte werden in transparenter Weise und in klarer Umgangssprache formuliert. So können sie zur Problemanalyse verwendet und in die Problemdefinition eingebaut werden. Wählt der Therapeut als Teil seiner Strategien Methoden der Bewusstseinsförderung, so gilt für die POT, daß es nicht in erster Linie um Bewußtmachung von Triebaspekten geht, sondern um die Klärung von sozialen Motiven oder Beziehungsmustern.

8.1.2 Indikation

Bei jedem zwischenmenschlichen Verhalten, also auch innerhalb der POT, sind im Sinne der oben beschriebenen Schemata unbewußte Anteile auszumachen. Die Notwendigkeit, diese auch zu erhellen, besteht jedoch nicht immer. Es muß somit im Rahmen der POT vorerst geprüft werden, ob der relativ aufwendige Prozeß des Bewußtmachens indiziert, aber auch zu leisten sei. Bekanntlich sind die meisten tiefenpsychologischen und bewußtseinsfördernden Verfahren eher als Langzeittherapien angelegt. Die Erforschung der psychoanalytischen Kurztherapien (vgl. Kap. 1.2) hat jedoch erkennen lassen, daß bei geeigneter Arbeitsweise auch in einer zeitlich limitierten Behandlung (wie etwa POT) bewußtseinsfördernde Techniken durchaus angemessen sind.

Grundsätzlich ist auch in der POT zu bedenken, daß in der Art, wie der Patient die Beziehung zum Therapeuten gestaltet, eine Inszenierung seiner ihm unbewußten Beziehungskonflikte gesehen werden kann. Unter bestimmten Voraussetzungen wird diese Beobachtung in die Problemdefinition aufgenommen und deren Klärung als Teil des therapeutischen Ziels vorgegeben. Praktisch gilt dies besonders für die folgenden Konstellationen:

a) Wenn es sich um repetitives zwischenmenschliches Verhalten handelt, welches als **Wiederholung alter Verhaltensmuster** verstanden werden kann (**sog. Wiederholungszwang**). Diese gestörten Verhaltensmuster manifestieren sich auch in der therapeutischen Beziehung immer wieder und können so, wenn sie nicht geeignet bearbeitet werden, dem Therapieziel im Wege stehen.

Der Übergang zu sog. automatischen Gedanken, irrationalen Kognitionen oder stereotypen Einstellungen ist fließend. Der Therapeut muß sich entscheiden, ob er solche Phänomene komplementär oder ausschließlich mit kognitiven Techniken angehen will, wie sie im Kapitel 8.2 beschrieben sind.

Vergleiche auch Kapitel 7.2 «Der Mensch mit Beziehungsproblemen»; «... mit mangelnder Impulskontrolle»; «... mit inadäquatem Gefühlsausdruck».

b) Wenn die Störung des Patienten nicht hinreichend aus der gegenwärtigen Lage («Hier und Jetzt») ableitbar ist, sondern primär auf die **frühere psychische Entwicklung** («dort und damals») zurückgeführt werden muß. Die biographische Rückführung eines Problems kann eine notwendige, aber nicht hinreichende Bedingung sein. Mit andern Worten, die Einsicht in die früheren unbewußten Konflikte kann nicht ausreichen, um das gegenwärtige Problem zu lösen. Zum Beispiel mag es bei einem phobischen Patienten notwendig sein, gleichzeitig oder vorgängig mit kognitiven Strategien (vgl. Kap. 8.2 und 8.3) die Symptomatik einzudämmen. In analoger Weise kann es bei einem depressiven Patienten angezeigt sein, nicht nur durch interpersonales Aktivieren die Rückzugstendenz zu überwinden, sondern ebenso durch Bewußtseinsförderung die innern Schemata der Selbstentwertung in ihrer Entstehung zu klären.

Bewußtseinsförderung wird also im Sinne des Methodenpluralismus oft mit einer der übrigen Methoden zu kombinieren sein.

Vergleiche auch Kapitel 7.2: Gilt für die meisten dort erwähnten Indikationen, speziell aber für «sich entwertende Menschen».

c) Wenn Probleme vorwiegend **verschlüsselt in Symptomen** zum Ausdruck kommen: Es kann sein, daß sich die Problematik in Körperstörungen, z. B. Konversion (in Phobien, Zwängen, etc.) äußern und diese Symptome eine nicht bewußte Funktion ausüben.

Vergleiche Kapitel 7.2, speziell «Der Mensch mit körperlichen Symptomen»; «. . . mit Angst und Spannung»; «. . . mit inadäquatem Gefühlsausdruck»; «Der überkontrollierte Mensch».

d) Wenn bestimmte Verhaltensweisen oder Haltungen den **Behandlungsablauf derart behindern**, daß dieser erst nach Aufdecken der unbewußten Motive sinnvoll fortgesetzt werden kann (vgl. unten «Widerstand»).

8.1.3 Praktische Anwendung

a) Thematisches Fokussieren

Bekanntlich sind die Regeln der klassischen Psychoanalyse darauf angelegt, das Entstehen der sog. Übertragungsneurose (vgl. unten) im therapeutischen Prozeß zu fördern. Dies hat Freud dazu veranlaßt, dem Therapeuten die Regel der «Abstinenz» abzuverlangen, zum Beispiel durch Schweigen oder Beantworten von Fragen mit Gegenfragen. Die Grundregel der klassischen Psychoanalyse sieht aus den gleichen Überlegungen vor, daß der Patient zum sog. «freien Assoziieren» angehalten wird, d. h. er aufgefordert wird, alles was ihm spontan («assoziativ») durch den Kopf geht, in der ihm angemessen erscheinenden Form mitzuteilen. Die komplementäre Haltung des Analytikers besteht darin, die Einfälle durch sog. «gleichschwebende Aufmerksamkeit» entgegenzunehmen. Der Therapeut soll sich so auf die Mitteilungen des Patienten optimal einstimmen, seine eigenen Gedanken und Einfälle zu dem Gesagten reflektieren und in gegebener Form dann und wann beantworten.
Im Gegensatz zur klassischen Psychoanalyse wird in Kurztherapien allgemein, in POT im besonderen, der therapeutische Prozeß wesentlich straffer strukturiert. Praktisch alle Kurztherapien schränken das Thema als solches deutlich ein resp. wählen einen bestimmten psychodynamischen Fokus (vgl. Kap. 1.2). In der POT kann ein solcher Fokus als Problemdefinition formuliert werden oder Teil einer solchen sein, wenn es primär darum geht, unbewußte Beziehungskonflikte zu klären. Die Bewußtseinsförderung bezieht sich dabei primär auf das Erhellen der dem Patienten nicht oder nur ungenügend bewußten konflikthaften Motive: Seine

Ängste und Befürchtungen, seine Wünsche und Hoffnungen, die sich praktisch immer an wichtigen Beziehungspersonen orientieren. Die psychotherapeutische Arbeit richtet sich also darauf, erstens die implizierten **Anteile des «Selbst»** («ich bin schwach und abhängig»), zweitens die **Motive als Wunsch/Befürchtung** («ich brauche Hilfe»/«allein bin ich verloren») und drittens die gemeinte **Bezugsperson als «Objekt»** («nur mein Mann kann mir dies alles geben») zu klären.
Wie oben erwähnt, hat Luborsky diese Überlegungen als sog. «Core Conflict Relationship Theme» (CCRT) oder «Zentraler Beziehungskonflikt» in didaktisch übersichtlicher Form dargestellt. Von verschiedenen Autoren wurde seither belegt, daß sich praktisch in jeder Therapiestunde mehrere solcher Themen herausarbeiten lassen. Innerhalb der POT gilt es aber, nur jene Themen zu beachten, die engen Bezug zur Problemdefinition haben.

Eine 62jährige Patientin (vgl. Patienten-Beispiel Depression in Kap. 9.1) hat im Anschluß an den Tod ihres Mannes eine pathologische Trauerreaktion entwickelt, die eine unangemessene Idealisierung des verstorbenen Partners einschloß. Schrittweise konnten in der POT die von der Patientin verdrängten Abhängigkeitsbedürfnisse herauskristallisiert werden, die sich in anderer Form, nämlich als Verweigerung, auch gegenüber ihrer alten Mutter und dominierenden Schwester, unbewußt herausgebildet hatten. Die zunehmende Einsicht machte die Patientin nicht nur den verschiedenen Bezugspersonen («Objekten») gegenüber freier, sondern sie erleichterte es ihr auch, die Termination der Therapie anzunehmen.
In diesem Beispiel erlebte sich die Patientin im Anschluß an den Tod ihres Mannes als hilflose, verlassene Frau. Die schmerzliche Erfahrung hat zugleich jene internalisierten Schemata aktiviert, die schon früher, speziell in der Kindheit, mit Gefühlen des Nicht-akzeptiert-seins durch dominante Bezugspersonen (Mutter, Schwester) verknüpft waren. Die Verbindung von früheren Erfahrungen mit dem unmittelbaren Verlust des Ehemannes und ähnlichen Gefühlen dem Therapeuten gegenüber erlaubte es, die konflikthaften Beziehungsmotive zu klären und zu lösen.
Ein 30jähriger, narzißtisch gestörter Mann, realisierte in der POT nach und nach, daß seine Größen-Phantasien letztlich dazu dienten, untergründige Gefühle der Selbstentwertung zu kompensieren. Immer wenn er als Elektroingenieur in einer Aufgabe überfordert war, pflegte er seine Vorgesetzten und Arbeitskollegen der Unfähigkeit zu bezichtigen und gab sich selbst in unangemessener Form großspurig als Experte aus. Die Größen-Phantasien dieses jungen Mannes entsprachen einem innern Schema, in welchem das «Selbst» unverhältnismäßig aufgeblasen war, die «Objekte» (Bezugspersonen) dagegen entsprechend entwertet wurden. Der Wunsch zu glänzen, beachtet zu werden, schlug in der Überforderung jeweils in das Gegenteil um, in einen Zustand der totalen Selbstentwertung, der Nichtigkeit und Unfähigkeit. Hier orientierte sich der Patient jeweils an einem andern internalisierten Schema, welches ihn als klein, schwach gegenüber übermächtigen überlegenen Objekten festlegt.

Beide Beispiele zeigen, daß Einsicht niemals ausschließlich kognitives Verstehen meint, sondern immer auch entsprechende Gefühle einschließt, die der Patient schrittweise annehmen und ausdrücken lernen muß (vgl. dazu auch Kap. 8.4).

b) Die Gestaltung der therapeutischen Beziehung

Beziehungskonflikte können dann auftreten, wenn in früheren Beziehungen gelernte Verhaltensmuster in der gegenwärtigen Begegnung nicht mehr angebracht sind. Es

gilt als unbestritten, daß der Mensch dazu neigt, früher gelernte Verhaltensmuster («Schemata») auch in aktuellen Situationen anzuwenden, denen sie nicht mehr angemessen sind. Diese früher erlernten und damals möglicherweise adaptiven Verhaltensweisen erscheinen nun anachronistisch, besonders wenn sie anderen Personen gegenüber in starrer Form angewandt werden. Die Wiederholung solcher «Szenarien» geschieht in der Regel unbewußt. Die Psychoanalyse bezeichnet dieses Phänomen als **Wiederholungszwang**. Da es Teil eines jeden zwischenmenschlichen Umgangs ist, tritt es auch in der therapeutischen Beziehung als sog. **Übertragungsreaktion** auf. Diese spontane Übertragungsbereitschaft ist also nicht ausschließlich an eine therapeutische Situation gebunden, sie kann jedoch in der Therapie geeignet bearbeitet werden. Es gibt Menschen, welche habituell dazu neigen, solche «Verwechslungen» in bezug auf Personen oder Situationen zu erleben, weshalb sie entsprechend häufig unangepaßt erscheinen. Bei ihnen drängt sich eine angemessene Bewußtseinsförderung auf. Innerhalb der klassischen Psychoanalyse wird durch Unterstützung der Regression und durch Abstinenz die Übertragungsreaktion bewußt gefördert.
Wie in den Kapiteln 4 und 3.2 ausführlich begründet, ist jedoch in der bewußtseinsfördernden POT auf die Abstinenzregel der klassischen Psychoanalyse zu verzichten. Das dialogische Vorgehen orientiert sich einerseits an der gemeinsamen Problemdefinition, andererseits an der Zielvorgabe. Der Therapeut ist dem Patienten nicht nur durch aktives Zuhören zugewandt, er versucht auch seine Wertschätzung des Partners dadurch zu manifestieren, daß er angemessen, dialogisch auf ihn eingeht, eben «patienten-orientiert» handelt. Dies schließt nicht aus, auf die schon wiederholt erwähnte Möglichkeit der unbewußten Inszenierung der Beziehung zu achten. Praktisch wird der Patient immer wieder ermutigt, seine Problembereiche in ihrer innern und äußern Entwicklung von Therapiestunde zu Therapiestunde zu schildern. Oft sind es nicht nur die verbalisierten Inhalte, die aufschlußreich sind, sondern auch der Kontext, in dem diese angeboten werden. Deshalb wird dem Patienten in der Eröffnung des Gesprächs jeweils unstrukturiert Freiraum belassen, da gerade die jeweils ersten Mitteilungen der Stunde eine unbewußte Botschaft an den Therapeuten enthalten können. Ein gleiches gilt für die letzten Bemerkungen, Wünsche oder Fragen, die gelegentlich noch «unter der Tür» angebracht werden.
Um die wesentlichen Erlebnisanteile des Patienten in der therapeutischen Beziehung zu verstehen, schlägt Strupp (1984) folgende Fragen als Richtlinien vor:

1. Wie erlebt der Patient mich und wie sind seine Gefühle mir gegenüber?
2. Wie erlebt der Patient meine Absichten, Einstellungen und Gefühle ihm gegenüber?
3. Welche gefühlsbetonten Phantasien hat der Patient mir gegenüber?
4. Wie faßt der Patient die Beziehung zu mir auf und welche Reaktionen könnten die Folgen unserer früheren therapeutischen Interaktion sein?

In der Regel wird der Patient aktiv aufgefordert zu verbalisieren, was ihn zur Zeit beschäftigt. Es liegt an der geeigneten Interview-Technik des Therapeuten, den Gesprächsfluß so zu lenken, daß er hauptsächlich die Bereiche der Problemdefinition umschließt. Allerdings muß gerade bei der Bewußtseinsförderung damit gerechnet werden, daß sich dieser Zielstrebigkeit auch Widerstände (vgl. unten) entgegensetzen, so daß unter Umständen nur indirekte Wege zum inhaltlichen Ziel führen. Meist entspricht jedoch die Gestaltung des Prozesses den klassischen Schritten der psychoanalytischen Verfahren: 1. Klärung; 2. Konfrontation; 3. Deutung – und erst in neuerer Zeit – 4. Umsetzen oder Transfer. Diese Schritte scheinen einer innern Logik zu folgen, stimmen sie doch in etwa mit jenen des Problemlösungsparadigma überein (vgl. Kap. 2.3 und 8.2).

Klärung meint, gemeinsam mit dem Patienten Informationen zu sammeln, um einen bestimmten Problemzusammenhang ausreichend verstehen zu können. Dies schließt verschiedene direkte und indirekte Ermutigungen zu verbalisieren ein, was den Patienten beschäftigt: «Können Sie mehr dazu sagen?» «Wie hat dies Ihr Chef genau gemeint?» «Und dann?» «Ja?» etc.

Konfrontation: Durch diesen Schritt soll versucht werden, dem Patienten eigene Verhaltensweisen, Gedanken, Wünsche, Befürchtungen etc. aufzuzeigen oder anzudeuten, die er bislang so nicht zu sehen vermochte. Er soll wörtlich (con frontatio) «von Angesicht zu Angesicht» verschiedene Teile seiner selbst erkennen und womöglich in sich integrieren.

Entgegen der scheinbar aggressiven Bedeutung des Begriffes ist keineswegs primär ein kritisches Zurechtweisen des Patienten gemeint, sondern vielmehr ein Versuch, zusammen mit dem Patienten bisher nicht bewußte oder nur unzureichend bewußte Zusammenhänge herzustellen.

«Könnte es sein, daß Sie befürchten, ich werde Sie ebenso ablehnen, wie ihre Frau, wenn Sie mit einem solchen Anliegen kommen?»

Sowohl Klärung wie Konfrontation schließen bestimmte Gefühlsqualitäten ein, die es zu beachten gilt. Es kann deshalb zum Teil vorteilhaft sein, auch methodische Schritte zu wählen, wie sie im Kapitel 8.4 empfohlen werden.

Deutung oder Interpretation: Dieser Schritt strebt an, Gefühle, Wünsche, Befürchtungen oder Verhaltensweisen, die unbewußt auf frühere oder andere Menschen gerichtet waren, in ihrem innern Sinnzusammenhang neu aufzuzeigen.

«Es ist mir aufgefallen, daß Sie sich heute ängstlich nach meiner bevorstehenden Reise erkundigt haben. Dann sprachen wir vom Sterben Ihrer Frau und von Ihrem kranken Vater. Ich frage mich, ob Sie sich Sorgen darüber machen, ob ich wohl wieder zurückkehre?»

Die klassische Psychoanalyse bezieht Deutungen vor allem auf Zusammenhänge, die sich auf frühkindliche Erlebnisse beziehen. Diese sollen gewissermaßen neu gestaltet oder rekonstruiert werden. In der POT wird, wie in anderen Kurztherapien, die Deutung jedoch auch auf Zusammenhänge des aktuellen Lebens bezogen, ohne unbedingt auf frühe biografische Erfahrungen einzugehen.

Wir verstehen dabei die Deutungen des Therapeuten als eine Art Hypothesen, die auch als solche angeboten werden müssen. Es sind nicht absolute Wahrheiten, über welche nur der Therapeut verfügt und der Patient nicht. Es sind Möglichkeiten, die versuchsweise angeboten werden sollen. Daß es sich dabei um einen Versuch, um eine Möglichkeit handelt, muß für den Patienten erkennbar, d. h. transparent sein.

Transfer oder Übertrag in Realität: Der Patient soll nicht nur durch die erwähnten drei Schritte Einsicht in unbewußte Zusammenhänge gewinnen. Er soll auch ermutigt werden, gewonnene Einsichten im Umgang mit wichtigen Bezugspersonen ganz praktisch anzuwenden, ja einzuüben.

Bei diesem Schritt besteht methodisch eine enge Verbindung zu den kognitiven Lernschritten, wie wir sie unten in den Kapiteln 8.2 und 8.3 ausführlich erläutern werden.
Einzelne der Beispiele lassen erkennen, daß die bewußtseinsfördernde Behandlung auf Beobachtungen beruht, die sich auf Übertragungsreaktionen beziehen.

Die **spontane Übertragung** meint das repetitive Anwenden internalisierter Schemata in einem falschen oder mißverständlichen Zusammenhang.

Diese gestörten innern Schemata entsprechen weitgehend den neurotischen Anteilen des Patienten. In der POT werden Übertragungsphänomene dort aufgegriffen, wo sie sich spontan anbieten, sei dies durch Inszenierung in der therapeutischen Beziehung oder in entsprechenden verbalisierten Erfahrungen des Patienten.
Die sog. **Übertragungs-Neurose** der klassischen Psychoanalyse wird jedoch nicht gefördert. Die schon zitierte sog. Grundregel der Psychoanalyse will ja ermöglichen, daß das innere Mißverständnis des Patienten sich in der Beziehung zum Analytiker darstellt. So wird das ganze Geflecht der verinnerlichten Konflikte nach und nach als Denk- und Verhaltensstörung erkennbar und so der Deutung zugänglich.

In der POT ist eine bewußte Förderung von regressiven Übertragungsreaktionen nur selten erwünscht, da deren Bearbeitung zeitintensiv, beziehungsweise nicht leicht steuerbar ist. Das spontane Auftreten von Übertragungsreaktionen soll jedoch nicht verhindert werden.

Vergleiche dazu auch Kapitel 4.4, wo das Umgehen, Durchgehen resp. Aufdecken der Übertragungsreaktionen und des Widerstandes behandelt wird.

Widersprüchliche «Selbst»-Anteile:

Die internalisierten Schemata enthalten ganz unterschiedliche, ja zum Teil widersprüchliche Vorstellungen seiner selbst, verbunden mit entsprechenden Erwartungen an das Umfeld (als Selbst-Objekt-Repräsentation). Oft empfiehlt es sich, dem Patienten aufzuzeigen, wie gleichzeitig starke und schwache, reife und kindliche, schuldhafte und selbstbewußte, entwertende und überhebliche Anteile in ihm koexistieren. Dies ermöglicht es ihm dann, eher den Ausgleich zu finden resp. widersprüchliche Vorstellungen von sich und der Welt zu einer einheitlichen Schau zu integrieren.
Als Formulierung bewährt sich etwa: «Hier hat wieder einmal das kleine, schutzsuchende Mädchen in Ihnen um Hilfe gerufen, als Sie glaubten, die Ferienwochen ohne meine Unterstützung nicht zu überstehen. Die reife Frau in Ihnen weiß aber aus Erfahrung, daß zwar Ängste auftreten können, aber daß Sie diese aushalten werden.»

Gelegentlich wird dieser innere Dialog auch durch Namensgebung gefördert: «Das kleine Kathrinchen in Ihnen» versus «Die reife Katharina» etc. So wird das in der Vergangenheit erlebte neu ver-gegenwärtigt (vgl. dazu auch Kap. 8.4).
Das Gegenüberstellen verschiedener Selbst-Anteile wird vom Patienten je nach Zusammenhang als Entlastung, als Tröstung, als Aufmunterung, als kritisches Einsichtgewinnen etc. erlebt.

Spaltung (oder Splitting):

In bestimmten Krankheitsformen – ganz ausgeprägt bei Borderline-Patienten, aber nicht nur bei diesen – können scheinbar unvereinbare Vorstellungen nebeneinander bestehen bleiben. Die Psychoanalyse spricht dann von Spaltung, oft englisch Splitting. Es handelt sich um widersprüchliche innere Schemata, die oft in den ersten Entwicklungsphasen die Betreuungspersonen, insbesondere die Mutter, als entweder «ganz gut» oder «ganz böse» wahrnehmen ließen. In der Therapie kann sich dies in stark wechselnden, ja überspringenden Vorstellungen und Phantasien dem Therapeuten gegenüber äußern. Innerhalb der gleichen Therapiestunde wird er einmal als hilfreich, ein andermal als frustrierend, als aggressiv, gesehen. Den Patienten diese innerlich geteilten Vorstellungen nahezubringen, ist ein anspruchsvoller therapeutischer Schritt. Wichtig ist es, sich weder von der «alles gut» Position blenden, noch von der «alles böse» Position provozieren zu lassen. Meist ist der Patient für entsprechende Deutungen eher zugänglich, wenn er den Therapeuten zur Zeit in positiver Wertung sieht:

«Als Sie in der letzten Stunde glaubten, ich hätte Ihnen weh tun wollen, indem ich die nahende Beendigung der Therapie erwähnte, muß ich einen sehr verletzlichen Anteil von Ihnen getroffen haben. Heute erlebe ich Sie als offen und vertrauensvoll und meine, daß wir beide akzeptieren können, daß auch eine gute therapeutische Beziehung sich eines Tages erübrigen wird.»

In immer neuen Anläufen und immer andern Zusammenhängen müssen so die bislang im Patienten unvereinbar nebeneinander bestehenden Selbstanteile zusammengeführt werden. Das Ziel besteht darin, daß der Patient den Therapeuten – pars pro toto – als eine Person erkennt, die gleichzeitig gute wie böse, schwache wie starke Anteile verkörpert. Die so aus der Therapie gewonnene Erfahrung ermöglicht es dem Patienten, auch in seinem Umfeld wichtige Bezugspersonen realistischer und nicht mehr gegensätzlich wahrzunehmen.

c) Widerstand

Die Tatsache, daß es überhaupt bewußtseinsfördernde therapeutische Schritte braucht, weist auf unbewußte Motive hin, die nicht zulassen wollen, daß konflikthafte Vorstellungen bewußt werden. Bekanntlich ist jeder Mensch auf die Abwehr quälender Erinnerungen angewiesen, sei dies zum Beispiel durch Verdrängen, Verleugnen, Rationalisieren, Umkehren ins Gegenteil etc. Die psychoanalytische Abwehrlehre ist in bezug auf diese Vorgänge zum Allgemeingut geworden. Auch moderne psychodynamische Auffassungen respektieren die Lehre der Abwehr von unbewußten Konflikten. Dabei können sich diese Konflikte durchaus auch auf triebhafte Wünsche beziehen, wie sie ursprünglich von der Psychoanalyse des Ich vertreten wurden. Nur werden diese Wünsche im Rahmen der Objekt-Beziehungs-Theorie immer mit bestimmten Beziehungskonflikten in Zusammenhang gebracht.
Beziehungskonflikte sind es ja auch, die die meisten unserer Patienten motivieren, überhaupt den Therapeuten zu konsultieren. Durch diesen Schritt bekunden sie die Bereitschaft, ihnen bisher nicht zugängliche, d. h. abgewehrte konfliktuöse Vorstellungen in der Therapie zu erhellen. Wenn sie sich nun innerhalb des Therapieprozesses so verhalten, als ob ihnen an diesem bewußtseinsfördernden Schritt keineswegs gelegen sei, dann handelt es sich hier nicht um ein bewußtes Verweigern. Dieses Verhalten ist vielmehr ein ihnen unbewußter Widerstand, der sich dem Therapieprozeß entgegenstellt. Dadurch erhofft der Patient, sich kurzfristig schmerzhafte Einsichten ersparen zu können, selbst neurotisch determinierte Gewohnheiten beizubehalten und Verhaltensweisen, die ihm zum Teil auch Sekundär-Gewinn gebracht haben, nicht aufzugeben.Sie können somit innerhalb der bisherigen Problemlösung eine bestimmte Funktion ausgeübt haben. Der Therapeut ist deshalb gut beraten, den Widerstand des Patienten vorerst zu respektieren. Nur dort, wo sich der Patient dem therapeutischen Fortschritt ausdrücklich entgegenstellt, muß dieser in geeigneter Form angegangen werden. (Wir hatten uns dazu bereits in Kapitel 4.3.6 geäußert.)

In der POT wird der Widerstandsbegriff nicht so extensiv ausgelegt, wie dies die Psychoanalyse tut. Der mit POT arbeitende Psychotherapeut stellt sich die Frage: «Wann ist Widerstand gegen eine Veränderung so hinderlich, daß er therapeutisch angegangen werden muss?» Nicht jeder Widerstand muß aufgelöst werden. Es gibt Widerstände, welche wichtige adaptive Funktionen ausüben.

Der Therapeut tut gut daran sich zu erinnern, daß Widerstände auch von ihm selbst induziert werden können und in diesem Falle geradezu ein Beweis der adaptiven Fähigkeiten des Patienten sind.
In praxi muß sich der Therapeut, wenn er glaubt, einen Widerstand wahrzunehmen, bestimmte Fragen stellen:

- Welches Gefühl verursacht den Widerstand?
- Welches Motiv steckt hinter dem Widerstand?
- In welcher Art und Weise drückt der Patient den Widerstand aus?

Die gezielte Interpretation des Widerstandes kann dann nötig werden, wenn die bislang erläuterten therapeutischen Schritte nicht von selbst den Widerstand überwunden oder umgangen haben.

In der POT gehen wir einen Widerstand erst dann deutend an, wenn er als solcher klar erkennbar ist und es damit auch wahrscheinlich wird, daß der Patient den Widerstand als solchen anerkennt.

Der Therapeut muß sich in der POT laufend die Frage stellen: **Was** will ich deuten, **warum** will ich deuten und **wie** kann ich die Deutung dem Patienten verständlich machen? Bestimmte ergänzende Fragen können notwendig sein:

- Welche Vorstellungen oder Erinnerungen verursachten das störende Gefühl?
- Welche Zusammenhänge (in Gegenwart oder Vergangenheit) bestehen zu den störenden Gefühlen und Regungen?
- Wie zeigen sich die als Widerstand verstandenen Verhaltensweisen eventuell auch außerhalb der Therapie?
- Gab es analoge Verhaltensweisen schon in der bisherigen Lebensgeschichte des Patienten?

Es sind in der Regel die folgenden Verhaltensweisen, die den Therapieverlauf am meisten behindern. Sie weisen einen inneren Zusammenhang – im Sinne des Widerstandes – auf und können somit fliessend ineinander übergehen. Sie verlangen je ein bestimmtes Vorgehen und sollen deshalb kurz erläutert werden:

Negative Übertragung: In dieser Konstellation werden jene Anteile der innern Schemata auf den Therapeuten gerichtet (projiziert), die sich auf die Erfahrung mit schlechten, abwertenden, verlassenden oder abstoßenden inneren Objekte beziehen. Diese schlechten oder bösen inneren Objekte werden meist mit Gefühlen der Wut, der Angst oder Feindseligkeit erinnert. Durch Neid, Eifersucht, Rivalität können diese Gefühle auch Menschen gegenüber entstehen, die sonst meist als «gute Objekte» wahrgenommen werden.

Wenn man solche Gefühle einfach anstehen läßt, d. h. nicht ihre innere Herkunft bewußt macht, kann dies den Therapieprozeß stören oder gar verunmöglichen.

Eine sensitive 52jährige Patientin, die wegen ihrer Phobie zur Behandlung kam, reagierte auf die Ankündigung einer unerwarteten Abwesenheit des Therapeuten sehr enttäuscht. Sie äußerte heftige Kritik, wie wenig ihr der Therapeut bis anhin geholfen habe, ihre unsinnigen Ängste zu überwinden. Sie gab zu erkennen, daß sie sich einmal mehr in ihrem Leben vernachlässigt und unverstanden fühle. Daraufhin bemerkte der Therapeut: «Sie müssen wirklich sehr enttäuscht sein, daß dieser Therapieunterbruch just jetzt kommt. Sie haben mich schließlich ja aufgesucht, um möglichst rasch die lästigen Ängste loszuwerden. Nun stellen Sie einmal mehr fest, in Ihren Bedürfnissen nicht verstanden zu sein.» Mit dieser Deutung versuchte der Therapeut, nicht nur die Gefühle der Patientin empathisch wahrzunehmen; er bezeugte ihr letztlich genau jenes Verständnis, das sie meinte, bislang vermißt zu haben. Die Patientin wirkte daraufhin wesentlich entspannter und konnte nun gemeinsam mit dem Therapeuten an den Ursprüngen ihrer Verlassenheitsängste arbeiten.

Agieren (acting out): Damit wird ein Verhalten bezeichnet, bei dem der Patient seine inneren Konflikte und Gefühle primär in dramatischer Weise inszeniert, anstatt ihrer bewußt zu werden und sie in Worten auszudrücken. Ob außerhalb oder innerhalb der Therapie, letztlich wird der Patient durch Agieren symbolisch zu erkennen geben, was ihn bedrängt und was er nicht anders mitzuteilen vermag.

Der Begriff «Agieren» wird leider oft abwertend gebraucht, um ein mißliebiges Verhalten des Patienten zu charakterisieren. Korrekterweise meint er aber immer, daß ein Patient sich in innerer Not befindet, die er nicht anders zu signalisieren versteht. Diese Not müssen wir ernst nehmen, auf sie sollen wir therapeutisch reagieren.

Entsprechend ihrer inneren Ambivalenz hat die oben erwähnte Patientin (vgl. negative Übertragung) trotz ihrer unmittelbar konstruktiven Reaktion auf die empathische Deutung des Therapeuten im Anschluß an die Therapiestunde ihre Enttäuschungswut nicht länger kontrollieren können. Sie kam die nächsten zwei Stunden je 15–20 Minuten zu spät, angeblich wegen Parkplatzproblemen. Da sie sonst immer sehr pünktlich war, schien diese Erklärung dem Therapeuten recht vordergründig. Er kam auf jene Stunde zurück, wo er seine unerwartete Abwesenheit angekündigt hatte. Die Patientin stimmte schließlich zu, daß sie aus Wut «den Therapeuten auch etwas habe hocken lassen wollen». Sie erhielt so Gelegenheit, nochmals ihre zuvor negierte Wut und Enttäuschung in angemessenen Worten mitzuteilen. Dabei war sich die Patientin bewußt, daß sie nur so heftig reagiert hatte, weil sich die Erfahrung mit dem Therapeuten mit jenen früherer Bezugspersonen deckte.

Grenzen setzen: Nicht immer sind Patienten schwierigen Erklärungen und Deutungen so leicht zugänglich. Manchmal müssen sie sehr klar und im harten Sinne konfrontativ an die ursprünglichen Vereinbarungen erinnert werden. Die klare Strukturierung der POT ist nicht nur dem Therapeuten eine Hilfe, in absehbarer Zeit ein limitiertes Ziel zu erreichen. Sie soll auch dem Patienten Halt geben, seine destruktiven oder ambivalenten Seiten zu erkennen und zu steuern. Dies gilt besonders für Suchtpatienten, Borderline-Patienten oder andere grundgestörte Persönlichkeiten. In der Diskussion der Indikation (vgl. Kap. 7.2) hatten wir zwar eher abgeraten, diese Patiententypen mit POT zu behandeln. In der Praxis sind aber solche Störungen nicht immer leicht schon von Anfang an erkennbar. Es liegt dann am Therapeuten, Vereinbarungen zum Setting (Dauer, Stunden, Bezahlung etc.) wo nötig in Erinnerung zu rufen.

«Grenzen setzen» meint ferner, daß solchen Patienten die Konsequenzen ihres Verhaltens früh genug signalisiert werden müssen. Bevor der Therapeut Sanktionen ergreift, im Extremfall die Therapie abbricht, muß er sich aber vergewissern, daß er erstens die Vereinbarungen von Anfang an verständlich erläutert hatte, zweitens den Patienten früh genug auf seine Übertretungen hingewiesen hatte und drittens, daß er vor eingreifenden Schritten auch versucht hat, diese in einen sinnhaften Zusammenhang (eben als Bewußtmachung) zu bringen.

Eine 47jährige, depressive Gattin eines beruflich geforderten und oft abwesenden Geschäftsmannes ließ erst in der sechsten Stunde erkennen, daß sie ein Alkoholproblem habe. Sie kam in der Folge nicht nur oft sichtlich angeheitert zur Therapie, sondern erzählte auch, wie sie im Rausch schon gestürzt und sich erheblich am Kopf verletzt hatte. Angeblich sei ihr Mann nicht über ihre Sucht orientiert. Als sich die Patientin weigerte, die Situation in einem Gespräch zu dritt mit dem Ehemann zu klären, blieb dem Therapeuten nur noch übrig darauf zu bestehen, daß sie sich bei einem spezialisierten Kollegen zur Antabus-Einstellung melde. Die Patientin war schließlich dazu bereit, nachdem sie darüber Einsicht gewonnen hatte, daß ihr unkontrolliertes Trinken nicht nur selbstdestruktiv sei, sondern daß sie damit ebenso den Ehemann für seine häufige Abwesenheit bestrafen wollte.

d) Weitere Techniken der Bewußtseinsförderung

Die Arbeit mit dem Traum: Die Psychoanalyse geht seit Freud davon aus, daß der Traum als via regia, den Zugang zum Unbewußten ermögliche. Bekanntlich tut dies der Traum in verschlüsselter, aber doch einigermaßen verstehbarer Form. Die Interpretation des Traumes wird von verschiedenen Therapierichtungen unterschiedlich gehandhabt. Oft wird unterschieden zwischen der Auffassung der «Psychologie des Traumes» und der «Psychologie des Träumers». Die erstere meint, daß Traum-Symbole eine ganz bestimmte Bedeutung haben, wie sie zum Beispiel in den sog. Traum-Büchern festgehalten ist.
Demgegenüber stützt sich die Annahme einer «Psychologie des Träumers» darauf, daß nur der Träumer selbst die Inhalte zu entziffern vermag, indem er ihnen die ihm plausible Bedeutung beimißt. Entgegen der ursprünglichen psychoanalytischen Auffassung, daß nur der latente Trauminhalt, d. h. die im Unbewußten verschlüs-

selte Bedeutung sinnvoll sei, wird heute meist die Bedeutung des manifesten Trauminhaltes hervorgehoben.
Innerhalb der POT ist es naheliegend, primär mit dem manifesten Trauminhalt zu arbeiten. Die Vielfalt des Traumes und die oft unmittelbare Evidenz für den Träumer ermöglicht es, inhaltliche Aspekte der Problem- und Zieldefinition neu aufzugreifen, sei dies direkt auf der Subjektstufe (unterschiedliche Anteile des Selbst) oder auf der Objektstufe (Beziehungsanteile zu anderen Personen). Immer kann der Traum dem Patienten helfen, seine Wahrnehmung für innerpsychische Vorgänge zu schärfen. Dabei soll der Patient ermutigt werden, soweit möglich selbst Einfälle und Interpretationsversuche zum Traum zu äußern. Der Therapeut wird jene Elemente des Traumes durch Nachfragen oder durch eigene Erklärungen besonders betonen, die sinnhaft die aktuelle, in der Behandlung bearbeitete Problematik ausdrücken. Er wird sich besonders bemühen dem Patienten aufzuzeigen, welche Selbst- und Objektanteile im Traum als beengend, als befreiend oder als kompensierend erkennbar sind. Je besser es gelingt, den Inhalt des Traumes mit dem aktuellen Thema der Therapie (im Sinne der Problemdefinition) zu verbinden, desto besser vermag die Arbeit am Traum zur gezielten Bewußtseinserhellung beizutragen.
Umgekehrt können Träume, die sich nicht oder nur erzwungenerweise in die POT einbeziehen lassen, vom eigentlichen Therapieziel eher ablenken. Immer ist auch zu bedenken, daß das Anbieten von Träumen mit der Übertragungsbereitschaft (und damit indirekt auch mit Widerstand) zu tun haben könnte. Ein Patient mag versuchen, durch viele erzählte Träume den Therapeuten «zu beschenken», wenn er dessen besonderes Interesse an der Traumarbeit herausfühlt. Er kann dadurch aber auch vom Therapieziel der POT ablenken und so der gezielten Bewußtseinsförderung paradoxerweise Widerstand entgegensetzen.
Ausnahmsweise kann es angezeigt sein, inhaltlich umschriebene Träume unabhängig von den spezifischen POT-Zielen aufzuschlüsseln: Dann etwa, wenn der Patient an immer wiederkehrenden Träumen leidet und diese «endlich los sein möchte»; aber auch dann, wenn er sich von Angstträumen bedrängt fühlt. Hier kann also die Arbeit am Traum eine zusätzliche kathartische Wirkung haben, selbst wenn sie inhaltlich nicht unbedingt mit der Problemdefinition in Verbindung gebracht werden kann.
Die Arbeit mit dem Tagtraum: Tagträumen ist ein normales, alltägliches, psychisches Phänomen. Es kann aber auch therapeutisch genutzt werden, indem der Patient in entspanntem Zustand aufgefordert wird, sich zu bestimmten Stimuli (in der Regel sind es Inhalte wie Blumen, Wiese, Bach, Berg, Wald, Weg, Meeresstrand, Höhle, Haus, Sumpfloch etc., eine Geschichte einfallen zu lassen, welche er sich bildlich vorzustellen hat. Unter Umständen kann aber der Patient auch ermutigt werden, sich umschriebene persönliche Inhalte, die vorzugsweise mit der Problemdefinition in Beziehung stehen, vorzustellen. Der Therapeut versucht, durch seine Interventionen die Bilderproduktion im Gange zu halten und sie auch nach therapeutischen Überlegungen zu modifizieren. Der Patient bewältigt auf diese Weise symbolisch dargestellte Konflikte auf ebenso symbolische Weise. Das Problem der Arbeit mit dem Tagtraum innerhalb der POT besteht darin, daß es nicht einfach ist, die so gewonnenen Einsichten in die Realität des Alltags zu übertragen. Um diesen

Transfer zu erleichtern, müssen mit dem Patienten Möglichkeiten besprochen werden, welche Elemente des Tagtraumes für das Alltagsgeschehen relevant sind. Die Psychotherapie mit dem Tagtraum hat sich als sog. «katathymes Bilderleben» zu einer eigenständigen Methode entwickelt (Leuner, 1985).
Die *Indikation* der Arbeit mit dem Tagtraum in der POT bezieht sich einerseits auf die Erweiterung des Bewußtseins inbezug auf die definierten Probleme bzw. deren symbolische Abbildung. Andererseits kann eine Stunde Arbeit mit dem Tagtraum eine ins Stocken geratene, kopflastige Therapie wieder ins Rollen bringen. Für Patienten, die sich ängstlich oder rationalisierend im kognitiven Bereich bewegen, kann die Arbeit mit dem Tagtraum auch dann indiziert sein, wenn der Zugang über die Körperebene (vgl. Kap. 8.5) nicht möglich ist.

Die Arbeit mit dem Tagtraum, das Katathyme Bilderleben

Das Katathyme Bilderleben (KB) ist ein tiefenpsychologisch fundiertes Verfahren der Psychotherapie, das mit provozierten Tagträumen arbeitet (Leuner, 1985). In seinem Konzept geht es davon aus, daß spontane oder vom Therapeuten induzierte Imaginationen, Phantasien oder bildhafte Vorstellungen unbewußte Konflikte oder Themen widerspiegeln. Die auf diese Weise vom Patienten produzierten Bilder werden meist als dynamische Abfolge eines inneren Symboldramas verstanden. Ihr Symbolcharakter wird vom Therapeuten in Abhängigkeit von dessen theoretischer Ausrichtung entsprechend bearbeitet und interpretiert. Die Imaginationen des Patienten lassen sich ferner im Kontext der Lebensgeschichte verstehen oder in anderes therapeutisches «Material» einordnen. Die klassische Form des KB ist die Kurztherapie von 15 – 30 Sitzungen; sie besteht aus einem System gestaffelter Methoden und Regieprinzipien zur Handhabung der imaginativen Produktionen.
In der neueren Entwicklung des KB ist man jedoch immer mehr von der ursprünglich recht stark strukturierten Vorgehensweise (bestimmte Reihenfolge der Symbolvorgaben und Einteilung in Unter-, Mittel- und Oberstufe) abgekommen; ihr Zweck wird eigentlich nur noch didaktisch begründet und scheint der je spezifischen Therapiesituation und dem individuellen Fall kaum mehr angemessen. Heutzutage wird vielmehr eine methodische Strategie vorgezogen, die dem aktuellen Erleben und der spontanen Symbolproduktion des jeweiligen Patienten folgt.
Eine weitere Entwicklung des KB besteht außerdem darin, nicht mehr ausschließlich mit Tagträumen zu arbeiten, sondern das bildhafte Erleben als «therapeutisches Instrument» in andere therapeutische Verfahren einzubauen. Die spezifische Indikation wird meistens dann gestellt, wenn ein Patient dazu neigt, ausschließlich rational, «kopflastig» seine Probleme zu betrachten. Man erhofft sich, mittels der Evozierung imaginativer Symbole nicht oder wenig bewußte psychische Inhalte anzusprechen, diese dem Bewußtsein näher zu bringen und gleichzeitig damit verbundene Emotionen erlebbar zu machen. In diesem Sinne haben imaginative Techniken, wie sie das KB bereitstellt, durchaus ihren Platz innerhalb der POT. Oft sind sie geradezu unverzichtbar und die «Methode der Wahl», und zwar dann, wenn das therapeuti-

sche Geschehen stagniert und der Patient nur noch «debattiert». Imaginationen wirken in einem solchen Fall als wertvolle Katalysatoren, indem sie verhärtete psychische Strukturen aufzuweichen vermögen und eine neue Dynamik in Gang setzen, die mit Rücksicht auf Problemstellung und Zielsetzung dem Patienten und dem Therapeuten neues, andersgeartetes Material in die Hand geben.

Weiterführende Literatur:

Leuner (1985)
Thomä & Kächele (1985)
Hamilton (1988)
Horowitz (1988)

8.2 Methoden zur Veränderung von Denkgewohnheiten und Einstellungen und zur Lösung von Problemen

8.2.1 Das Grundprinzip

Das Verhalten – Denken, Fühlen, Handeln – wird von verschiedenen Faktoren beeinflußt. Neben den biologischen Grundbedingungen und den konkreten Umweltbedingungen bestimmen unbewußte, bewußtseinsnahe und **bewußte intrapsychische Prozesse** das Verhalten. Der psychoanalytische Therapieansatz befaßt sich vornehmlich mit dem unbewußten Anteil (vgl. Kap. 8.1). Die Veränderung bewußter und bewußtseinsnaher Denkprozesse ist Gegenstand der in diesem Kapitel beschriebenen **kognitiven Methoden**.

Wahrnehmung und emotionales Erleben wird von vielfältigen subjektiven Annahmen, Erwartungen und Einstellungen geprägt, die sich aus der **Verarbeitung früherer Erfahrungen** ergeben haben. Diese sind auch Grundlage für Zielvorstellungen und Handlungsentwürfe, die dem aktiven Handeln vorangehen. Solche Denkprozesse sind bewußt oder bewußtseinsnah und sind wesentliche **Elemente sinnvoller Anpassung** an die gegebenen Lebensbedingungen.

Denkprozesse können gestört sein, wenn sie zu unflexiblen Denkschemata erstarren, die den veränderten Lebenssituationen nicht mehr angemessen sind und behindern dann die Anpassungsfähigkeit. Sie sind nicht mehr voll bewußt oder werden nicht mehr bemerkt, wenn sie immer wieder in ähnlich erlebten Situationen quasi *automatisch* ablaufen und sich damit zum Teil der Kontrolle entziehen. Das kann soweit gehen, daß solche sog. **«automatischen Gedanken»** ungewollt zu *«sich selbst erfüllenden Prophezeihungen»* und damit zu selbstgemachten Hindernissen für erfolgreiches Handeln werden.

Beispiele:

Das passive Verhalten eines depressiven Patienten kann dadurch begründet sein, daß er eine negative Selbsteinstellung hat, indem er sich sagt: «Ich bin ein Versager, ich kann nichts, es hat gar keinen Sinn, daß ich überhaupt versuche, meine Probleme zu lösen.» Oder ein Patient mit Kontaktstörungen hat eine negative Einstellung zu seiner Umgebung, indem er sich sagt: «Alle Menschen lehnen mich ab, man will nichts mit mir zu tun haben, also hat es gar keinen Sinn, mich um Kontakte zu bemühen.» Oder ein Patient mit einer Phobie führt seine Ängste darauf zurück, daß er von einem einmaligen traumatischen Erlebnis in einer bestimmten Situation auf alle anderen ähnlichen Situationen schließt, d. h. generalisiert. Oder ein Patient hat so hoch gesteckte Erwartungen an seine Umgebung und so hohe Ansprüche an sich selbst, daß die Realität nie dem entsprechen kann und er ständig Mißerfolge erlebt.

Es gibt verschiedene Möglichkeiten, behindernde Denkgewohnheiten und Einstellungen zu verändern. Man kann auf indirektem Weg versuchen, mit einem psychoanalytisch orientierten Ansatz (vgl. Kap. 8.1) den unbewußten Hintergrund aufzudecken, oder mit einem verhaltenstherapeutischen Ansatz (vgl. Kap. 8.3) durch konkrete Erfahrung einen verändernden Lernprozeß anzustoßen. Man kann aber auch mit dem Patienten direkt über seine Art und Weise zu denken sprechen, offen Vor- und Nachteile diskutieren, innere Widersprüche aufzeigen und Alternativen eruieren. Ein solcher, auf bewußter Ebene geführter, **kognitiver Dialog** kann zu Veränderungen von Denkgewohnheiten und Einstellungen führen, die sich sowohl im Erleben und Verhalten des Patienten auswirken, als auch zu erfolgreicherem Lösen von Problemen beitragen.

Es gibt kein allgemeingültiges, einheitliches theoretisches Konzept für den kognitiven Therapieansatz. Prinzipiell geht es um die **Aktivierung der kritischen Wahrnehmungsfähigkeit und des logischen Denkvermögens** des Patienten, die bei normaler Intelligenz grundsätzlich nicht beeinträchtigt sind, sondern nur in Teilbereichen, nämlich den gestörten Lebensbereichen, nicht eingesetzt werden. Es handelt sich dabei um einen pragmatischen Therapieansatz, bei dem man versucht, «deduktive» Denkschemata kritisch zu durchleuchten, um den Patienten dann zu einem realitätsangemessenen «induktiven» Denken anzuleiten.

«Deduktiv» meint, daß von allgemeinen Annahmen, Erwartungen oder Einstellungen auf die konkrete Realität geschlossen wird.

Es kann jemand die undifferenzierte und allgemeine Selbsteinstellung haben, daß er schwach sei und daraus schließen, daß er in jeder Auseinandersetzung mit seinen Mitmenschen, ganz gleich, ob Kollege, Chef, Partner oder Kinder, immer unterlegen sein wird. Solche deduktiven Schlußfolgerungen haben in der Regel den Charakter von «sich selbst erfüllenden Voraussagen».

«Induktiv» meint, daß aus den konkreten Lebenserfahrungen situationsspezifische Schlußfolgerungen gezogen werden.

Das heißt, daß man in bestimmten Lebenssituationen durchaus in der Lage ist, sich durchzusetzen, während man in anderen Lebenssituationen immer wieder «den Kürzeren zieht» und aufgrund dieser differenzierten Betrachtungsweise in der Lage ist, sich realitätsadäquat und kritisch mit den Problemsituationen auseinanderzusetzen. Entscheidend dabei ist, daß auch der Therapeut sich von seiner Tendenz, deduktiv zu denken, frei macht, d. h., daß er nicht von einer allgemeinen abstrakten theoretischen Vorstellung der Genese einer bestimmten Störung ausgeht und sie dem speziellen Fall «überstülpt», sondern daß er gemeinsam mit dem Patienten in induktiver Form die konkrete Realität anschaut, um daraus konkrete Lösungsmöglichkeiten für diesen speziellen Patienten zu entwickeln. Der Therapeut kann dabei durchaus auch durch eigene Vorschläge zu Problemlösungen beitragen. Diese Vorschläge sollten jedoch nicht aus den eigenen subjektiven Maßstäben des Therapeuten abgeleitet sein, sondern sich aus der Analyse der konkreten Situation des Patienten ergeben. Der Zusammenhang sollte dem Patienten unmittelbar verständlich sein (vgl. Kap. 2.4).

8.2.2 Indikation

> Kognitive Elemente sind in jeder Psychotherapie enthalten und können bei jeder Art von psychischem Problem ergänzend oder als wesentliche Grundlage der Therapie eingesetzt werden.

Die Indikation zu einem kognitiven Therapieansatz wird weniger von der Art des Problems als vielmehr von der Erfahrung und subjektiven Einstellung des Therapeuten und der Ansprechbarkeit bzw. Bereitschaft von seiten des Patienten bestimmt. Wenn der Therapeut also selbst davon überzeugt ist, daß auch psychische Probleme durch rationale Überlegungen verstehbar und lösbar sein können, und er das rationale Element in die emotionale Patient-Therapeut-Beziehung integrieren kann, dann sollte er den Versuch machen, in direkter und offener Form Probleme des Patienten gezielt auch auf der kognitiven Ebene anzugehen. Inwieweit kognitive Methoden zu einem wesentlichen Element der Therapie werden, hängt davon ab, wie der Patient auf einen versuchsweisen kognitiven Ansatz reagiert. Dabei ist die Intelligenz kein entscheidendes Kriterium, da es im therapeutischen Dialog nicht um abgehobene theoretische Erörterungen geht, sondern um eine mit den konkreten Lebensproblemen des Patienten in Verbindung stehende Diskussion, die in einer den Fähigkeiten des Patienten angemessenen Sprache geführt wird.
Gerade stark intellektualisierende Patienten sind nicht die geeignetsten Kandidaten für einen kognitiven Ansatz, da sie ohnehin schon die Welt nach ihren subjektiven Rationalisierungen rigide geordnet haben und Änderungen ihrer festgefahrenen Denkschemata den größten Widerstand entgegensetzen. Häufig sind Patienten, die weniger über ihre Gefühle und ihr Handeln reflektieren, einem kognitiven Ansatz gegenüber aufgeschlossener. Im ersten Fall ist das kognitive Vorgehen u. U. ein

«mehr desselben» (Watzlawick), während es im zweiten Fall ein neuer, bisher nicht versuchter Ansatz sein kann, Probleme zu lösen. Entscheidend ist also, wie zugewandt, offen, flexibel der Patient auf ein kognitives Vorgehen reagiert und welche Bereitschaft er zeigt, bisherige Einstellungen und Handlungsweisen in Frage zu stellen. Eine solche Bereitschaft zeigt sich manchmal darin, daß der Patient erstaunt reagiert und sagt: «Eine solche Frage habe ich mir noch nie gestellt, so habe ich die Sache bisher noch nicht betrachtet.»

Neben den Eigenschaften des Patienten und des Therapeuten spielt der Ausprägungsgrad einer Störung eine wesentliche Rolle dafür, welchen Anteil kognitive Methoden in der Therapie haben. Besonders geeignet sind Störungen, die klar abgrenzbare Folge- oder Begleiterscheinungen konkreter Lebensereignisse oder Änderungen äußerer Lebensumstände sind (z. B. Umzug, berufliche oder familiäre Veränderungen, Mißerfolgserlebnisse), wenn es dem Patienten aufgrund festgefahrener Verhaltensmuster oder Denkschemata nicht gelungen ist, sich an die veränderten Bedingungen anzupassen. Ebenso können Störungen, die einen isolierten Teilbereich der Lebensführung betreffen, bei sonst wenig gestörter psychischer Struktur (z. B. Selbstunsicherheit in bestimmten Lebensbereichen, begrenzte Phobien, Kontaktstörungen, Arbeits- oder Lernstörungen, Prüfungsängste) für einen kognitiven Ansatz geeignet sein.

In bestimmten Teilen der Therapie hat – unabhängig von der Problemstellung – das kognitive Element ein besonderes Gewicht. Zum Beispiel verlangt die erste Abklärung und spätere genauere Analyse des Problems eine kognitive Leistung von seiten des Therapeuten. Wenn es ihm gelingt den Patienten in diesen Abklärungs- und Aufklärungsprozeß einzubeziehen, wenn er nicht nur in seinem Kopf eine Hypothese der Zusammenhänge bildet, sondern den Patienten anleiten kann, selbst eine solche Hypothese zu formulieren, so ist das kognitive Therapie. Wann und in welchem Ausmaße im Verlauf der weiteren Therapie kognitive Methoden eingesetzt werden, muß individuell jeweils auf die konkrete Therapiesituation bezogen entschieden werden.

8.2.3 Praktische Anwendung

a) Informationsvermittlung:

> Manche Probleme werden durch fehlende oder falsche Information hervorgerufen oder zumindest verschlimmert. Auch für die Therapie gilt, daß kein Problem realitätsadäquat und erfolgreich gelöst werden kann, wenn Zielsetzung und Lösungsstrategien auf falschen Prämissen aufbauen.

Der Therapeut hat in der Regel gegenüber dem Patienten einen Informationsvorsprung, nicht nur wegen seiner fachlichen Kompetenz, sondern auch weil er an der Lebenserfahrung seiner bisherigen Patienten teilgehabt hat. Vom kognitiven Ansatz her gibt es keinen Grund, konkrete sachbezogene Fragen des Patienten nicht zu

beantworten, im Gegenteil, solche Fragen sollen offen und klar beantwortet werden, sofern sie für das Problem des Patienten relevant sind. Wenn man Fragen des Patienten aus «therapietaktischen» Gründen nicht sofort oder überhaupt nicht beantworten will, so soll man dies in für den Patienten verständlicher Weise begründen. Auch vom Therapeuten vermutete Informationsdefizite, ohne daß der Patient dazu gezielt Fragen stellt, sollten durch entsprechende Aufklärung beseitigt werden.
Ein besonders eindrückliches Beispiel für Informationsdefizite sind Störungen im sexuellen Bereich. Aufgrund der Tabuisierung dieses Lebensbereiches kommt es manchmal zu Störungen, die allein auf Fehlinformation beruhen, so daß ein wesentlicher Anteil der Sexualtherapie in Aufklärung bzw. Informationsvermittlung besteht. Auch in anderen Lebensbereichen kann mangelnde Information zu Problemen führen oder diese verschlimmern. Zum Beispiel kann die konflikthafte Beziehung zwischen Mutter und Tochter auch an mangelnder Information über normale Entwicklungsprozesse einer Jugendlichen liegen. Vorgabe von sachlicher Information erleichtert oder ermöglicht manchmal erst das Gespräch über schwierige oder peinliche, tabuisierte Themen, wie Suizid, Tod, Homosexualität etc. Dabei spielt nicht nur der Inhalt, sondern auch die Art und Weise, wie der Therapeut über bestimmte Themen spricht, eine wesentliche Rolle, nämlich ob er selbst eher zögernd und gehemmt oder offen und unbefangen damit umgeht. Sachliche Information kann auch zu einer realistischeren und damit weniger ängstigenden Bewertung von Problemen oder Beschwerden des Patienten beitragen. Zum Beispiel kann für einen Patienten mit einer Herzphobie oder Neigung zu hypochondrischen Befürchtungen eine konkrete Information über normale körperliche Funktionen dazu beitragen, Ängste abzubauen. Oder das Selbstwertgefühl eines Depressiven kann gestärkt werden, wenn ihm mitgeteilt wird, daß chronische Überforderung bei jedem Menschen zu Erschöpfung führt, oder daß Traurigkeit mit ihren spezifischen physiologischen Begleiterscheinungen nach gravierenden Verlusterlebnissen eine ganz normale psychophysische Reaktion ist.
Auch der Hinweis, wo ein Patient bestimmte Sachhilfe oder Sachinformationen erhalten kann, kann von entscheidender Bedeutung im therapeutischen Prozeß sein. Zum Beispiel: Der Gang zum Rechtsanwalt löst zwar keine Eheprobleme, die klare juristische Information kann jedoch manchmal dazu beitragen, die Problemlage zu klären. Der Gang zur Berufsberatung löst zwar nicht die Probleme am Arbeitsplatz, kann deren Wertigkeit jedoch relativieren, wenn man weiß, daß es Alternativen gibt.

Grundsätzlich sollen Fragen an den Therapeuten nicht in erster Linie als Übertragungsphänomen in der Patient-Therapeut-Beziehung interpretiert werden, sondern immer auch deren sachliche Berechtigung geprüft werden.

b) Methoden zur Erkennung und Veränderung von störenden Denkschemata und unangemessenen Einstellungen:

Unter Denkschemata werden in diesem Zusammenhang bewußte oder bewußtseinsnahe intrapsychische Verarbeitungsprozesse verstanden, mit denen aus einzelnen Erfahrungen und Erlebnissen allgemeine Schlußfolgerungen gezogen werden, die dann zu persönlichen Einstellungen führen. Einstellungen sind subjektive Annahmen über Eigenschaften der Umwelt, der Mitmenschen und einen selbst. Sie sind auch Erwartungen, wie Ereignisse ablaufen, welche Konsequenzen sie haben werden und wie man selbst Situationen meistern wird, d. h. erfolgreich oder nicht erfolgreich. Solche Einstellungen haben einen entscheidenden Einfluß auf die Wahrnehmung und das Erleben bestimmter Situationen, auf die Art der emotionalen Reaktion und auf das Verhalten in den entsprechenden Situationen.

Beispiel:
Bei der Klaustrophobie sind nicht die objektiven Eigenschaften der Situation furchterregend, sondern die subjektiven Erwartungen über die Gefährlichkeit der Situation bewirken die Angst und führen zu Vermeidungsverhalten.

Wahrnehmung, Erleben, Verarbeitungsprozeß (Denkschemata), emotionale Reaktion und Verhalten beeinflussen sich dabei gegenseitig, sind Elemente eines Rückkoppelungsprozesses bzw. Systems, das insgesamt gestört wird, wenn eines der Elemente gestört ist. Beim kognitiven Therapieansatz geht es zunächst einmal darum, den «Angelpunkt» des gestörten Systems herauszubekommen, d. h. diejenigen gestörten Elemente zu identifizieren, die am einfachsten erkennbar, am plausibelsten als gestört demonstrierbar sind, um sie dann durch rationale Überlegung und Argumentation zu verändern. Dabei kann es nicht um die Frage gehen, welche Elemente primär gestört waren, ob es primär die Einstellung oder die Wahrnehmung oder das Verhalten etc. war. Denn eine chronologische Kausalkette der Ereignisse läßt sich meist nicht mehr rekonstruieren, sondern das Vorgehen ist pragmatisch orientiert und setzt dort an, wo sich eine Ungereimtheit, ein Widerspruch, sozusagen eine «Lücke im geschlossenen Denksystem» aufzeigt.

(Im folgenden wird der Einfachheit halber für die Begriffe Erwartung, Annahme, Befürchtung, Vorurteil etc. der übergeordnete Begriff «Einstellung» verwendet).

Es gibt **typische Formen von störenden Denkschemata und unangemessenen Einstellungen**. Die folgende Aufzählung beansprucht keine Vollständigkeit und soll nur eine Anregung dazu geben, worauf zu achten ist und wo eventuell kognitive Interventionen zur Veränderung ansetzen können:
Übergeneralisierung: Von einem einmaligen Ereignis wird auf alle zukünftigen ähnlichen Ereignisse geschlossen. «Einmal Versager, immer Versager.»
Alles oder nichts – Denken: Nur extreme Lösungen oder Möglichkeiten werden gesehen. «Entweder mir gelingt alles, was ich mir vorgenommen habe, oder es hat alles keinen Wert.»
Übertreibungen: Aus einem Teilproblem wird ein Lebensproblem gemacht.

«Wenn ich diese Aufgabe nicht bewältigen kann, muß ich meinen Beruf aufgeben.»

Selektive Wahrnehmung: Nur die Nachteile einer Situation werden gesehen. Nur die eigenen Defizite und die Fähigkeiten anderer werden registriert. Nur die negativen oder nur die positiven Eigenschaften des Partners werden wahrgenommen. «Ich habe nur Mißerfolge, anderen gelingt immer alles. Mein Partner kann mich nicht verstehen.»

Sensitives Denken: Alle Ereignisse, insbesondere die negativen, werden auf einen selbst bezogenen. «Immer wenn *ich* in Urlaub fahre, regnet es.»

Willkürliche oder irrationale Schlußfolgerungen: Sachen, die keinen logischen Zusammenhang haben, werden miteinander verknüpft. «Weil ich nicht Tennis spielen kann, werde ich von Frauen abgelehnt.»

Ausgleichende Entwertung: Für alle persönlichen Fähigkeiten wird ein gleichwertiges oder schlimmeres Defizit gefunden, in allen positiven Erlebnissen ein entwertendes Element entdeckt. «Ja. . .aber – Denken». «Ich bin zwar beruflich erfolgreich, aber ich bin ein schlechter Familienvater.»

Normatives Denken: Die Dinge müssen so sein, wie sie sein sollten. «Nicht sein kann, was nicht sein darf.»

Utopische Erwartungen: Erwartungen an sich selbst und/oder an andere werden gestellt, die realistischerweise nicht erfüllbar sind. «Alle Menschen müssen mich sympathisch finden. Ich muß immer erfolgreich sein. Ich kann mir keine Fehler leisten.»

Automatische Gedanken: Das sind flüchtige, unreflektierte, meist unbeachtete Selbstverbalisationen, die in stereotyper Weise in bestimmten Situationen auftreten und sie bewerten. «Das ist gefährlich. Das schaffe ich nie.»

Störende Denkschemata und unangemessene Einstellungen können durch einen bewußten kognitiven Prozeß verändert werden. Folgende vier Schritte sind dazu nötig:

- Erkennen
- Verbalisieren
- Analysieren
- Verändern

Jeder einzelne Schritt für sich kann dabei bereits eine Veränderung bewirken.

1. Erkennen: Man kann den Patienten direkt nach seiner Einstellung zu bestimmten problematischen Situationen, zu Personen, mit denen er in Konflikt steht oder zu seinem eigenen Verhalten und emotionalen Reagieren fragen. Häufig sind jedoch solche Einstellungen dem Patienten nicht voll bewußt oder er hat bisher nicht darauf geachtet. Dann muß man versuchen, den Patienten anzuleiten, aus dem sich wiederholenden stereotypen Verhalten oder seinen Reaktionen auf solche steuernden

Einstellungen zu schliessen. Manchmal manifestieren sich diese Einstellungen in sog. *automatischen Gedanken*. Es handelt sich dabei um flüchtige, augenblickliche Interpretationen bzw. Bewertungen von Situationen, die dem eigentlichen Ablauf der Ereignisse sozusagen «vorauseilen» und damit die Wahrnehmung, das Erleben und die emotionale Reaktion vorausbestimmen. Solche *automatischen Gedanken* werden in der Regel nicht beachtet, sind aber bei genauerem «Hinhören» häufig für den Patienten erkennbar. Entweder man fordert den Patienten auf, in der Realität in bestimmten Situationen eine kurze reflektierende Pause einzulegen und auf solche Gedanken zu achten und sie eventuell zu notieren, oder man veranlaßt ihn in der Therapiesitzung, sich solche problematische Situationen vorzustellen und fragt ihn dann, welche Gedanken ihm dabei durch den Kopf gehen.

2. Verbalisieren: Wenn solche Gedanken oder Einstellungen identifiziert worden sind, werden sie in konkreter, eventuell pointierter Form verbalisiert, möglichst in einem Ich-Satz. Zum Beispiel: «Da ich in dieser Prüfung versagt habe, werde ich es auch sonst in meinem Leben nie zu etwas bringen, also brauche ich mich überhaupt nicht mehr zu bemühen.» Dann schaut man, in welchen anderen Situationen solche Einstellungen auch noch eine Rolle spielen und ob sie vielleicht zu einer Art allgemeiner Lebensregel geworden sind, die ebenfalls verbalisiert werden sollte.

3. Analysieren: Als nächstes würde man versuchen, zusammen mit dem Patienten die Entstehung und Konsequenzen solcher Einstellungen zu analysieren. Folgendes Schema gibt einen Leitfaden dazu:

a) Empirische Analyse: Stimmen die Fakten überhaupt? Stimmt die Prämisse, auf der die Schlußfolgerung aufgebaut ist? Im oben genannten Beispiel ist konkret zu klären, was mit «Versagen» gemeint ist, ob der Patient in der Prüfung durchgefallen ist oder nur eine schlechte Note erhalten hat.

b) Logische Analyse: Ist die Schlußfolgerung aus den Fakten, Ereignissen, Schlüsselerlebnissen richtig? Ist die Schlußfolgerung willkürlich, einseitig, unlogisch, unwahrscheinlich, zu weitreichend? Im oben genannten Beispiel ist die Schlußfolgerung zu weitreichend und widerspricht der Erfahrung, daß man aus Prüfungsnoten nicht auf beruflichen Erfolg schließen sollte.

c) Pragmatische Analyse: Welche praktische Konsequenz hat eine bestimmte Einstellung? Hat sie nützliche oder schädliche Auswirkungen? Die Einstellung im oben genannten Beispiel führt zu Passivität, eventuell depressiver Verstimmung, Abbruch der Ausbildung und schließlich zu einer «selbsterfüllenden Voraussage», d. h. ist im höchsten Maße schädlich.

4. Verändern: Die ersten drei Schritte können bereits zu Einstellungsänderungen führen oder liefern die Voraussetzung für gezielte kognitive Interventionen folgender Art: Man kann dem Patienten ergänzende objektive Information anbieten (vgl. Kap. 8.2.3a), um eine Situation oder ein Problem realistisch einzuschätzen. Dazu gehört auch, den Patienten unter Umständen auf die positiven Seiten von problematisch erlebten Situationen hinzuweisen. Ziel ist eine Entdramatisierung der Situation, um nüchterne rationale Überlegungen zu ermöglichen. Große Probleme sollten möglichst in Teilprobleme zerlegt werden, die einzeln besser überschaubar sind.

Problemlösungen sollten in einzelne Schritte aufgeteilt werden (vgl. Kap. 8.2.3c), die einzeln erfolgreicher angehbar sind.
Eine andere Möglichkeit zur Einstellungsänderung ist das Aufzeigen von Ereignissen, Erfahrungen oder Qualitäten des Patienten, die mit seiner negativen Einstellung nicht vereinbar sind und damit die Gültigkeit seiner Einstellung in Frage stellen oder relativieren. Man nützt dabei das «Konsistenzbedürfnis» aus, d. h. die Tendenz, Einstellung und Erfahrung in Übereinklang zu bringen. Fehleinstellungen kommen nämlich dadurch zustande, daß die «Realität» so lange einseitig zurechtgerückt, umgedeutet oder selektiv wahrgenommen wird, bis sie zu der vorgefaßten Einstellung bzw. dem Vorurteil paßt. Gelingt es einem nun, in der Lebensgeschichte oder Situation des Patienten überzeugende Fakten zu finden, die dieser Einstellung widersprechen, so kann die bestehende Einstellung aufgrund des Konsistenzbedürfnisses nicht aufrechterhalten und muß korrigiert werden.
Oder aber man versucht die Inadäquatheit einer Einstellung zu demonstrieren, indem man ihre Auswirkungen bis in die letzte Konsequenz verfolgt und damit die Absurdität aufzeigt. Auch eine pointiertere Formulierung oder Übertreibung der Einstellung kann in paradoxer Weise den «gesunden Widerstand» des Patienten provozieren.
Ein wesentlicher Lernschritt bei Einstellungsveränderungen ist das Ausprobieren in der Realität, d. h., man sollte womöglich dem Patienten «Hausaufgaben» erteilen, bei denen er neue Einstellungen anwenden und dabei schrittweise eigene (Erfolgs-) Erfahrungen sammeln kann. Bei den Hausaufgaben ist vor allem darauf zu achten, daß der Patient nicht durch zu schwierige Aufgaben überfordert wird und dabei Mißerfolge erlebt, die zu Rückfällen in alte Verhaltensmuster und Denkschemata führen können.

> Erfolgreiche praktische Anwendung von neuen Strategien führt wirksamer zu stabilen Veränderungen als rein theoretische Erörterungen darüber.

c) Problemlösungsstrategie

Viele psychische Störungen, Beschwerden oder Symptome sind Ausdruck von Hilflosigkeit, d. h. Unfähigkeit, anstehende Probleme oder Konflikte zu lösen bzw. notwendige Entscheidungen zu treffen, oder sie sind Folge gescheiterter Lösungsversuche. Die meisten Probleme werden nach vorgegebenen äußeren Regeln (Traditionen, gesellschaftlichen Normen, den notorisch bemühten «Sachzwängen» etc.) oder aufgrund persönlicher Lebenserfahrung rein intuitiv ohne weiteres Nachdenken gelöst. Erst wenn diese «Lösungsschablonen» nicht mehr ausreichen, werden Probleme zum «Problem», das hilflos macht. Dann muß man versuchen, Abstand zu nehmen, das Problem systematisch und nüchtern zu analysieren und neue Lösungsstrategien zu entwickeln. Solche Strategien sind erlernbar und können als therapeutische Methode eingesetzt werden. Das Grundprinzip besteht darin, den Problemlösungsprozeß in logisch aufeinanderfolgende einzelne Schritte aufzuteilen, um den Weg von der Problemstellung bis zum angestrebten Lösungsziel durchschaubar und überschaubar zu machen. Die folgende Aufstellung gibt einen Leitfaden dazu:

Problemlösungsschritte:

1. Positive Einstellung zu Lösbarkeit von Problemen entwickeln
2. Subjektive Problemdarstellung durch Patienten
3. Systematische Problemanalyse
4. Differenzierte operationale Problemdefinition
5. Bewertungsfreie Suche nach alternativen Lösungen
6. Realistische Bewertung der Alternativen
7. Entscheidung treffen und Umsetzen
8. Überprüfen des Ergebnisses

1. Einstellung: Eine wesentliche, u.U. ausschlaggebende Voraussetzung für eine erfolgreiche Lösung von Problemen ist die Überzeugung, daß Probleme prinzipiell lösbar sind und daß es sich überhaupt lohnt, aktiv an Probleme heranzugehen. Eine solche positive Einstellung fehlt häufig, insbesondere bei depressiven Patienten, die entweder Probleme als unlösbar ansehen oder Lösungen nur von außen, sozusagen von einem «Deus ex machina» erwarten. Es ist dann vorweg eine gezielte Einstellungsänderung (vgl. Kap. 8.2.3b) nötig oder eine suggestive Beeinflussung, nicht in Richtung auf ein bestimmtes Lösungsziel, sondern hinsichtlich der generellen Lösbarkeit von Problemen. Folgende Überlegungen könnten dem Patienten dazu angeboten werden:

- Probleme gehören zum normalen Ablauf des Lebens. Die erfolgreiche Lösung von Problemen wird meist gar nicht registriert, nur die scheinbar unlösbaren Probleme fallen als solche auf.
- Die Probleme, die in der Therapie behandelt werden, sind prinzipiell nichts anderes, als die sonstigen Probleme oder Aufgaben, die täglich bewältigt werden. Das heißt, jeder besitzt ein Repertoire von gut funktionierenden Problemlösungsstrategien, auf das bei der Lösung des anstehenden Problems zurückgegriffen werden kann, das nur ergänzt oder modifiziert werden muß.
- Probleme haben die Tendenz, unweigerlich einer Lösung zuzustreben. Entweder man wird Opfer dieser Entwicklung oder man beteiligt sich aktiv daran und bestimmt das Ergebnis mit. Nichts tun ist auch eine Lösung; vielleicht gibt es eine bessere.

- Die meisten Probleme müssen nicht «blindlings» sofort gelöst werden. Auch persönliche, psychische Probleme sind einer systematischen Analyse zugänglich und durch nüchterne Überlegungen zu meistern.

Eine solche positive Einstellung ist Voraussetzung für die nachfolgenden Schritte. Sie zu erreichen ist manchmal das Hauptproblem bei der Problemlösungsstrategie.
2. Subjektive Problemdarstellung: Das Ziel dieses Schrittes ist, daß der Patient eine eigene Darstellung bzw. Definition seines Problemes gibt. Man sollte sich als Therapeut hüten, nur aus Andeutungen des Patienten das Problem für ihn zu konstruieren. Ein solches Vorgehen kann an dem eigentlichen Problem des Patienten völlig vorbeigehen und spiegelt u.U. mehr das Problem des Therapeuten wider. Manche Patienten sind sogar «dankbar» für eine solche «Fehlleistung» des Therapeuten, weil es ihrer Tendenz, den eigentlichen Problemen aus dem Weg zu gehen, entgegenkommt. Die Therapeuteneinstellung, «ich weiß schon, was Ihr Problem ist», kann rasch in die Irre führen. Besser ist die Haltung, sich auf eine nicht abweisende Art «dumm zu stellen» und nachzufragen. Das veranlaßt den Patienten schrittweise, sein Problem zu präzisieren und zu ergänzen.
Um das Problem aus der subjektiven Sicht des Patienten besser verstehen zu können, sollten folgende Fragen geklärt werden:

- Welche subjektiven Vorstellungen (Annahmen und Erwartungen) hat der Patient über Verursachung und Folge seiner Probleme? Subjektive Einstellungen sind häufig ein größeres Hindernis bei der Lösung von Problemen als objektive Tatbestände.
- Welches Lösungsziel hat der Patient im Auge? Vielleicht ist die utopische Zielsetzung das eigentliche Problem.
- Wie hat der Patient bisher versucht, sein Problem zu lösen? Welche Erfahrungen (Teilerfolge, Mißerfolge) hat er damit bisher gemacht? (Diese Information ist wichtig, damit in der Therapie nicht einfach «mehr desselben» probiert wird.)

3. Problemanalyse: Während beim vorausgehenden Schritt der Patient, möglichst unbeeinflußt, seine subjektive Sicht des Problemes dargestellt hat, wird bei der Problemanalyse durch gezielte systematische Fragestellung eine Klärung der Problembedingungen und -zusammenhänge angestrebt. Je nach Persönlichkeitsstruktur besteht nämlich die Neigung dazu, Probleme als ausschließlich von außen kommend, fremdbestimmt, schicksalhaft zu erleben, oder umgekehrt ausschließlich als Folge persönlicher Unzulänglichkeit anzusehen. Es ist daher wichtig, anhand folgender Fragen, zwischen objektiven und subjektiven Anteilen des Problems zu differenzieren:

- Welche sind die objektiven Lebensumstände des Patienten, die keine Veränderung erlauben und Adaptationsleistungen verlangen? (Zum Beispiel Alter, Behinderung, sozioökonomischer Status, Life events etc.)
- Welchen Anteil haben diese objektiven Umstände am Problem?

- Welches sind die subjektiven Anteile des Problems?
- Welche Einstellungen haben zu dem Problem beigetragen?
- Welche persönlichen Konflikte stehen dahinter?
- Welche Erwartungen stellt der Patient an sich selbst?
- Welche Erwartungen stellt tatsächlich oder vermeintlich die Umgebung an ihn?
- Anhand welcher «Regeln» (Normen, Modelle, Motivationen) hat der Patient bisher versucht, seine Probleme zu lösen?
- Besteht eine «Regelunsicherheit»? Fehlen vielleicht überhaupt «Lösungsregeln» für das anstehende Problem, weil es völlig neu ist? Bestehen Wissenslücken? Oder besteht eine Regelunsicherheit aufgrund zu hohen Abstraktions- oder Verallgemeinerungsgrades, so daß sich daraus keine konkreten Handlungsanweisungen ergeben? (Zum Beispiel «Man soll sich immer korrekt verhalten!»)
- Bestehen Regelkonflikte? Bestehen unvereinbare oder widersprüchliche Forderungen? (Zum Beispiel Beruf vs Familie, Autonomie vs Partnerbezug, gesellschaftliche Normvorstellungen vs persönliche freie Entfaltung)
- Besteht eine zu hohe Regelstabilität? Sind die bisherigen Lösungsstrategien so unflexibel, daß sie zu immer «mehr desselben» führen und damit zur Lösung neuer Probleme nicht taugen? (Zum Beispiel stereotypes Vermeidungsverhalten, ritualisierte Ersatzhandlungen, Zwänge).

4. Problemdefinition: Ergebnis der Problemanalyse sollte eine differenzierte, operationale Problemdefinition sein. Ausgehend von der ursprünglichen Problemdarstellung des Patienten, die Hilflosigkeit und Passivität bewirkt hat, wird eine schrittweise Umformulierung der Problemdefinition angestrebt, die Lösungsmöglichkeiten eröffnet und Handlungsaufforderungen impliziert. Das bedeutet, den Patienten vom «Opfer zum Täter» seines Problems zu machen.

Beispiel:

Die ursprüngliche Problemdarstellung lautet: «Ich bin so einsam und isoliert, weil mein Mann beruflich so stark engagiert ist und von mir erwartet, daß ich mich ausschließlich um die Kinder und den Haushalt kümmere. Meine Pflichten fordern mich so stark, daß ich immer müde bin, zu nichts anderem Lust habe und sich keiner für mich interessiert.»

Die umformulierte Problemdefinition könnte lauten: «Aufgrund meiner eigenen Idealvorstellung von Mutter, Ehe- und Hausfrau habe ich mich überfordert und vollkommen isoliert. Erwartungen meines Partners haben diese Tendenz verstärkt. Wie kann ich meine Einstellung verändern? Wie spreche ich mit meinem Partner über die gemeinsame Lebensgestaltung? Welche Möglichkeiten gibt es, meine Isolation zu überwinden und welche konkreten Schritte kann ich dazu unternehmen?»

5. Suche nach Alternativen: Bei diesem Schritt kommt es darauf an, die Einengung zu überwinden, die bisher das Nachdenken über Lösungsmöglichkeiten beherrscht hat. Problemlösungsversuche bleiben häufig deshalb schon im Ansatz stecken, weil auch nur flüchtige Gedanken an (für den Patienten) unkonventionelle Lösungen

bereits verworfen werden nach der Art, «man könnte vielleicht . . . nein, das ist nicht möglich, das schaffe ich nicht, das ist moralisch verwerflich, hat katastrophale Folgen», ohne daß der Gedanke überhaupt zu Ende gedacht wird.
Bei der Suche nach Alternativen kann nach der Methode des sog. **«Brain-storming»** vorgegangen werden. Es handelt sich dabei um eine Art **«gerichteter freier Assoziation»** zu dem anstehenden Problem, bei der der Phantasie freien Lauf gelassen wird. Entscheidend ist dabei, daß die Einfälle soweit wie möglich frei gehalten werden von Bewertungen und daß alle denkbaren (!) Lösungsmöglichkeiten aufgezeigt werden, unabhängig von ihrer Realisierbarkeit oder möglichen Konsequenzen. Auch utopische Ideen sind bei diesem Schritt zugelassen. Der Therapeut kann dazu beitragen, daß der Rahmen für konkrete Phantasien nicht zu eng begrenzt bleibt, indem er in ernstzunehmender Weise auch fern von der Realität liegende Vorschläge macht. Es empfiehlt sich, die Einfälle zu den denkbaren Lösungsmöglichkeiten schriftlich niederzulegen, damit sie nicht durch unbemerkte negative Bewertungen plötzlich wieder in Vergessenheit geraten. Die Methode des «Brainstorming» kann in die Bewältigung auch ernster Probleme eine spielerische Komponente einbringen.
6. Bewertung der Alternativen: Es kommt nun darauf an, aus der (hoffentlich) reichen Fülle von denkbaren Lösungsmöglichkeiten eine realistische Auswahl zu treffen. Die einzelnen Möglichkeiten werden dann nach folgenden Gesichtspunkten bewertet:

- Prüfung der Realisierbarkeit. Welche Voraussetzungen sind dazu notwendig? Welcher Aufwand muß dazu geleistet werden? Eventuell eine nüchterne «Kosten-Nutzen-Rechnung» aufstellen.
- Bewertung nach persönlichen «ethischen» Wertvorstellungen.
- Bewertung der emotionalen Auswirkungen. Gewinn von Lebensfreude, Zufriedenheit, Selbstwertgefühl oder emotionale Verarmung, Langeweile.
- Voraussage über wahrscheinliche konkrete persönliche Konsequenzen.
- Abschätzung der Konsequenzen für Bezugspersonen und sonstige Mitmenschen.
- Abwägung kurzfristiger Konsequenzen gegenüber langfristigen Konsequenzen.

7. Entscheidung treffen und umsetzen: Anhand der vorausgehenden Bewertung sollte eine Entscheidung über eine oder mehrere Lösungsmöglichkeiten getroffen werden können. In Form eines Planspieles in der Vorstellung oder eventuell auch Rollenspiels können Lösungsmöglichkeiten zunächst unter simulierten Bedingungen durchgespielt werden. Das ermöglicht, anhand konkreter Beispiele Strategien zu entwickeln, wie das angestrebte Ziel in die Realität umgesetzt werden kann. Die tatsächliche Umsetzung in die Realität sollte, soweit möglich, schrittweise aufgebaut sein, damit aufkommende Ängste handhabbar bleiben und Korrekturen möglich sind.

8. Überprüfung des Ergebnisses: Abschluß eines Problemlösungsprozesses ist die Bewertung des Ergebnisses in der Realität. Dazu wird auf die Bewertungskategorien des 6. Schrittes zurückgegriffen. Das kann dazu führen, daß andere Alternativen in Erwägung gezogen und die Schritte 6 bis 8 erneut durchlaufen werden, bis das gewünschte Ziel erreicht ist.

Weiterführende Literatur

Beck (1981)
Beck (1990)
Hautzinger (1989)
Hofmann (1979)
Kanfer & Goldstein (1979)
Perris (1988)
Sachse & Musial (1981)

8.3 Methoden zur Veränderung des Verhaltens

8.3.1 Das Grundprinzip

Ziel jeder Psychotherapie ist es, Veränderungen im Denken, Fühlen und Handeln des Patienten zu erreichen. Die Verhaltenstherapie konzentriert sich dabei im wesentlichen auf das Handeln und versucht, unmittelbar auf das beobachtbare oder vom Patienten konkret beschreibbare Verhalten einzuwirken. Diese Begrenzung des therapeutischen Ansatzes wird damit gerechtfertigt, daß Veränderungen des äußeren Verhaltens Rückwirkungen auf intrapsychische Vorgänge wie emotionales Erleben, Einstellungen und kognitive Verarbeitungsprozesse haben.

Beispiel:
Wenn jemand durch eine stark generalisierte Phobie in weiten Bereichen seiner Lebensführung eingeschränkt ist, so wird er bedrückt, unzufrieden, vielleicht reizbar gegenüber seinem Partner sein und sich selbst als Versager erleben. Lernt er in der Therapie, wieder angstfrei etwas zu unternehmen, selbständiger zu leben und dabei Erfolgserlebnisse zu haben, so wird das eine Rückwirkung auf sein Selbstwertgefühl, seine Stimmung, Beziehung zum Partner, seine gesamte Lebenseinstellung haben.

Der verhaltenstherapeutische Ansatz stützt sich auf drei Formen des Lernens, die sowohl zum Erwerb normalen realitätsangepaßten Verhaltens als auch zur Entwicklung gestörten Verhaltens beitragen:

1. Lernen am Erfolg («operante Konditionierung»)
2. Lernen von Signalen («klassische Konditionierung»)
3. Lernen durch Nachahmung («Modell-Lernen»)

«Lernen am Erfolg» heißt, daß die Konsequenzen oder Folgen eines bestimmten Verhaltens einen Einfluß auf dieses Verhalten selbst ausüben. Positive Konsequenzen (z. B. Erfolg, Belohnung oder Ermutigung) verstärken das Verhalten oder führen zu dessen häufigerem Auftreten. Negative Konsequenzen (z. B. Mißerfolg oder Kritik) vermindern das entsprechende Verhalten oder löschen es.
«Lernen von Signalen» heißt, daß die Reaktion auf ein bestimmtes Ereignis, eine Person oder Situation auf zukünftige gleiche oder ähnliche Situationen übertragen wird («Generalisierung»).
«Lernen durch Nachahmung» trägt ebenfalls zur Ausgestaltung des Verhaltens bei, insbesondere des Sozialverhaltens. Neben dem soziokulturell bedingten Anpassungsdruck scheint es auch eine angeborene Bereitschaft oder Neigung zu geben, das Verhalten von «Artgenossen» nachzuahmen («Imitationstrieb»). Wie stark ein Mitmensch in diesem Sinn als «Modell» wirkt, hängt davon ab, wie gut man sich mit ihm identifizieren kann und welchen Erfolg er mit seinem Verhalten hat.
Diese drei Lernprinzipien sind in jeder Form von Psychotherapie wirksam, ganz gleich, ob sie von den Beteiligten realisiert werden oder nicht. Sie können aber auch reflektiert und gezielt als therapeutische Methoden zur Veränderung des Verhaltens eingesetzt werden. Verhaltenstherapie ist dabei explizit gegenwartsbezogen. Sie versucht, durch eine detaillierte Verhaltens- oder **Bedingungsanalyse**, die gegenwärtig wirksamen «Steuerungsfaktoren» des Verhaltens aufzudecken, also Faktoren, die das Verhalten auslösen, verstärken, aufrechterhalten oder behindern. Durch therapeutische Veränderung dieser Faktoren kann dann das Verhalten selbst verändert werden. Die Vorgeschichte des Patienten wird als sog. **Lerngeschichte** verstanden und dient dazu, die Entstehung gegenwärtiger Verhaltensmuster anhand von vorausgegangenen einzelnen Lernschritten auch für den Patienten in einfacher Form verständlich zu machen.

> Voraussetzung für den gezielten Einsatz verhaltenstherapeutischer Methoden ist die Beantwortung folgender Fragen:
>
> – Wodurch wird das Verhalten ausgelöst, durch welche Situationen, Erlebnisse, Personen, Gegenstände etc.?
>
> – Wie wird eine bestimmte Situation oder ein Erlebnis intrapsychisch verarbeitet? Welche Lerngeschichte hat zu den spezifischen Einstellungen, Erwartungen und Reaktionsweisen des Patienten geführt?
>
> – Welche Konsequenzen hat das Verhalten? Welche unmittelbaren und mittelbaren Folgen hat das Verhalten; wie hat sich die Lebenssituation dadurch verändert und welche Rückwirkungen auf das Verhalten selbst ergeben sich daraus?

Das primäre, aber nicht ausschließliche Ziel der Verhaltenstherapie ist die Verhaltensänderung. Kognitive Veränderungen, wie Einstellungsänderungen und Einsichten in Zusammenhänge, sind u. U. Voraussetzung für Verhaltensänderungen, sollten aber jedenfalls Folge davon sein. Einsichten allein ohne Verhaltensänderungen sind wenig befriedigend; Verhaltensänderungen allein ohne Einsicht in die Zusammenhänge sind wenig beständig und können vom Patienten nicht auf andere Situationen übertragen oder generalisiert werden.

Notwendige Voraussetzung und Grundlage gerade auch für den Einsatz verhaltenstherapeutischer Methoden ist die Entwicklung einer vertrauensvollen und tragfähigen Patient-Therapeut-Beziehung, die es dem Patienten ermöglicht, Ziele und Vorgehen partnerschaftlich mitzubestimmen. Fehlt diese Voraussetzung, fühlt sich der Patient manipuliert und leistet gesunden (!) Widerstand.

8.3.2 Indikation

Bei der Anwendung von Lernprinzipien in der Psychotherapie muß man unterscheiden zwischen der unspezifischen Wirkung und dem gezielten Einsatz verhaltenstherapeutischer Methoden zur Behandlung bestimmter Störungen. Jede Reaktion des Therapeuten auf ein Verhalten des Patienten enthält eine ermutigende oder entmutigende Komponente. Jedes Verhalten des Therapeuten hat bei einer positiven Patienten-Beziehung außerdem Modellcharakter. Jedes Gespräch über problematische oder angstbesetzte Themen hat einen angstreduzierenden Desensibilisierungseffekt. Das sind unspezifische Wirkfaktoren, die jedoch auch reflektiert und beabsichtigt therapeutisch eingesetzt werden können und damit bei jeder Art von psychischer Störung als zusätzliches Therapie-Element indiziert sind.
Folgende spezifische Techniken können gezielt bei bestimmten Störungen angewendet werden:
a) Lernen am Erfolg: Bei Störung, Unsicherheit und Defizit im Sozialverhalten; bei Suchtverhalten; bei Arbeitsstörungen und sonstigem Aktivitätsmangel; jeweils zur Modifikation von gestörtem und Aufbau von neuem Verhalten.
b) Desensibilisierung: Bei Phobien und Angstneurosen, wenn der Grund oder Auslöser der Angst konkret faßbar ist; bei Zwängen, wenn sie als ritualisierte oder stereotype Vermeidung von Ängsten erkennbar werden; bei Depression und pathologischer Trauerreaktion, wenn sie ein Ausweichen vor der konkreten Auseinandersetzung mit einem erkennbaren bzw. bewußten traumatischen Verlusterlebnis darstellen.
c) Modell-Lernen: Bei Störungen und Defiziten im Sozialverhalten; zum Erlernen von Angsbewältigungs-, Problemlösungs- und Konfliktlösungsstrategien.

8.3.3 Praktische Anwendung

a) Lernen am Erfolg

> Erfolg und Ermutigung fördern oder verstärken das Verhalten, Mißerfolg und Kritik schwächen das Verhalten ab oder löschen es. Die praktische therapeutische Umsetzung wird von zwei Grundsätzen bestimmt:
>
> 1. Vorgehen in kleinen Schritten mit ausreichenden Wiederholungen.
> 2. Differenzierte individuelle Gestaltung der therapeutischen Interventionen zur Verstärkung bzw. Abschwächung.

1. Schrittweises Vorgehen: Jeder Therapieplan muß auf die Art der Störung und auf den jeweiligen Patienten individuell abgestimmt sein und im Laufe der Therapie flexibel verändert werden können. Es gibt keine allgemeingültigen Therapie- bzw. Lernprogramme zum Abbau gestörten oder Aufbau neuen Verhaltens. Die einzelnen Schritte müssen klein genug sein, d. h., die jeweiligen Aufgaben entsprechend den Fähigkeiten des Patienten so einfach sein, daß er sie erfolgreich (!) bewältigen kann. Mißerfolge durch Überforderung, zu große Schritte, zu hoch gesteckte Zwischenziele sind entmutigend und führen zum Gegenteil der beabsichtigten Wirkung. Die einzelnen Schritte müssen häufig genug wiederholt werden, damit ein ausreichend stabiler Lerneffekt erreicht wird. Erfolgreiches eigenes Handeln, auch in kleinen Schritten, ist einer der wirksamsten Verhaltensverstärker. Es ist klar, daß auch bei einem optimal abgestimmten Therapieprogramm nicht alle Schritte auf Anhieb erfolgreich gemeistert werden können. Auch das gehört zum schrittweisen Vorgehen, daß nämlich Patient und Therapeut ihre häufig unrealistisch hochgesteckten Erwartungen abbauen und auf Mißerfolge vorbereitet sind. Es ist keine Entmutigung, wenn der Patient darauf hingewiesen wird, daß er auch Mißerfolge haben wird. Eine solche Einstellung kann die verstärkende Wirkung von tatsächlichem Erfolg noch vergrößern und die negative Wirkung von einem eventuellen Mißerfolg vermindern. Die suggestiv gemeinte Mitteilung an den Patienten, «das werden Sie bestimmt schaffen», ist riskant, da der Patient bei einem Mißerfolg dann nicht nur an sich selber, sondern auch an der Autorität des Therapeuten zweifeln wird.

Beispiel:

Eine ältere Patientin, die nach dem Tod ihres Mannes depressiv geworden ist, sich völlig isoliert und ihre Wohnung nicht mehr verlassen hat, sollte nicht gleich aufgefordert werden, das Telefon in die Hand zu nehmen, um sich bei einem Seniorenclub anzumelden. Der erste Schritt wäre vielleicht, einmal am Tag an den nächsten Kiosk zu gehen, um eine Zeitung zu kaufen, dann wieder einkaufen zu gehen, in die Stadt zu fahren, einen Kaffee zu trinken etc. und dann erst wieder Kontakt zu Bekannten aufzunehmen. Entscheidend beim schrittweise aufgebauten Aktivitätsprogramm ist die subjektive Einschätzung des Schwierigkeitsgrades der einzelnen Schritte.

2. Die Anwendung von Ermutigung und die Wirkung von Erfolgserlebnissen («Verstärkung»):

Es gibt weder allgemeingültige Regeln, auf welche Art und Weise **Verstärkung** in der Therapie eingesetzt werden kann, noch gibt es einen Katalog von allgemeinwirksamen Verstärkern. Wann, wo und bei wem eine Konsequenz als Verstärkung wirkt, ist individuell verschieden und hängt von der jeweiligen Situation, dem momentanen Zustand oder Befinden des Patienten und insbesondere von seinen persönlichen Einstellungen, Erfahrungen und seiner *Lerngeschichte* ab.

Feingefühl und Empathie des Therapeuten sowie Kenntnis über den Patienten sind Voraussetzung zu einer wirksamen Verwendung von Verstärkern in der Therapie. Auch im Laufe des Therapieprozesses muß der Einsatz von Verstärkern den jeweils veränderten Bedingungen angepaßt werden. Wie auch in sonstigen zwischenmenschlichen Beziehungen ist Zuwendung des Therapeuten einer der wirksamsten Verstärker überhaupt. Verwendung von Lob und Anerkennung setzt allerdings Einfühlungsvermögen beim Therapeuten voraus. «Billiges» oder der Situation nicht angemessenes Lob wirkt unglaubwürdig und kann den gegenteiligen Effekt bewirken. Wichtig ist, das Selbstwertgefühl des Patienten durch Hinweis auf seine Qualitäten, Fähigkeiten und Leistungen zu stützen. Auch kleine Erfolge in der Therapie sollten nicht als selbstverständlich übergangen werden, sondern entsprechende Anerkennung finden.
Negative Konsequenzen in Form von Kritik, Tadel oder Entzug von Zuwendung dürfen nur sparsam und wohlüberlegt eingesetzt werden, da sie die Patient-Therapeut-Beziehung nachhaltig stören können. Es ist zwar richtig, daß gestörtes Verhalten durch negative Konsequenzen abgebaut werden kann; im Ergebnis besteht jedoch die Problematik, daß sozusagen ein «Verhaltens-Vakuum» entsteht, das unkontrolliert mit neuem, möglicherweise ebenso unerwünschtem Verhalten gefüllt wird.

Beispiel:
Der Therapeut könnte versucht sein, Freßattacken bei einem Übergewichtigen durch aversive Konsequenzen zu beseitigen, ohne dabei zu bemerken, daß diese durch vermehrtes Rauchen ersetzt werden. Sinnvoller wäre es, wenn der Patient lernt, aufkommende Freßimpulse rechtzeitig zu erkennen und dann eine eingeübte Entspannungsmethode oder eine andere Alternativtätigkeit einzusetzen.

Unter der Voraussetzung einer tragfähigen Patient-Therapeut-Beziehung kann der reflektierte und gezielte Einsatz von Kritik an gestörtem Verhalten des Patienten durchaus eine wirksame verhaltensändernde Intervention sein. Sie muß jedoch für den Patienten unmittelbar verständlich sein und Informationen darüber enthalten, wie er sich stattdessen verhalten kann. Grundsätzlich besser und erfolgreicher ist die gezielte Förderung positiver Verhaltensmuster, die mit dem gestörten Verhalten nicht vereinbar sind.
Auch wichtige Bezugspersonen, die vielleicht bisher durch vermehrte Zuwendung

das gestörte Verhalten unterstützt oder vielleicht sogar verstärkt haben, können in einem gemeinsamen Gespräch mit dem Patienten zu einem veränderten Verhalten veranlaßt und damit therapeutisch wirksam werden. Bezugspersonen sollten das adäquate Verhalten nicht einfach als selbstverständlich ansehen, sondern darauf mit vermehrter Zuwendung reagieren, dagegen das gestörte Verhalten eher unbeachtet lassen. Eine solche therapeutische Maßnahme muß allerdings sehr reflektiert eingesetzt werden, da eine solche «Ko-Therapeutenrolle» von Bezugspersonen die Beziehung auf anderer Ebene unkontrollierbar stören kann.
Neben der genannten Beeinflussung des Verhaltens durch zwischenmenschliche Interaktion können unter bestimmten Bedingungen auch materielle Verstärker eingesetzt werden, z. B. Taschengeld bei Jugendlichen oder Vergünstigungen, die nicht alltäglich sind. Wichtig ist dabei, daß diese Dinge nicht als Geschenk, sondern als wohlverdienter Lohn für eine Leistung angesehen werden. Auch symbolische Verstärker in Form von Erfolgsdokumentation durch graphische Darstellungen (z. B. Gewichtskurve) oder Punktekonten, Strichlisten etc. sind wirksam. Zudem kann ein Patient veranlaßt werden, sich selbst konkrete Verstärker auszudenken, die seinen eigenen Bedürfnissen und Wünschen entsprechen und die er selbst einsetzen kann, wenn er bestimmte Ziele erreicht hat (z. B. Aktivitäten, die er gerne macht oder materielle Dinge, die er sich gerne leisten möchte).

Bei allen therapeutischen Interventionen, die Verhalten verstärken oder abschwächen bzw. löschen sollen, ist **Konsequenz** (!) der entscheidende Faktor für die Wirksamkeit. Nur wenn die Folgen eines bestimmten Verhaltens **eindeutig, verläßlich** und **berechenbar** sind, kann Verhalten zielgerichtet verändert werden. – Inkonsequenz dagegen führt zu Verwirrung.

Neben den unmittelbaren Konsequenzen (z. B. Angstreduktion bei Vermeidung) hat das gestörte Verhalten in der Regel auch weiterreichende mittel- und langfristige Auswirkungen, die vom Patienten selbst häufig nicht erkannt oder realisiert werden. Es ist wichtig, die mittelfristig zwar zum Teil positiven Folgen *(sekundärer Krankheitsgewinn)*, langfristig jedoch meist negativen Folgen des Verhaltens in die Therapie einzubeziehen. Eine gezielte Konfrontation mit den langfristigen negativen Konsequenzen kann unmittelbare Rückwirkung auf das Verhalten selbst haben oder zumindest die Motivation zur Veränderung fördern.
Wie erreicht man nun eine **Stabilisierung** des gewünschten Verhaltens? Wie wird der Patient zunehmend unabhängig von der unmittelbaren Verstärkung durch den Therapeuten, damit das veränderte oder neue Verhalten auch nach Beendigung der Therapie Bestand hat? Auch das geschieht schrittweise. Zu Beginn sollte der Therapeut möglichst jedes Mal bei Auftreten des gewünschten Verhaltens einen Verstärker einsetzen. Allmählich wird der Patient veranlaßt, sich selbst geeignete Verstärker zu geben. Der Therapeut sollte sich zunehmend «ausschleichen» und nur noch gelegentlich verstärkend einwirken. Das anzustrebende Ziel ist, daß das veränderte Verhalten die Lebenssituation des Patienten so in positiver Weise verändert, daß es schließlich selbst verstärkend wirkt.

b) Desensibilisierung

Nach der Lerntheorie sind viele Ängste erlernte emotionale Reaktionen. Angst kann diffus und ungerichtet sein. Sie ist dann einer Desensibilisierung im engeren Sinne nicht zugänglich. Angst kann sich auf konkret beschreibbare Objekte, auf äußere Situationen, auf Körpersensationen oder auch auf Gedanken beziehen. Sie hat dann sog. phobischen Charakter und kann mit einer Desensibilisierung angegangen werden. Angst kann nicht nur unterdrückt oder verdrängt werden, sondern auch überwunden bzw. verlernt werden. Dazu müssen analoge Bedingungen geschaffen sein, wie sie bei der Entstehung der Angst gegeben sind.

> Das allgemeine Prinzip jeder Form von Desensibilisierung ist die **Angstexposition**. Der Patient muß sich in der Vorstellung oder in der Realität der angstauslösenden Situation aussetzen. Die Desensibilisierung stellt damit eine *Umkehrung des bisherigen Vermeidungsverhaltens* dar, mit dem der Patient mehr oder weniger erfolgreich versucht hat, der Angst auszuweichen.

Beispiel:
Phobisches Verhalten ist dadurch gekennzeichnet, daß sich der Patient entweder völlig zurückzieht, in seiner vertrauten häuslichen Umgebung sich isoliert oder komplizierte Verhaltensweisen entwickelt, um angstauslösende Situationen und damit das Erleben von Angst zu vermeiden. Zwangssymptomatik kann ebenfalls ein Vermeidungsverhalten sein, das sich in ritualisierter stereotyper Form völlig verselbständigt hat, aber ursprünglich auch dazu diente, Angst zu vermeiden und im Laufe des therapeutischen Prozesses darauf wieder zurückgeführt werden kann. Auch depressives Verhalten kann ein Vermeidungsverhalten sein, nämlich der konkreten Auseinandersetzung mit einem Verlusterlebnis (Enttäuschung, Mißerfolg, Tod einer Bezugsperson) auszuweichen.

Bei der Anwendung von Desensibilisierungsverfahren muß dem Patienten vorausgehend genau erklärt werden, auf welchem Prinzip die Desensibilisierung beruht und wie der konkrete Ablauf der praktischen Übungen aussehen wird.

> Eine Desensibilisierung hat nur dann Erfolg, wenn der Patient selbst der aktiv Handelnde ist und der Therapeut nur die Anleitung dazu gibt.

Bei Desensibilisierungsübungen können starke Ängste auftreten, auf die der Patient vorbereitet sein muß. Eine Überrumpelung des Patienten durch eine unvorbereitete Konfrontation mit einer angstauslösenden Situation oder Vorstellung untergräbt das Vertrauen zum Therapeuten und kann sogar zu einer unerwünschten «Angst-Sensibilisierung» führen.
Es gibt verschiedene Arten, eine Desensibilisierung durchzuführen: Entweder in der Vorstellung oder in der Realität, und zwar jeweils entweder schrittweise oder gleich «aufs Ganze» gehend (sog. Reizüberflutung). Nachfolgend werden einige konkrete Techniken dazu beschrieben.

Systematische Desensibilisierung:

Diese Form der Desensibilisierung geschieht schrittweise, in der Vorstellung und in entspanntem Zustand. Folgende drei Schritte sind dazu notwendig:

1. Aufstellung einer individuellen Angsthierarchie
2. Erlernen einer Entspannungsmethode
3. Reizexposition in entspanntem Zustand

Unter **Angsthierarchie** versteht man eine Liste von angstauslösenden Situationen oder Objekten bzw. deren Vorstellung, die nach der Stärke ihrer angstauslösenden Wirkung in eine Rangordnung gebracht werden. Dabei ist die objektive Gefährlichkeit einer Situation nicht maßgeblich, sondern allein die subjektive Einschätzung des Patienten. Die einzelnen Situationen oder Objekte werden möglichst konkret beschrieben, damit sie später bildhaft vorstellbar sind. Abstrakte oder allgemeine Begriffe wie z. B. Zukunftsangst, Verlustangst, Existenzangst eignen sich nicht zur Desensibilisierung. Anhand der Exploration der Ängste wird eine Rangliste von ca. 10 bis 20 für den Patienten angstauslösenden Situationen oder Objekten aufgestellt. An oberster Stelle steht die Situation, die maximale Angst auslöst, an unterster Stelle sollte eine Situation stehen, die keinerlei Angst auslöst. Der Unterschied zwischen den einzelnen Situationen hinsichtlich der Stärke ihrer angstauslösenden Wirkung sollte möglichst gleichmäßig sein. Es sollten keine zu großen Stufen in der Rangordnung entstehen, damit bei der Desensibilisierung ohne Überforderung schrittweise vorgegangen werden kann. Zwischenstufen können nötigenfalls durch unterschiedliche räumliche oder zeitliche Abstände zur angstauslösenden Situation oder durch unterschiedliche Größe, Ausprägungsgrad und Anzahl der angstauslösenden Objekte erreicht werden.
Nachdem eine ausreichend abgestufte Hierarchie von angstauslösenden Situationen aufgestellt worden ist und der Patient eine Entspannungsmethode gelernt hat (vgl. Kap. 8.5), kann mit der eigentlichen systematischen Desensibilisierung begonnen werden. Dazu versetzt sich der Patient in einen entspannten Zustand und beginnt damit, sich die erste noch nicht angstauslösende Situation vorzustellen. Es folgen dann in aufsteigender Reihenfolge die Vorstellungen der weiteren angstauslösenden Situationen. Jede einzelne Situation wird so lange bzw. so oft vorgestellt, bis sie keine Angstreaktion mehr hervorruft. Erst dann kann zum nächsten Punkt übergegangen werden. Dies geschieht in mehreren aufeinanderfolgenden Therapiesitzungen so lange, bis alle Situationen angstfrei vorgestellt werden können. Wieviele Sitzungen dazu insgesamt nötig sind, hängt davon ab, wieweit sich die Phobie ausgebreitet hat, d. h. wie lang die Angsthierarchie ist und wie stark die Angst ausgeprägt ist.

Mögliche Schwierigkeiten bei der Durchführung der systematischen Desensibilisierung:

Manche Patienten haben große Mühe, sich ausreichend zu entspannen. In einem solchen Fall müssen andere Entspannungsmethoden versucht oder suggestive Verfahren eingesetzt werden. Äußerst problematisch ist dagegen der Einsatz von Medikamenten zur Entspannung, da diese zum einen Ausgangspunkt für eine Abhängigkeit werden können. Zum andern kann der Patient so die Bewältigung der Angst nicht als eigenen Erfolg verbuchen. Manche Patienten haben auch Schwierigkeiten, sich konkret genug die angstauslösenden Situationen vorzustellen, bleiben dabei vage oder zu allgemein. Man kann dann den Patienten veranlassen, seine Vorstellungen wörtlich zu beschreiben oder versuchen, entsprechende Vorstellungen oder Bilder zu induzieren, ähnlich wie beim «katathymen Bilderleben» (vgl. Kap. 8.1). Eine prinzipielle Problematik ergibt sich, wenn der Patient – ebenso wie er das in der Realität gemacht hat – versucht, auch in der Vorstellung die eigentlichen angstauslösenden Situationen zu vermeiden, und «falsche» oder irrelevante Vorstellungen produziert. Dann ergibt sich ein Scheinerfolg.

Schlußendlich muß jeder «Erfolg» einer Desensibilisierung an der Realität überprüft werden.

Desensibilisierung in der Realität:

In Analogie zur systematischen Desensibilisierung kann eine Angstdesensibilisierung auch in der Realität durchgeführt werden. Dies geschieht ebenfalls schrittweise, allerdings ohne die Möglichkeit der Entspannung. Auch das streng schematische Vorgehen der systematischen Desensibilisierung mit gleichmäßig klein dosierten Schritten ist in der Realität nicht durchführbar und hat sich auch nicht als unbedingt notwendig erwiesen. Noch wichtiger als bei der systematischen Desensibilisierung, die im geschützten Rahmen des Behandlungszimmers stattfindet, ist die Aufklärung und gezielte Vorbereitung des Patienten.

Desensibilisierung in der Realität setzt notwendigerweise voraus, daß der Patient das **Wirkungsprinzip der Angstexposition** versteht; denn die Logik seines bisherigen Verhaltens zielte in die entgegengesetzte Richtung, nämlich Angstvermeidung. Er muß darauf vorbereitet sein, daß er Angst erleben wird, und gleichzeitig davon überzeugt werden, daß erfahrungsgemäß Angst nicht unbegrenzt ansteigt, sondern beherrschbar ist und schließlich wieder abklingt. Nur so kann er sich selbst aktiv der Angst exponieren, ohne sich schutzlos ausgeliefert oder manipuliert zu fühlen.

Eine Überrumpelung des Patienten ist nicht nur aus ethischen Gründen abzulehnen, sondern auch therapeutisch riskant, weil der Patient bei nicht vorhergesehenen Ängsten u.U. ein nicht kontrollierbares Fluchtverhalten zeigt, das letztlich im Sinne einer Vermeidungsreaktion eine Perpetuierung der bisherigen Störung darstellt.
Praktisches Vorgehen bei der Desensibilisierung in der Realität: Anhand der Verhaltensanalyse wird eine Liste von angstauslösenden Situationen zusammengestellt, nach Schwierigkeitsgrad geordnet und dann ein **stufenweise aufgebautes Therapieprogramm** mit dem Patienten vereinbart. Je nach Belastbarkeit und Bereitschaft des Patienten wird er in mehr oder weniger großen Schritten in zunehmend schwierigere oder stärker angstauslösende Situationen geführt. Dabei ist zu beachten, daß der Patient konkret Angst erleben wird. Diese Angst ist zwar unangenehm, aber notwendiger Bestandteil dieser Form von Desensibilisierung. Die auftretende Angst ist ein Indikator dafür, daß die richtige Desensibilisierungssituation gewählt worden ist. Das Ausbleiben von Angst kann bedeuten, daß die Situation irrelevant ist oder daß der Patient «innere Vermeidungsstrategien» (z.B. an andere Dinge denken) einsetzt, um Angst zu vermeiden. Entscheidend für die desensibilisierende Wirkung ist ferner, daß der Patient so lange in der angstauslösenden Situation durchhält, bis die Angst ihren maximalen Wert erreicht hat, allmählich wieder nachläßt und schließlich aufhört. Dieser Ablauf ist an der äußeren Erscheinung des Patienten, seiner Pulsrate oder aus subjektiven Angaben über Angsterleben erkennbar. Beruhigender Zuspruch oder Einsatz von Medikamenten zur Angstreduktion sind kontraindiziert, da dem Patienten die Erfahrung vorenthalten wird, daß seine Angst beherrschbar ist, daß sie von alleine wieder nachläßt und die befürchteten «Katastrophen» ausbleiben.

> Jede Desensibilisierungsübung muß so lange durchgehalten werden, bis die **Angst vollständig abgeklungen** ist. Ein vorzeitiger Abbruch kann das Gegenteil des gewünschten Effektes bewirken, indem lerntheoretisch gesehen eher eine *Sensibilisierung* stattfindet.

Stufenweiser Aufbau des Therapieprogrammes heißt auch, daß der Patient schrittweise die Behandlung in eigener Regie übernimmt. Der Patient soll außerhalb der Therapiesitzungen Übungen wiederholen, die er bereits mit dem Therapeuten zusammen erfolgreich durchgeführt hat. Der Stufenplan kann auch beinhalten, daß zunächst eine Desensibilisierung in der Vorstellung durchgeführt wird und darauf aufbauend eine Desensibilisierung in der Realität. Bei weniger stark ausgeprägten Phobien und entsprechender Kooperationsfähigkeit des Patienten kann auch ein Übungsprogramm aufgestellt werden, das der Patient von vornherein selbständig durchführt.
Die Desensibilisierung in der Realität erscheint sehr aufwendig für ein ambulantes Behandlungskonzept. Die Erfahrung hat jedoch gezeigt, daß schon wenige Übungen in der Realität sehr effektiv sein können und daß gerade bei weniger introspektionsfähigen und weniger gut verbalisierten Patienten die beobachtende Begleitung durch

den Therapeuten u.U. mehr Auskunft über das Erleben des Patienten geben kann als lange Explorationen. Solchen Patienten fällt es häufig leichter, in der realen Situation mitzuteilen, was sie innerlich erleben, welche Ängste sie haben und was für Gedanken durch ihren Kopf gehen. Dieses «Material» kann dann im üblichen Therapiesetting durchgearbeitet werden.

Desensibilisierung durch Reizüberflutung:

Neben dem stufenweisen Vorgehen kann eine Desensibilisierung auch durch Reizüberflutung durchgeführt werden. Das kann sowohl in der Realität als auch in der Vorstellung oder kombiniert geschehen. In einer vorbereitenden Sitzung werden die am stärksten angstauslösenden Situationen exploriert, und dem Patienten wird das methodische Vorgehen erklärt. Dann folgen ein oder zwei Probeübungen mit weniger angstauslösenden Situationen, um den Patienten mit dem praktischen Ablauf vertraut zu machen und damit der Therapeut einen Eindruck von der möglichen Reaktionsweise des Patienten bekommt. In den eigentlichen Reizüberflutungsübungen wird der Patient entweder in der Realität oder in der Vorstellung *mit den stärksten angstauslösenden Situationen konfrontiert*, um maximale Angst bei ihm zu provozieren. Eine solche Übung muß so lange durchgehalten werden (vom Patienten und Therapeuten!), bis die Angst wieder abklingt. In analoger Weise kann bei Zwangssymptomatik vorgegangen werden, indem durch sog. «response prevention» (Verhinderung von Zwangshandlungen) Ängste freigesetzt werden und damit ein Desensibilisierungseffekt erreicht wird.
Die Reizüberflutung ist eine sehr ökonomische und wirksame Desensibilisierungsmethode. Sie ist jedoch in ihrer praktischen Durchführung sehr schwierig und nicht ohne Risiken. Voraussetzung ist eine ausreichende psychische und physische Belastbarkeit beim Patienten und viel Erfahrung, Einfühlungsvermögen und Sicherheit beim Therapeuten. Der mit dieser Methode nicht vertraute Therapeut wird möglicherweise zu zaghaft bei der Konfrontation vorgehen oder Übungen zu früh abbrechen, weil er durch die Angstreaktion des Patienten selbst verunsichert wird, was in höchstem Maße kontraproduktiv wäre. Die praktische Anwendung dieser Methode verlangt also beim Therapeuten selbst eine ausreichende Übung und in gewissem Sinne eine eigene «Desensibilisierung» gegenüber der Methode.
Auch wenn die Methode der Reizüberflutung im ambulanten Bereich nur bedingt einsetzbar ist, so soll diese kurze Beschreibung eines vielleicht extrem erscheinenden therapeutischen Vorgehens dazu beitragen, die weitverbreitete Scheu abzubauen, Patienten auch stärker angstbesetzten Situationen oder Themen auszusetzen; *denn der unbefangene Umgang mit der Angst ist ein sehr wirksames therapeutisches Mittel.*

Allgemeine Schwierigkeiten bei der Durchführung von Desensibilisierung:

Angst ist ein unangenehmes Gefühl. Deshalb wird der Patient auch in der therapeutischen Situation versuchen, sie zu vermeiden. Auch sehr kooperative Patienten erliegen dieser Tendenz in einer Form, die von ihnen selbst und auch vom Therapeuten häufig nicht bemerkt wird. Das beobachtbare äußere Verhalten ist meist gut kontrollierbar. Weniger gut zu erfassen sind begleitende Gedanken und Einstellungen, die als Störfaktoren auftreten können und u.U. eine Übung völlig unwirksam machen. – Manche Patienten versuchen z.B. während einer Desensibilisierungsübung ihre Gedanken abzulenken und an angenehme Dinge zu denken. Diese Art der Vermeidung ist zwar eine naheliegende Strategie, mit aufkommender Angst umzugehen. Sie ist jedoch eine «Notlösung», die nur für den Moment wirkt und die nicht zu einer dauerhaften Angstüberwindung führt. Im Gegenteil, solche inneren «Ablenkungsmanöver» sind sogar kontraproduktiv. Es ist daher wichtig, gerade auch bei Übungen in der Realität, den Patienten immer wieder nach seinen begleitenden Gedanken zu fragen und darüberhinaus sogar zu versuchen, abgewehrte Angstinhalte aufzudecken. – Andere Patienten deuten die therapeutische Aufforderung, bestimmte Übungen durchzuführen, in einen «Befehl» um und geben damit die Verantwortung für ihr eigenes Handeln an den Therapeuten ab. Es gelingt ihnen so ebenfalls, Angst zu vermeiden; denn «der Therapeut wird schon wissen, was er tut und wird keine Katastrophe zulassen». Es verlangt viel Geschick vom Therapeuten, dem Patienten ausreichend Hilfestellung zu geben, ohne ihm die Verantwortung aus der Hand zu nehmen. Ein suggestives oder drängendes Verhalten von seiten des Therapeuten ist kontraindiziert; vielmehr muß der Patient immer wieder gefragt werden, ob er den nächsten Schritt durchführen will, damit er sich aktiv dazu entscheiden kann, um eben selbst Verantwortung mitzuübernehmen.

> Nicht der Therapeut soll den Patienten mit der Angst konfrontieren, sondern der Patient soll sich selbst der Angst aussetzen.

c) Lernen durch Nachahmung:

Sowohl die Beobachtung von modellhaftem Verhalten anderer als auch das eigene Rollenspiel in modellhaft simulierter Situation kann zum Erlernen von neuem oder verändertem Verhalten in der Realität beitragen. Wie wirksam ein solches Modell-Lernen ist, hängt von drei Faktoren ab:

1. Je näher die Modellperson dem Patienten steht, im Sinne von emotionaler Beziehung oder Ähnlichkeit (z.B. Alter, Geschlecht, soziale Schicht etc.) und je ähnlicher die Modellsituation ist, desto stärker ist der Lerneffekt.
2. Je sympathischer die Modellperson oder je angenehmer die Modellsituation ist, desto eher wird sie nachgeahmt bzw. umgekehrt abgelehnt.

3. Je nachdem, ob die Modellperson durch ihr Verhalten oder der Patient selbst in seinem Rollenspiel negative oder positive Konsequenzen erlebt, erfolgreich oder erfolglos ist, ermutigt oder kritisiert wird, wird der Patient das entsprechende Verhalten in die Realität übernehmen oder vermeiden.

Auch wenn Modell-Lernen nicht als gezielte therapeutische Methode eingesetzt wird, muß dem Therapeuten bewußt sein, daß sein *modellhaftes* Verhalten gegenüber dem Patienten eine wichtige Rolle bei der Gestaltung der Beziehung und des gemeinsamen Arbeitsstiles spielt. Die Art und Weise, wie der Therapeut mit dem Patienten spricht, wie er versucht, einfühlend, aber zugleich konkret und nüchtern die Problematik zu erfassen, überträgt sich modellhaft auf den Patienten und seinen eigenen Umgang mit Problemen. Ist der Therapeut diffus, ziellos und inkonsequent in seinem Vorgehen, so wird der Patient sich daran orientieren. Erschrickt der Therapeut über den Schweregrad einer Störung, zeigt er gar Ängstlichkeit, so wird sich der Patient in seiner eigenen Angst und Hilflosigkeit bestärkt fühlen. Die gegenteilige «Attitüde» des allwissenden und alles könnenden Therapeuten ist ebenso wenig nützlich, da durch seine «Unerreichbarkeit» dem Patienten wenig Identifikationsmöglichkeit geboten wird. Es ist keine Schande für einen Therapeuten, sich gelegentlich auch hilflos zu fühlen, nicht weiter zu wissen. Gerade bei solchen Gelegenheiten kann der Therapeut dem Patienten modellhaft zeigen, wie man mit einem solchen Erlebnis adäquat umgeht. Es wirkt sich eher negativ aus, wenn der Therapeut seine eigene Ratlosigkeit nicht anspricht, sondern nur indirekt erkennen läßt oder sich ausweichend verhält. Sinnvoller ist es, konkret auszusprechen, was einen ratlos gemacht hat, weil der Patient für sich selbst etwas daraus lernen kann: «Ich weiß da im Moment auch keine Lösung. Wir sollten uns das Problem noch einmal genau anschauen und gemeinsam nach einer Lösung suchen oder zunächst einfachere Probleme angehen und später darauf zurückkommen.»

> Auch die Hemmung vieler Patienten, über heikle oder tabuisierte Themen (Sexualität, Suizidgedanken, Todesangst etc.) zu sprechen, hat ihren Ursprung nicht allein im Patienten selbst, sondern wird häufig durch das Verhalten des Therapeuten hervorgerufen, der selbst Hemmungen signalisiert, an eine solche Thematik heranzugehen. Es ist erstaunlich, wie gut die meisten Patienten über solche Themen sprechen können, wenn sie sich an einer offenen Haltung des Therapeuten orientieren können.

Beim gezielten Einsatz von Modell-Lernmethoden unterscheidet man folgende zwei Phasen:

1. In der Aneignungsphase beobachtet der Patient modellhaftes Verhalten einer anderen Person (Gruppenmitglied, Therapeut) oder übt selbst modellhaftes Verhalten in simulierter Situation. Im Sinne eines «kognitiven Trainings» beobachtet oder erlebt der Patient konkrete Handlungsabläufe, die begleitenden emotionalen Empfindungen (z. B. Fehlen von Angst) und die konkreten Konsequenzen des

Handelns (Zustimmung oder Kritik). Solche Modell-Rollenspielübungen müssen mehrmals wiederholt werden, bis die anfänglichen Hemmungen überwunden sind, die Handlungsabläufe eine gewisse Leichtigkeit und Ungezwungenheit erreicht haben, und insbesondere, bis sich erwünschte emotionale Empfindungen eingestellt haben.

2. In der Ausführungsphase versucht der Patient, wenn möglich, schrittweise in zunehmend schwierigeren Situationen das erlernte Verhalten in die Realität umzusetzen. Auch dabei ist eine ausreichende Wiederholung und Unterstützung durch Ermutigung und Anerkennung wichtig.

In der konkreten Einzeltherapiesituation können Rollenspielübungen eingesetzt werden, um bestimmte Fertigkeiten in sozialer Interaktion zu erlernen. Viele Patienten haben in bestimmten sozialen Situationen Angst, vermeiden diese und lernen nie, damit adäquat umzugehen. Im geschützten Rahmen der Therapie kann der Patient zunächst solche schwierigen und angstbesetzten Situationen beschreiben, insbesondere auch die befürchteten Reaktionen von bestimmten Mitmenschen. Dann werden Patient und Therapeut diese Situationen in verteilten Rollen durchspielen, wobei der Patient seine eigene Rolle, der Therapeut die Rolle des entsprechenden Partners spielt. Diese Methode eignet sich besonders zur Einübung von adäquatem Kommunikationsverhalten und zum Abbau sozialer Ängste im Sinne einer Desensibilisierung. Bei sehr gehemmten Patienten wird modellhaftes Verhalten vorgespielt und dann der Patient veranlaßt, es gleichzutun. Das trägt auch dazu bei, die beim Patienten häufig vorhandene Schwelle zum eigenen Rollenspiel zu überwinden.
Eine Modifizierung dieses Verfahrens ist der Rollentausch, bei dem der Therapeut die Rolle des Patienten und der Patient die Rolle des entsprechenden Interaktionspartners übernimmt. Dieses Vorgehen kann dem Patienten einen sehr intensiven Einblick in sein eigenes Verhalten geben und insbesondere demonstrieren, welche Wirkung sein Verhalten auf seine Mitmenschen hat, indem er sich selbst in die Rolle des Gegenübers versetzt und auf das gespielte Verhalten des Therapeuten entsprechend reagiert. Auch bei Interaktionsschwierigkeiten in der Patient-Therapeut-Beziehung kann ein Rollentausch in dem Sinne, daß der Patient die Rolle des Therapeuten und der Therapeut die Rolle des Patienten übernimmt, sehr klärend wirken.

Weiterführende Literatur:

Fliegel (1981)
Hand & Wittchen (1989)
Kanfer (1991)
Matheus (1988)
Reinecker (1987)
Seiderer-Hartig (1980)

8.4 Methoden zur Förderung des emotionalen Erlebens und Ausdrucks

8.4.1 Das Grundprinzip

Es gibt kaum eine psychologische Theorie, die ohne den Emotionsbegriff auskäme. Dies erstaunt wenig, wenn wir uns vor Augen führen, daß Gefühle meist die ersten und unmittelbarsten Reaktionen in zwischenmenschlichen Begegnungen sind. Menschen qualifizieren mit Hilfe ihrer Gefühle nicht nur interaktionelle Handlungen, sondern ebenso innerpsychische (kognitive und imaginative) Vorgänge.
Es ist deshalb naheliegend, daß ein großer Teil der Anpassungs- und Persönlichkeitsstörungen, denen wir als Psychotherapeuten begegnen, als emotionale (affektive) Störungen imponieren. Eine mehr oder weniger ausgeprägte Beeinträchtigung der Emotionalität ist aber bei allen gesundheitlichen Problemen anzunehmen. Etwas vereinfachend läßt sich feststellen: Positive Gefühle entstehen, wenn es gelingt, im zwischenmenschlichen Kontakt Grundbedürfnisse (wie Sicherheit, Autonomie, Selbstbestätigung, Geborgenheit u. a.) zu realisieren. Negative Gefühle hingegen resultieren aus dem Ausbleiben einer befriedigenden Antwort auf die erwähnten Bedürfnisse. Werden solche negativen Erfahrungen während längerer Zeit wiederholt gemacht, muß sich der Mensch vor deren Wahrnehmung schützen. Die entsprechenden Gefühle mitsamt den sie begleitenden Kognitionen werden dem bewußten Erleben teilweise oder ganz entzogen. Durch diese «Abwehr» negativer Gefühlsinhalte wird aber die psychische Weiterentwicklung nachhaltig blockiert oder behindert. Psychische Störungen sind deshalb immer auch Entwicklungsstörungen.
Bereits in den Anfängen der Psychotherapie suchte man nach Methoden, die auf die Lösung «emotionaler Knoten» oder die Förderung «emotionaler Tiefung» zielten. Besonders eindrücklich ist dies in den Anfängen der klassischen Psychoanalyse zu sehen. Aber auch bei allen anderen Psychotherapieschulen wird den emotionalen Prozessen eine hohe Bedeutung zugemessen, wobei durchgängig deren Funktion für Verarbeitungs- und Abwehrprozesse hervorgehoben worden ist.
Von verschiedenen jüngeren psychotherapeutischen Schulen sind schließlich in den letzten Jahrzehnten zunehmend differenziertere Methoden und Techniken zur Förderung des emotionalen Erlebens und Ausdrucks entwickelt worden. Besonders bedeutungsvoll für diese Entwicklung waren die Arbeiten von Wilhelm Reich und seinen Nachfolgern, vor allem Alexander Lowen.
Mit diesen auf muskuläre Verspannungen und energetische Blockierungen bzw. Panzerungen fokussierenden Therapiekonzepten wird sich das nachfolgende Kapitel näher beschäftigen (8.5). Als weitere therapeutische Schule hat dann aber vor allem die **Gestalttherapie** von Fritz Perls Methoden und Techniken zur Bearbeitung emotionaler Störungen und Blockierungen bereitgestellt. Sie wurden später durch eine Relativierung der Perls'schen Emotionszentriertheit weiterentwickelt. Obwohl wir uns bewußt sind, daß Gestalttherapie mehr ist als die Aufzählung einiger isolierter Techniken, scheint es uns sinnvoll, gestalttherapeutische Interventionsmu-

ster in das POT-Konzept einzubauen, die sich in der Praxis als besonders effizient erwiesen haben. Wir können dies umso mehr tun, als es sich bei der POT um ein integratives Konzept handelt, das – ähnlich wie die «moderne» Gestalttherapie – den Menschen ganzheitlich als ein Körper-Seele-Geist-Subjekt betrachtet und behandelt.

> Vereinfacht gesagt, liegt ein wesentliches Ziel der POT darin, daß beim leidenden oder bei dem an seinem Wachstum arbeitenden Menschen Raum geschaffen wird für seine Gefühle. Diese kann er dann als Mittel benutzen, die Erfahrungen seines Lebens zu integrieren.

Nach Petzold ist das «emotional learning» immer eingebettet in einen therapeutischen Prozeß mit 4 Phasen: 1. Initialphase (mit diagnostisch-anamnestischer Zielsetzung), 2. Aktionsphase (mit psychokathartischer Zielsetzung), 3. Integrationsphase (mit analytisch-kommunikativer Zielsetzung) und 4. Neuorientierungsphase (mit verhaltensmodifizierender Zielsetzung). Innerhalb dieses Prozesses kommt der kathartischen Zielsetzung eine besondere Bedeutung zu:

«Katharsis als Lösung eingeklemmter Affekte, Beseitigung von Blockierungen, Verbindung abgespaltener Emotionen mit der Persönlichkeit, als das Auflösen von Polaritäten ist die Voraussetzung zu jeder Integration. Kathartische Prozesse sind deshalb mehr als eine blosse Entladung. Sie mobilisieren die Struktur, lockern die Charakterpanzerung, erschüttern disfigurierte Gestalten, unterbrechen stereotype Verhaltensmuster und geben damit die Möglichkeit, daß sich im therapeutischen Durcharbeiten neue Gestalten formieren können» (Petzold, 1974, S. 316).

In diesem Zitat wird deutlich, daß kathartische Methoden nicht als Selbstzweck der (explosiven) Entladung von Affekten dienen – in diesem Sinne wird die Gestalttherapie häufig fehlinterpretiert – sondern vielmehr einer Deblockierung festgefahrener therapeutischer Prozesse und entwicklungsbedingter Strukturen.

> Durch das *vertiefte emotionale Erleben* kann eine noch unerledigte Situation, eine noch «offene Gestalt», geschlossen werden oder eine Erfahrung, die kognitiv schon eingeordnet war, an Prägnanz gewinnen.

Es geht also nicht nur darum, Altes abzuschliessen; ebenso wichtig ist es, Neues zu öffnen. Dieser Prozeß wird durch das therapeutisch «befreite» Gefühlserlebnis eingeleitet.

8.4.2 Indikation

Im Rahmen der POT ist die Indikation von emotionsfördernden Methoden recht vielfältig. In jeder Phase des therapeutischen Prozesses helfen sie, das psychische Geschehen zu verdeutlichen, zu vertiefen und schließlich einer Integration zuzuführen.

Ausdrücklich sei hier empfohlen, *emotionsfördernde Interventionen* nicht nur in explizit therapeutischen, sondern auch in diagnostischen Phasen der Behandlung einzusetzen; denn sie helfen dem Patienten, das zu definierende Problem über die rein kognitive Einordnung hinaus ganzheitlich zu verstehen.

Nicht selten wird eine Problemdefinition erst dann plausibel, wenn sie mit gefühlsmäßigem Erleben «gefüllt» ist. Von großer Bedeutung sind die nachfolgend dargestellten Interventionsmuster auch in der Terminationsphase, die in unserem Konzept einen zentralen Stellenwert einnimmt (vgl. Kap. 5.6).

Eine gelungene Ablösung vom Therapeuten sowie eine befriedigende Beendigung der therapeutischen Arbeit sind oft nur mit dem gezielten *Einsatz katharsisfördernder Methoden* in Gang zu bringen.

Gefühle wie Wut, Enttäuschung oder Trauer müssen ihren Ausdruck finden können, wenn die «Gestalt» der POT geschlossen werden soll.
Unter Berücksichtigung der in Kapitel 7.2 dargestellten idealtypischen Problemsituationen sind emotionsfördernde Methoden insbesondere bei dem «sich entwertenden Menschen», dem «Menschen mit mangelnder Energie und Hemmungen», dem «Menschen mit körperlichen Symptomen», dem «Menschen mit Kontrollüberschuß», sowie bei dem «Menschen mit inadäquatem Gefühlsausdruck» indiziert. Eher zurückhaltend mit dem Einsatz kathartischer Interventionen sind wir hingegen beim «Menschen mit Angst und Spannung» sowie dem «Menschen mit mangelnder Impulskontrolle». Die Begründung für diese Indikationsempfehlung ist im bereits erwähnten Kapitel 7.2 zu finden.
Bei der Entscheidung für eine erlebnis- oder gefühlsaktivierenden Methode gelten schließlich noch die folgenden *allgemeinen Indikationsregeln:*

«Sanfte» Methoden können grundsätzlich bei jedem Patienten und in fast jeder Situation angewandt werden. Sie gehören zum therapeutischen Grundrepertoire des POT-Therapeuten.

Eine Ausnahme betrifft allerdings akute Krisen, bei denen der Patient von Gefühlen überflutet wird (z. B. Angst) und dabei in seiner Realitätskontrolle eingeschränkt ist. In solchen Situationen ist das Ansprechen oder Verstärken von Gefühlen ein eigentlicher therapeutischer Kunstfehler. Als Faustregel kann gelten:

Je mehr die Konfliktverarbeitung einem intellektualisierenden oder rationalisierenden Muster folgt, desto eher sind emotionsfördernde Interventionen angezeigt.

Auch der **Therapeut**, seine momentane psychosoziale Belastungsfähigkeit, wie seine berufliche Erfahrung, gelten als Indikationskriterien. Dies ist insbesondere bei

invasiven Methoden, wie massiven verbalen Konfrontationen zur Auslösung von aggressivem Ausdruck in Rechnung zu stellen. Es gehört ebenso, wie auch die Kenntnis einer therapeutischen Technik, zur professionellen Kompetenz, daß der Therapeut seine aktuellen, habituellen und technischen Grenzen erkennt und sein Handeln danach ausrichtet. Grundsätzlich aber darf er darauf vertrauen, daß in den meisten Fällen ein heftiger Gefühlsausdruck des Patienten sich von selber wieder beruhigt. Schädlich für die menschliche Entwicklung ist eher ein Zuwenig als ein Zuviel an emotionalem Ausdruck. Dadurch, daß der Therapeut gegenüber seinen Patienten Äusserungen heftiger Wut, Trauer aber auch starke Gefühle des Glücks oder der Freude aushält und annimmt, ist er für diese ein wichtiges Modell. Stellvertretend für andere Bezugspersonen zeigt er dem Patienten, daß er dessen Gefühle «überlebt», bzw. daß die Beziehung nicht Schaden nehmen muß, sondern eher umgekehrt, daß sie sich dank der ausgedrückten Emotionalität vertieft.
Die *therapeutische Beziehung* gilt als wesentlicher Wirkfaktor in jeder Psychotherapie. Jede noch so ausgeklügelte Technik bleibt teilweise oder ganz ineffektiv, wenn sie nicht auf dem Boden einer positiven therapeutischen Beziehung eingesetzt wird.

> Vertiefende Techniken setzen auf seiten des Patienten ein großes Maß an Vertrauen und Offenheit voraus.

Emotionale Erleichterung und neue emotionale Erfahrungen schaffen häufig Vertrauen in der therapeutischen Beziehung. Andererseits ist eine allgemein bekannte Erfahrung, daß die mit solchen Methoden vertiefte Beziehung bei gewissen Patientenpersönlichkeiten zu einer problematischen Abhängigkeit vom Therapeuten führen kann. Besonders in der POT ist deshalb auf diesen die Ablösung erschwerenden Umstand ein besonderes Augenmerk zu richten.

Schlußbemerkung zur Indikation:

Grundsätzlich sollte vom POT-Therapeuten zum voraus sorgfältig abgeklärt werden, ob beispielsweise Schreien des Patienten von den räumlichen Gegebenheiten her zugelassen oder gefördert werden kann (Störung von Zimmernachbarn o.a.). Auch ist das Risiko allfälliger Verletzungen beim Hervorbrechen lange blockierter Emotionen, was nicht selten mit einem teilweisen Kontrollverlust und mit autonomen Körperreaktionen einhergehen kann, abzuschätzen.

8.4.3 Praktische Anwendung

> Die nachfolgend beschriebenen (beispielhaften) Interventionen folgen dem momentanen Erleben und Eigenimpuls des Patienten. Sie werden also nicht primär als «Übungen» eingeplant und durchgeführt, sondern aus der therapeutischen Situation heraus, bzw. aus der präzisen Beobachtung des Patienten im Hier und Jetzt abgeleitet.

Voraussetzung für den Einsatz emotionsfördernder Methoden ist eine offene Haltung des Therapeuten für den gefühlsmäßigen Ausdruck seines Patienten. Wir möchten den zukünftigen POT-Therapeuten ermutigen, nicht nur aus «professioneller» Distanz seinem Patienten zu begegnen. Gelegentlich ist es hilfreich, wenn er ihn deutlich spüren läßt, wie er als Person fühlt: «Wie zum Teufel können Sie sich sowas von Ihrem Chef bieten lassen und sich so erniedrigen lassen!». In einer Psychotherapie muß die Arbeitsatmosphäre nicht immer ernst, bedrückt oder geladen sein. Humor und Lachen können – manchmal gerade in heiklen Situationen – außerordentlich ent-lastend für den Patienten (und auch für den Therapeuten) sein.

a) Sanfte Interventionen

> Die sanften Interventionen gehören zum allgemeinen technischen Rüstzeug des POT-Therapeuten. Sie gelten als Basisfertigkeiten.

Die «sanften Interventionen» gehen über die floskelhafte Routinefrage «Wie fühlen Sie sich?» hinaus. Sie sind vielmehr das « Salz in der Suppe» des therapeutischen Gesprächs; denn erst die begleitenden Gefühle machen die verbalen Botschaften vollständig und wirkungsvoll.

Verbalisierung emotionaler Erlebnisinhalte: Dies ist eine Technik, die Carl Rogers in seiner «client-centered therapy» in den Mittelpunkt gestellt hatte. Hierbei greift der Therapeut die emotionalen Inhalte aus den Äusserungen des Klienten auf und gibt in seinen eigenen Worten wieder, wie er ihn verstanden hat. Diese Interventionsform ist nicht mit einem echohaften Spiegeln zu verwechseln. Ebensowenig ist sie stereotyp oder in unreflektierter Routine anzuwenden. Das Verbalisieren emotionaler Erlebnisinhalte stellt vielmehr eine grundlegende Gesprächstechnik dar, die immer wieder angewandt, den Patienten sanft zu seinen Gefühlen führt. Besonders indiziert ist sie bei gefühlsarmem Rationalisieren oder bei einer diffusen Gefühlslage des Patienten, wobei mit dieser Technik zunehmend auf die bedeutsamen Emotionen fokussiert werden kann.

Beispiel:

Patient: «Ja . . . ich habe nicht einmal Lust, irgendwelche Sachen zu versuchen. Ich meine, wenn ich zu einer Arbeit gehe oder so – ich – also – habe ich das Gefühl, daß ich versagen werde. Es ist schrecklich, aber . . .».

Therapeut: «Es kommt Ihnen so vor, als wären Sie schon geschlagen, bevor Sie anfangen. Und dieses Gefühl lähmt Sie.»

Häufig genügen auch schon ganz **einfache Fragen**, um Gefühle, die nur wenig unter der «Oberfläche» der Bewußtheit liegen, hervorzuholen:

«Was fühlen Sie dabei?»
«Wie geht es Ihnen, wenn . . .?»
«Wie ist Ihr Gefühl in dieser Situation?»
«Was spüren Sie jetzt?»

Hilfreich sind gelegentliche **explizite Äußerungen der Erlaubnis**. Aufgrund negativer Erfahrungen trauen sich viele Patienten nicht zu, Gefühle überhaupt auszudrükken. Nicht selten wird (z.B. aufgrund von «Übertragungen») befürchtet, daß der Therapeut diese Gefühle nicht aushalten könne. Die explizite Erlaubnis oder Ermutigung hat dann gewissermaßen Modellcharakter für den Patienten:

«Da dürfen Sie schon traurig sein!»
«Ihr Ärger ist wirklich berechtigt!»
«In dieser Situation wären wohl die meisten Menschen verzweifelt.»
«Darauf dürfen Sie aber wirklich stolz sein!»
«Lassen Sie Ihre Tränen doch kommen!»

Gefühle drücken sich häufig über den Körper aus, bevor sie kognitiv interpretiert werden können. Deshalb ist es in solchen Fällen hilfreich, **Ausdrucksverhalten**, das der direkten Wahrnehmung nicht unmittelbar zugänglich ist, **direkt anzusprechen** und allenfalls dem Patienten eine **kognitive Interpretation** anzubieten:

- «Ich sehe gerade, daß Ihr Gesicht verspannt ist. Entspricht dies vielleicht Ihrer momentanen Gefühlslage?»
- «Es fällt mir auf, daß Sie jetzt eine Faust machen; was spüren Sie in diesem Moment, vielleicht Wut?»
- «Wenn ich Sie jetzt so ansehe, kann ich mir vorstellen, daß Sie sehr traurig sind.»
- «Ihre Schweißtropfen könnten Angst signalisieren; was empfinden Sie im jetzigen Moment?»
- «Ich nehme viel Bewegung in Ihren Beinen wahr. Versuchen Sie mal zu spüren, was sie Ihnen mitteilen könnten.»
- «Sie berichten mir vom Ärger über Ihren Bruder und gleichzeitig lächeln Sie.»
- «Was haben Sie jetzt wohl heruntergeschluckt?»

In ähnlicher Weise dienen **passagere Identifikationen** durch den Therapeuten der Verdeutlichung oder Aktivierung gebremster oder unklarer Gefühle:
«An Ihrer Stelle wär ich da sehr traurig.»
«Wenn ich Sie wäre, würde mich eine solche Antwort sehr ärgern.»
«Das zu hören, macht mich jetzt sehr betroffen.»

Ebenfalls gut geeignet, Patienten für ihren gefühlsmäßigen Ausdruck zu sensibilisieren, sind **Übungen zur Entspannung und Körperwahrnehmung:** Welche Methoden unter welcher Indikation für die POT in Frage kommen können, ist Inhalt des nachfolgenden Kapitels (8.5).

b) Konfrontative Interventionen

Neben diesen als eher «sanft» zu bezeichnenden Methoden hat die Gestalttherapie einige Verfahrensweisen ausgearbeitet, die sehr potent sind und relativ rasch zu einer emotionalen Vertiefung bzw. zu einem starken emotionalen Ausagieren führen können. Selbstverständlich soll nur derjenige diese Techniken anwenden, der in ihrer Handhabung genügend geübt ist und sie auch an sich selbst erfahren hat.

Die konfrontativen Interventionen greifen in der Regel stärker in das «Geschehen» ein. Sie provozieren den Patienten zu deutlichen und «expressiven» Gefühlsäußerungen. Für ihren Einsatz gelten die folgenden, zum Teil sich überlappenden *Indikationskriterien:* (1) Der therapeutische Prozeß ist blockiert. (2) Der Patient verharrt in einer notorischen Abwehr, die sich vor allem in Rationalisierungen und in einem intellektualisierenden Kommunikationsstil äußert. (3) Es besteht das Risiko, daß somatische Symptome oder sogenannte «funktionelle Störungen» zu ernsthaften körperlichen Schädigungen führen.

Beim **Übertreiben** geht es darum, einen vom Patienten lediglich andeutungsweise ausgedrückten emotionalen Gehalt schrittweise und suggestiv verstärken zu lassen, bis die blockierte Gefühlsqualität ihren adäquaten Ausdruck findet. Das Übertreiben soll allerdings vorsichtig eingesetzt werden, da es wegen der therapeutisch bewirkten Verminderung der habituellen Selbstkontrolle häufig intensiv wirkt und Angst auslösen kann:

Beispiel: (modifiziert nach Rahm, 1979, S. 210)

Pat: (zaghaft zum Th) «Ich will mir nicht mehr alles von ihm gefallen lassen.»
Th: «Sagen Sie dies nochmals und gleichzeitig etwas lauter.»
Pat: «In Zukunft werde ich mir nicht mehr alles von ihm gefallen lassen.»
Th: «Noch lauter!»
Pat: «Ich will auch mal meinen Willen durchsetzen, verdammt noch mal!»
Th: «Was würden Sie jetzt Ihrem Vater sagen, wenn er hier wäre?»
Pat: (haut sich mit der Hand auf den Oberschenkel) «Ich möchte, daß Du jetzt endlich kapierst, daß dies meine Sache ist, die ich ganz selbst zu entscheiden habe!»

Eine ähnliche Technik stellt das **Aushalten** dar. Hier wird der Patient angehalten, eine lediglich flüchtig angedeutete Gefühlsqualität nicht zu überspringen, sondern bei ihr zu verweilen. Nach der Gestalttheorie wird das fokussierte Gefühl auf diese Weise zu einer prägnanten (Wahrnehmungs-)Figur, die auch den mit ihr assoziierten Hintergrund (z. B. eine traumatische Szene aus der Lebensgeschichte) im Erleben hervortreten läßt. In der Sprache der Gestalttherapie würde man hier von der

«Schließung einer Gestalt» sprechen. Eine «Gestalt» kann also dann als «geschlossen» oder ein Problem als «durchgearbeitet» betrachtet werden (beide Ausdrücke meinen dasselbe), wenn das vordergründige Symptom mit einem lebensgeschichtlich relevanten Hintergrund verbunden ist (dies muß nicht immer eine frühkindliche Szene sein). Oder nochmals anders formuliert: Das ursprünglich eigentümliche und unverständliche Symptom wird plötzlich als «sinnvoll» erkannt. Bekanntlich können Figur und Grund «kippen». Wenn nun der bisher unbekannte Hintergrund – oder eben eine lebensgeschichtlich bedeutsame Situation vordergründig wird, kann sie therapeutisch bearbeitet werden. Die bisher im Vordergrund gewesene Figur «Symptom» ist nun hintergründig und verliert bei fortschreitendem Behandlungsprozeß zunehmend an Kontur und Bedeutung. Der Patient hat aber durch diese Arbeit einen höheren Bewußtheitsgrad erlangt.

Beispiel: (modifiziert nach Rahm, 1979, S. 212)

Pat: «Na ja, reden wir von etwas anderem. . .»
Th: «Ich habe den Eindruck, daß Sie jetzt über etwas Wichtiges hinweggehen möchten. Ich hatte bei Ihnen kurz einen traurigen Ausdruck feststellen können. Vielleicht versuchen Sie nochmals, sich auf dieses Gefühl einzulassen. . .»
Pat: (hat jetzt Tränen in den Augen, wechselt erneut das Thema)
Th: (bleibt beharrlich) «Versuchen Sie doch, bei Ihrer Traurigkeit zu bleiben. Versuchen Sie, dieses Gefühl eine Weile auszuhalten.»
Pat: (heftiges Schlucken)
Th: «Was geschieht jetzt mit Ihnen?»

Eine «Gestalt» (z. B. ein szenischer Gedächtnisinhalt) ist dann geschlossen, wenn sie in ihrer ganzen Gefühlsqualität und -intensität (nochmals) wiedererlebt werden kann. Unerledigtes (vgl. Wiederholungszwang in der Psychoanalyse) scheint so lange psychische Energie zu aktivieren, bis die «Gestalt geschlossen» oder das «Geschäft erledigt» ist. Häufig genügt dazu nicht eine einzige Problembearbeitung. Probleme müssen fast immer mehrmals und mit verschiedenen Mitteln angegangen werden, bis sie in ihrer ganzen Vielfältigkeit als geschlossen oder gelöst betrachtet werden können.

Vergegenwärtigung von Vergangenheit und Zukunft: In der Gestalttherapie wird in erster Linie mit der gegenwärtigen Situation des Patienten gearbeitet. Dasselbe gilt für die Problemorientierte Kurztherapie (POT). Zukunftsvorstellungen oder vergangene Erfahrungen spielen therapeutisch nur insofern eine Rolle, als sie für das gegenwärtige Erleben von Bedeutung sind. Dieser therapeutische Grundsatz gibt oft zu Mißverständnissen Anlaß. Es geht hier nicht um die Leugnung oder Geringschätzung von Vergangenheit und Zukunft im (Er-)Leben eines Menschen. Im Gegenteil: Unser aktuelles Sein ist immer in einen Zeithorizont zwischen Vergangenem und Künftigem eingebunden. Therapeutisch bedeutsam sind aber Bezüge außerhalb der Gegenwart nur dann, wenn diese im Jetzt gefühlsmäßig erlebbar werden. Dem bloßen Reden über irgendwelche Kindheitserfahrungen in einer emotional distanzierten Art messen wir wenig therapeutischen Wert zu.

Bei der Technik der **Vergegenwärtigung** geht es somit darum, daß sich der Patient mit der von ihm geschilderten Situation so identifiziert, als erlebe er sie gerade im Augenblick. Er wird gebeten, das Erinnerte im Präsens zu berichten. Ergänzend lassen sich auch Rollenspieltechniken anwenden. Der Patient wird aufgefordert, einen Dialog zu spielen. Ganz ähnlich verfahren wir auch mit Träumen, die vom Patienten ja immer in der Vergangenheitsform erzählt werden. Allein schon der sprachliche «Trick» der Gegenwartsform aktiviert den Gefühlsgehalt einer Mitteilung.

Beispiel:

Pat: «Ich erinnere mich sehr gut: In diesen Situationen, wenn ich andere Kinder mit nach Hause nahm, reagierte meine Mutter immer ungehalten und unfreundlich. Dabei fühlte ich mich unwohl, oder vielleicht schämte ich mich auch. . .?»
Th: «Schildern Sie mir mal eine solche konkrete Szene, wie sie sich damals abgespielt hatte, und sprechen Sie von nun an in der Gegenwartsform.»
Th: «Stellen Sie sich vor, Ihre Mutter würde jetzt auf diesem Stuhl Ihnen gegenübersitzen, so wie damals. Sprechen Sie jetzt zu ihr! Teilen Sie ihr mit, wie das jetzt ist für Sie, wenn sie zu Ihren Freunden so unfreundlich ist.»

Durch **Identifikationen** können Gefühle schnell und wirkungsvoll verdeutlicht werden. Der Patient wird gebeten, sich mit einem Gefühl, bzw. einem Aspekt eines Gefühls zu identifizieren und sich selbst in der Identifikation zu beschreiben. Formal soll ebenfalls in der Gegenwart und in der Ich-Form gesprochen werden. Diese Technik ist nahe verwandt mit den imaginativen Verfahren, wie sie uns zum Beispiel aus dem «Katathymen Bilderleben» bekannt sind (vgl. Kap. 8.2). So führt die **Identifikation** nicht selten zu stark gefühlsbetonten bildhaften Erlebnissen. Theoretisch wird davon ausgegangen, daß Menschen Teile der eigenen Erfahrung und Wahrnehmung abspalten und in die Umwelt projizieren, so daß sie sie schließlich nicht mehr als zu-sich-selbst-gehörig betrachten. Meist geschieht dies in existentiell bedrohlichen Situationen und dient so dem Schutz vor deren Wahrnehmung. Mit der Identifikation sollen nun die projizierten oder abgespaltenen Teile gleichsam wieder aktiv zurückgeholt und reintegriert werden. Auch hier ist wiederum anzumerken, daß eine einmalige Identifikations-Intervention, und sei sie noch so eindrücklich oder spektakulär, nicht ausreichend ist. Psychische Probleme müssen immer wieder, mit unterschiedlichen Methoden und Interventionen und in unterschiedlichen Situationen bearbeitet werden.

Beispiel:

Pat: «Manchmal stelle ich mir so einen großen mächtigen Vulkan vor, vor dem alle Angst haben. . .»
Th: «Stellen Sie sich mal vor, Sie seien jetzt selbst dieser Vulkan: Ich bin ein großer und mächtiger Vulkan, der. . .»
Pat: «. . .der große Kraft in sich hat, in dem es brodelt, vor dem sich alle fürchten und dem niemand nahe zu kommen wagt.»
Th: «Wie ist das, so ein starker und gefährlicher Vulkan zu sein?»
Pat: «Es ist gut. Das gibt mir ein Sicherheitsgefühl. Es kann mir nichts passieren.»

Th: «Ja?»
Pat: «Vielleicht ist es aber für mich selbst gefährlich?»

> Emotionale Erlebnisse, wie sie mit den in diesem Kapitel dargestellten Methoden und Techniken induziert werden, erfordern Zeit zur körperlichen, emotionalen und kognitiven Integration. Das emotionale Geschehen muß sich beruhigen, und der erfaßte Zusammenhang kognitiv verarbeitet werden. Dies hat in der nachfolgenden **Integrationsphase** zu geschehen. Hier wird mit dem Patienten das Erlebte nochmals rekapituliert, mit anderen bereits erarbeiteten Inhalten verknüpft und in seiner Bedeutung für das definierte Problem eingeordnet.

Es kann nicht eindringlich genug auf die Wichtigkeit dieser abschließenden und strukturierenden Phase hingewiesen werden.

Weiterführende Literatur

Boadella (1991)
Leuner & Lang (1982)
Lowen (1981)
Perls et al. (1981)
Petzold (1974)
Rahm (1979)
Rogers (1977)

8.5 Methoden zur Entspannung und Körperwahrnehmung

8.5.1 Das Grundprinzip

Die Streß-Forschung hat die Unterscheidung von Distreß und Eustreß hervorgebracht. Eustreß als angenehme Form psychischer Spannung führt in der Regel nicht zu Problemen. Distreß als negative Ausprägung an Streß kennen alle. Ihm wird der Zustand der Entspanntheit gegenübergestellt und auch angestrebt. Dauernde Spannung kann zu psychophysiologischen Störungen führen. Angst ist begleitet von psychophysiologischer Spannung; Entspanntheit führt zu Angstreduktion. Der gelöst-entspannte Zustand wird von den meisten Leuten als subjektiv angenehm empfunden. In der Psychotherapie ist die therapeutische Wirkung der Entspannung bekannt. Die POT bedient sich nicht nur der unspezifischen Wirkung der Entspannung und Körperwahrnehmung, sondern stützt sich auch auf folgende Schwerpunkte der Anwendung.
Zunächst müssen im Rahmen der Problemanalyse die Stressoren identifiziert werden. Der Identifikation von Stressoren wird in der POT große Bedeutung beigemessen. Es kommt jedoch vor, daß Stressoren nicht leicht gefunden werden können. Der Patient fühlt sich beispielsweise «gestreßt», kann aber nicht sagen, warum er so nervös ist. Oder es kann sein, daß der Stressor zwar gut erkennbar ist, aber nicht behoben werden kann, weil er außerhalb des direkten Einflusses des Patienten liegt. Dies etwa, wenn sog. Sachzwänge vorliegen, die der Patient nicht ohne weiteres

verändern kann. Schließlich fehlt es manchmal an den Fähigkeiten des Patienten, den erkennbaren Stressor zu verändern.

Streß kann von drei Seiten her gesehen werden: 1. Der Streß als ursächliches Problem. 2. Der Streß als Folge eines Problems. 3. Der Streß als verselbständigtes Phänomen, welches sich von den ursprünglichen Stressoren abgekoppelt hat.

In der POT legen wir Wert auf ein pragmatisches Vorgehen, das eine bessere, unmittelbare Adaption ermöglicht. Statt also Einsicht oder Modifikation bewirken zu können, geht es darum, mit dem Stressor leben zu können. Dies klingt auf Anhieb nach Symptomtherapie und Anpassungsideologie. Dabei wird aber vergessen, daß die Adaption an den Stressor seine Bewertung verändert und er somit auf eine Unterschwelligkeit reduziert werden kann. Dieser Effekt seinerseits kann positive Auswirkungen auf andere Lebensbereiche haben. In der POT ermöglicht die pragmatische Vorgehensweise, daß zuerst mit einfachen, erfolgsversprechenden Maßnahmen gearbeitet wird und erst dann mit umfangreicheren, sofern noch nötig. Oft wird der Einstieg in die Therapie überhaupt erst möglich nach einer einleitenden Phase von Entspannungstherapie. Dabei findet eine Beziehungsgestaltung statt, die schnell und intensiv eine Vertrauensbasis schafft. Auf diese Basis kann dann mit psychotherapeutischen Zielsetzungen aufgebaut werden.
Die integrative Denkweise der POT hat zur Folge, daß der Körper in die Sicht- und Handlungsweise der Therapie miteinbezogen werden kann. Dennoch führen wir hier keine körperpsychotherapeutischen Techniken an, weil dieser Form von Psychotherapie eine andere Beziehungsform zugrunde liegt. Wir beschränken uns daher bewußt auf einige wenige Techniken zur Entspannung und Körperwahrnehmung, die leicht zu handhaben und psychotherapeutisch nicht invasiv sind.

8.5.2 Indikation

Der Wunsch nach Entspannung kann vom Patienten selbst ausgehen. Nicht selten verlangt der Patient, mit einer spezifischen Methode behandelt zu werden, von welcher er gehört oder gelesen hat. Oft sind hinter solchen Wünschen irreale Vorstellungen von magischer Heilskraft solcher Methoden verbunden, meist auch die Hoffnung, passiv verbleibend geheilt zu werden.
Die Motive und Erwartungen des Patienten nach einer Entspannungstechnik sind daher mit ihm zu erörtern. Sie sollten nicht einfach abgelehnt werden. Der Wunsch nach einer «Entspannungstherapie» enthält auch Informationen über das Krankheitsverständnis des Patienten, welche in Übereinstimmung mit jenen des Therapeuten gebracht werden müssen. Patient und Therapeut einigen sich über die geeignete Form der Entspannungsmethode.

Die Indikationsstellung seitens des Therapeuten kann davon ausgehen, daß der Schwerpunkt auf der Entspannung wie auch auf der Körperwahrnehmung liegen kann. Entspannende Methoden können so angewendet werden, daß der Körperwahrnehmung große Bedeutung zukommt. Patienten mit gestörter Körperwahrnehmung oder keinem Gefühl für ihre Körperlichkeit sind geeignet für Methoden zur Entspannung und zur Körperwahrnehmung. Zudem kann der Therapeut die Heilskraft der Suggestion einsetzen. Jede Entspannungsmethode wird durch Suggestion bestimmt. Auto- und Heterosuggestion verlangen vom Patienten ein Maß an Konzentrationsfähigkeit und Fähigkeit, eine gewisse Passivität wenigstens über minimale Zeit zu ertragen. Ist die Aufmerksamkeit des Patienten jedoch zu sehr auf seine Störung fixiert, im Sinne einer übermäßig hypochondrischen Selbstbetrachtung, so ist eine autosuggestive Entspannung kontraindiziert. Ferner wird vom Patienten eine minimale Fähigkeit verlangt, sich hingeben zu können. Konkret bedeutet dies, daß der Patient in der Lage sein sollte, mindestens kurzzeitig etwa die Augen schließen zu können oder sich hinzulegen oder entspannt hinzusetzen, ohne dabei Angst zu empfinden, die ihn daran hindert, sich auf die Entspannungsübung einzulassen.
Die Wahl der Techniken sollte in erster Linie von den psychologischen Fähigkeiten des Patienten ausgehen. Anzustreben ist die Möglichkeit, sich autonom (d. h. nicht unbedingt nur durch autogenes Training) entspannen zu können. In der Regel sind die Patienten recht gut in der Lage, über ihre Fähigkeit oder Unfähigkeit, sich entspannen zu können, zu berichten. Kommt dabei heraus, daß bei Entspannungsversuchen Angst, Unrast und Unfähigkeit sich zu konzentrieren auftritt, so muß ein Verfahren gewählt werden, welches dem Patienten mehr das Gefühl von «Aktivität», «Kontrolle» vermittelt. Von solchen Verfahren ausgehend kann man in tiefere Entspannungstechniken vordringen.
Nach Störungen geordnet eignen sich für Entspannungsverfahren folgende Syndrome:

- Physische und psychische Spannungszustände, «Verkrampfungen» im weitesten Sinne
- Schlafstörungen
- Zwangssymptomatik
- Störungen der Selbstbeherrschung
- Funktionelle und psychosomatische Beschwerden
- Somatische Krankheiten, Schmerzzustände

Nicht geeignet sind:

- Psychosen
- Oligophrenien
- Fälle, wo die Behandlungsstrategie darauf zielt, «aufdeckend» zu arbeiten.

8.5.3 Praktische Anwendung

In der Kurztherapie bieten sich praktisch drei Entspannungsverfahren an:

Die Entspannungsmethode von Jacobson

Es handelt sich um eine progressive, in erster Linie physiologisch orientierte Technik. Es geht dabei um die Empfindung des Unterschiedes gespannter und entspannter Körperteile. Indiziert ist die Entspannungsmethode nach Jacobson bei Patienten, die nicht in der Lage sind, sich in eine passiv-rezeptive Entspannungshaltung zu bringen, nicht die Augen schließen können und ein hohes allgemeines Niveau von Gespanntheit zeigen. Die Übungen können, in Abwandlung der Jacobson'schen Vorschriften etwa wie folgt angewendet werden:
Im Sitzen oder Liegen können mit offenen oder geschlossenen Augen folgende Schritte durchgeführt werden:
1. Schritt: Der Patient hebt den rechten Arm, ballt die Faust. Er spannt den Arm so stark er kann an und läßt ihn dann entspannt fallen mit einer halben bis einer Minute Ruhepause. Wiederholung desselben mit beiden Armen.
2. Schritt: Der Patient spannt ein Bein, Fuß angewinkelt, vollkommen durch, verharrt einige Sekunden in dieser Stellung bis kurz vor dem Ermüden und läßt das Bein dann entspannt fallen mit anschließender kurzer Ruhepause. Wiederholung desselben mit beiden Beinen und längerer Ruhepause.
3. Schritt: Der Patient spannt Arme und Beine wie oben, spannt zusätzlich Bauch und Brustkorb sowie Rücken bis kurz vor Ermüdung und läßt sich entspannt zusammensinken in den Stuhl oder auf die Liegeunterlage. Es folgt eine längere Ruhepause, welche der Therapeut mit Ruhesuggestionen verstärken kann.
4. Schritt: Schritt 1 und 3 sukzessive durchführen lassen ohne Ruhepause dazwischen, sondern in sukzessivem Anspannen der einzelnen Körperteile. Hinzu kommt neu das Anspannen von Hals und Gesicht. Es folgt eine Ruhepause, welche von 1 bis 10 oder mehr Minuten dauern kann, mit oder ohne verbale Ruhesuggestionen des Therapeuten.

Entspannung durch aktives Atmen

Es geht um eine Technik aktiven, tiefen Atmens mit autosuggestiver Entspannung durch «innere Formel». Indiziert ist diese Methode bei Patienten, die eine rein passive Entspannung nicht ertragen, jedoch eine Liegehaltung ohne Angst einnehmen können. Die Atemtechnik vermittelt zudem einen günstigen Zugang für den Patienten, um in seinen Körper «hineinhorchen» oder «hineinfühlen» zu können über den Weg des Atemstromes. Diese Technik kann verstärkt werden etwa durch die autosuggestive Formel «mit jedem Ausatmen werde ich ruhiger und entspannter». Kontraindiziert ist die Technik bei Patienten, die zu Hyperventilation neigen.

Technik: Der liegende Patient wird aufgefordert, in den Bauch zu atmen. Diese Technik braucht u.U. etwas Übung. Der Patient kann sich vorstellen, daß sein Bauch wie ein Blasbalg funktioniert: Beim Einatmen geht er hoch, beim Ausatmen drückt er sich zusammen. Der Patient stellt sich vor, daß der Atemstrom über den geöffneten Mund bis in den Unterbauch fließt und wieder zurück. Die Atmung soll aktiv und kräftig gestaltet sein, und das Ausatmen soll deutlich hörbar sein. Man kann den Patienten auch auffordern, das Ausatmen mit einem lauten Ton «A» zu begleiten. Zusätzlich kann der Patient instruiert werden, sich autosuggestiv vorzustellen, daß er bei jedem Ausatmen mehr und mehr entspannt wird. Dauer: 5–15 Minuten.

Das Autogene Training

Das Autogene Training muß vom Therapeuten gründlich erlernt werden, auch für die partialisierte Anwendung, wie sie im Rahmen der Kurztherapie angewandt werden kann. Es ist nicht in jedem Fall nötig, die ganze Serie der autogenen Übungen anzuwenden, sondern man kann auch nur mit ausgewählten Formeln arbeiten. Indikation dazu ist der soweit angstfreie Patient, der eine völlig passive Haltung im Sitzen oder Liegen erträgt und so zur Entspannung kommen kann. Nach Erlernen der Schwereübung können auch schon therapeutische Formeln eingesetzt werden.

Techniken zur Körperwahrnehmung

Alle Entspannungsmethoden fördern gleichzeitig auch die Körperwahrnehmung. Nicht alle Techniken zur Körperwahrnehmung sind zugleich in erster Linie entspannend. Die Techniken zielen darauf hin, dem Patienten eine Sensibilisierung auf seinen Körper oder auf einzelne Körperteile zu vermitteln, sich zu spüren und auf Zusammenhänge zwischen Gefühlen, Gedanken und körperlichen Empfindungen zu achten. Die Indikation ist entsprechend gestellt bei Personen mit verminderter Sensibilisierung auf ihren Körper. Solche Menschen erleben ihren Körper nur aus funktioneller Sicht und nicht als Mitträger von Gefühlen, Gedanken und Vorstellungen. Sie sehen keinen Zusammenhang zwischen Körper und Psyche und erleben ihren Körper häufig nur in negativem Sinne, z.B. durch Schmerzen oder in Form von Impulsen, welche als bedrohlich aufgefaßt werden. Personen mit psychosomatischen oder funktionellen Störungen gehören hierzu wie auch Personen, die im Rahmen einer allgemeinen Unfähigkeit, eigene Gefühle und Bedürfnisse erkennen zu können, auch wenig Bezug zu ihrem Körper haben.

Techniken:

Im Bereich des Rumpfes: Patient seine Hand auf entsprechende Stelle (z.B. Magen) legen lassen, entspannen lassen mit einer der oben besprochenen Techniken und ihn

durch aktives Atmen den «Atem zum Magen schicken» lassen. Währenddem beschreiben lassen, welche Empfindungen er im Magen hat. Eventuell visuelle Vorstellungen über den Magen beschreiben lassen.
Im Bereich der Extremitäten: Die entsprechende(n) Extremität(en) während der Atemtechnik beim Einatmen leicht anspannen lassen, beim Ausatmen entspannen lassen. Empfindungen und visuelle Vorstellungen beschreiben lassen.

> Körperorientierte Entspannungstechniken sind besonders in letzter Zeit sehr zahlreich geworden. Die dabei subjektiv empfundene Wirksamkeit erklärt ihre Verbreitung. Der objektive Vergleich ihrer effektiven Wirksamkeit, soweit solche Studien überhaupt geleistet wurden, zeigt jedoch, daß keine klare Überlegenheit einzelner Techniken vorliegt. Werden Entspannungsverfahren als Techniken oder Interventionen allein verwendet, scheint ihre Wirksamkeit fraglich zu sein.

Weiterführende Literatur:

Haring (1979)
Höfler (1991)
Milz (1992)
Peter & Gerl (1991)
Thomas (1989)

8.6 Methoden zur Stützung

8.6.1 Das Grundprinzip

Jede Psychotherapie enthält stützende Elemente, die mit Förderung von Hoffnung, Bestärkung, Ermutigung, Beistehen, Suggestion usw. zu tun haben. Demgegenüber steht die noch immer recht verbreitete Meinung, daß stützende Techniken, Stütztherapien und Menschen, welche solche Methoden nötig haben, minderwertig seien. Dabei wird übersehen, daß stützende Techniken zu den ältesten Elementen heilenden Handelns überhaupt gehören.

> Die Stützung des Patienten ist ein Grundprinzip der psychotherapeutischen Berufe.

Das bestehende Mißverständnis bezüglich stützender Methoden hat teilweise etwas mit der irrigen Meinung zu tun, nur aufdeckende Methoden würden zu «wahren Veränderungen» führen. Vielmehr dürfte gerade diese Annahme falsch sein. Zudem kann auch ein sehr introspektiver Mensch von unterstützenden Techniken profitieren.
Eine wichtige Wirkungsweise stützender Methoden ist der bestärkende Anteil. Das

strukturierende Element an den Methoden zur Stützung, die Förderung der adaptiven Kraft führt zu besserer, situationsgerechterer Kognition und Wahrnehmung. Dies löst entsprechend positives Verhalten der Umwelt aus. Ferner fördert die Stützung «das Prinzip der Hoffnung». Hoffnung selbst ist eines der wirksamsten Elemente im Heilwesen.
Man darf die Wirkung stützender Verfahren nicht unterschätzen. Die Kunst der Anwendung liegt vor allem in der richtigen Dosierung. Man soll nicht alles Pulver aufs mal verschiessen. Stetige, dosierte Wiederholung bringt mehr Wirkung. Es kann einem leicht passieren in dem Bestreben, den Patienten zu stützen, Aussagen zu machen, wie etwa: «Das kommt sicher wieder gut», wenn besser wäre: «Die Situation ist schwierig, aber wir werden zusammen Lösungen suchen.» Billiger Trost ist keine Stützung, sondern eher ein Nicht-ernst-nehmen.

8.6.2 Indikation

Stützende Methoden können angewendet werden:

- Bei Patienten, welche phasenweise oder während der ganzen Behandlungsdauer genügend aktiv (wie auch immer) an ihrem Problem arbeiten, so daß der Therapeut nur als Begleiter die Rolle übernimmt, den Patienten zu bestärken, ihn zum Weiterfahren zu ermuntern.
- Bei Patienten, welche nicht genügend Energie, Aktivität und Hoffnung aufbringen. Sie brauchen mindestens über eine begrenzte Dauer eine energetisierende Haltung des Therapeuten.
- Bei Patienten, welche nicht über genügende Fähigkeiten verfügen, die nötige Struktur in ihre Problematik zu bringen. Sie brauchen stützende Hilfe des Therapeuten. In diesem Fall geht die Stützung über in Methoden zur Veränderung von Denkgewohnheiten und Einstellungen.
- Bei Patienten, die ihre Problematik als Last nicht alleine zu tragen vermögen. Sie brauchen im Therapeuten einen Mitträger, der sich in empathischer Weise anbietet, die Bürde einen Teil des Weges mittragen zu helfen.

Kontraindiziert sind stützende Methoden

- Bei Patienten, die in verführerischer Absicht versuchen, Parteinahme des Therapeuten für sich zu gewinnen, um dann in eine passive Haltung zu verfallen und dem Therapeuten die Aktivität zuschieben.
- Bei Patienten, die aus einer chronifizierten Haltung von «Ich weiß nichts und kann nichts» heraus nicht gelernt haben, Eigenständigkeit zu entwickeln. Sie neigen dazu, von Anfang an Verantwortung an den Therapeuten zu delegieren.

8.6.3 Praktische Anwendungen

Bestärken

Diese Interventionen setzen ein gut funktionierendes Arbeitsbündnis (vgl. Kap. 4.1) und einen aktiven Patienten voraus. Der Therapeut kann sich darauf beschränken, den gut funktionierenden Therapieprozeß in Gang zu halten, den Patienten zu bestärken und zu unterstützen. Diese Art von Verstärkung darf nicht infantilisierend sein, sondern ist die Anerkennung an einen gleichgestellten «Mitarbeiter» im therapeutischen Bündnis.
«Ich staune gelegentlich, wie Sie diese neue Seite in sich fördern.»«Hierzu kann ich nichts beifügen, Sie halten die Sache ganz schön in Bewegung.»«Machen Sie weiter so.»

Ermutigen

Ermutigung enthält viel Suggestion. Die Ermutigung fördert die Hoffnung auf eine Besserung. Ermutigende Interventionen zielen auf einen energielosen, entmutigten Patienten. Die Gefahr bei dieser landläufig und stereotyp als «helfenden» Haltung betrachteten Intervention ist erheblich: Es geht nicht um eine undifferenzierte, immerwährende und wenn möglich süßliche Schulterklopfeinstellung. Von Sensitiven würde sie als zu eindringlich erlebt, von Hysterischen als zu verführerisch, von Zwanghaften als zu erniedrigend und Depressiven als unverdient, von Abhängigen oder von Phobischen als eine Ermutigung für weiteres Vermeidungsverhalten. Das therapeutische Ungleichgewicht zu solchen Patienten ist groß und kann durch zu häufigen Einsatz von solchen Techniken noch vergrößert werden. Es wird daher zu dosierter und zeitlich begrenzter Verwendung geraten.

Strukturieren

Nicht nur in Krisensituationen ist mancher Patient über sich und die Umstände verwirrt, ohne im geringsten psychotisch sein zu müssen. Er überblickt die Situation nicht mehr, interpretiert sie einseitig und verwirrt sich so immer mehr. Hier kann der Therapeut als Hilfs-Ich klärend wirken. Er kann sich in seiner Sichtweise vom Patienten abheben, ohne ihn dabei zu verunsichern.
«Also, ich sehe das schon etwas anders als Sie. Mir kommt das Ganze nicht so auswegslos vor. Ich kann mir vorstellen, daß wir uns einmal folgende Möglichkeiten anschauen können . . .»

Sachinformation

Diese kann den Patienten beruhigen und angstreduzierend wirken. Aktives Beraten oder sogar Raten ist nicht letztes Ziel der POT, kann aber durchaus als Mittel zum Zweck während einer Phase angewendet werden. Methoden der Veränderung von Denkschematas oder des Verhaltens (vgl. Kap. 8.2 und 8.3) verschränken sich mit einer strukturierenden Stützung.
Literatur über Sachfragen, aber auch über Bewältigungsweisen von Problemen können dem Patienten zum selbständigen Studium empfohlen werden. In den folgenden Sitzungen werden dann die Erkenntnisse aus dieser Literatur mit dem Patienten zusammen besprochen.

Beistehen

Viele Patienten fühlen sich alleine, unverstanden und unerträglich. Der Therapeut kann diesen Leuten bewußt und gezielt vermitteln, daß er bereit ist, auszuhalten, zu begleiten und beizustehen. Auch wenn Verhalten zur Diskussion steht, welches als erklärtes Ziel unerwünscht ist, kann der Therapeut doch seine Toleranz auch diesem Verhalten und diesem Teil des Patienten gegenüber ausdrücken.
«Ich spüre, daß ich mich gut in Sie einfühlen kann. Das hilft mir, eine Vorstellung darüber zu haben, in welcher Situation Sie sind. Ich merke, daß es mir unter die Haut geht, aber auch, daß ich dabeibleiben kann. ...»
Angemessener Körperkontakt mit dem Patienten kann die Haltung des Beistehens nichtverbal wirkungsvoll unterstützen.
Was beim Stützen schief gehen kann:
Stützung wird oft gleichgesetzt mit Ratgeben, einer schulterklopfenden Haltung und mit Trostspenden. So gutgemeint die Motivation dazu sein kann, so zweischneidig sind Aussagen wie: «Das ist doch nicht so schlimm, das wird schon wieder werden.» Wenn das Trösten zum Beschwichtigen und zum Herunterspielen vorhandener Gefühle und Umstände wird, dann wird sich der Patient unverstanden fühlen. Ratgeben und Schulterklopfen gehen von einer stark asymmetrischen Beziehung aus, wo einer der Wissende und Könnende ist, der andere der Unwissende und Hilflose.

Weiterführende Literatur:

Werman (1984)

9. Fallbeispiele

9.1 Patient mit Depressionen

Der damals 68jährige Patient hatte mich einige Monate nach dem Tod seiner Frau konsultiert. Diese war relativ unerwartet 62jährig an einer Apoplexie verschieden, obwohl sie schon länger kränklich war. Ich hatte sie früher, bis zu ihrem 58. Altersjahr, längere Zeit wegen rezidivierenden Depressionen behandelt. In dieser Phase war mir der Ehemann von den gelegentlichen Kontakten her als recht tatkräftige, ausgeglichene, fröhliche und kontaktfreudige Persönlichkeit vertraut. Die ersten Wochen nach dem Todesfall hatte ich – als der Familie schon vertraute Therapeutin – über Korrespondenz und einige wenige Telefongespräche den Eindruck gewonnen, der Patient zeige eine angemessene Trauerreaktion, obwohl seine Klagen über angebliches ärztliches Versagen in der Behandlung seiner Frau, auch im Rahmen der Trauerarbeit, übertrieben wirkte.
Durch den schon Jahre bestehenden Kontakt zur Familie – auch die jüngste Tochter hatte mich im Rahmen einer Adoleszentenkrise einmal konsultiert – war eine tragfähige therapeutische Beziehung von Anfang an gegeben. So war mir schon in der ersten Therapiestunde daran gelegen, auf die Problemanalyse hinzuarbeiten. Wenige Wochen nach dem Tode der Frau war dem Patienten selbst aufgefallen, daß er sich nach außen stark abschirmte, nachdem einmal alle gängigen Angelegenheiten erledigt gewesen waren. Er lebte fortan zurückgezogen in seiner Wohnung, die er nur noch verließ, um dringenste Einkäufe zu besorgen. Meist saß er inaktiv herum, studierte den vergangenen Zeiten nach, vergegenwärtigte sich insbesondere immer wieder die letzten Wochen des Sterbens seiner Frau. Er konnte sich vom Gedanken nicht lösen, daß seine Frau hätte gerettet werden können, wären die Ärzte einem neurochirurgischen Eingriff gegenüber nicht so skeptisch gewesen.
Alles, was er die letzten Jahre mit ihr noch genossen hatte, schien nun weit weg und ein weiteres Leben sinnlos. Obwohl er für Außenstehende offensichtlich in der ehelichen Beziehung die Führung innegehabt hatte, glaubte er nun, ohne die Unterstützung seiner Frau den täglichen Geschäften nicht mehr gewachsen zu sein. Dabei war er es, der in den letzten Jahren, seit seine Frau erkrankt war und er nach der Pensionierung auch vermehrt Zeit hatte, sich um alle Angelegenheiten des Haushaltes rührend gekümmert hatte. Er meinte nun aber, sie sei es gewesen, die seinem Leben Sinn gegeben habe; sie sei der zuversichtliche, kontaktfähige und liebenswerte Mensch gewesen, um dessentwillen sie beide immer wieder auch von Freunden aufgesucht worden seien. Der Patient fühlte sich im eigenen Zustand an die früheren Depressionen seiner Ehefrau erinnert. Er realisierte, daß er sich mit diesen Selbstanklagen entwertete, war dem jedoch hilflos ausgesetzt.

Besonders belastend war nun für den Patienten ein unerwartetes Zerwürfnis mit der jüngeren Tochter. Die ältere Tochter war ihm gegenüber schon immer viel distanzierter gewesen, und daran hatte auch der Tod der Mutter nichts geändert. Sie lebte zudem in einem anderen Landesteil, so daß sich wenig Gelegenheit für eine engere Beziehung ergab. Die jüngere Tochter war aber lange sein ausdrücklicher Liebling gewesen, der ihm bis in die Studienzeit auch sehr anhing. Allerdings hatte sich schon eine gewisse Distanzierung angebahnt, als sie sich verheiratete und der Patient feststellen mußte, wie der Schwiegersohn ihm gegenüber eher kühl, ja gar abweisend blieb. Nach dem Tode der Mutter verlangten die beiden nun, den Erbanteil ausbezahlt zu erhalten, um sich ein Eigenheim kaufen zu können. In einem Ehevertrag hatten aber Mutter und Vater testamentarisch festgelegt, daß der überlebende Teil die Nutzung des bescheidenen Vermögens zugesprochen erhalte und daß insbesondere das kleine Haus in der Toscana, an dem beide besonders hingen, an den Überlebenden vermacht werden sollte. Gerade das war der Tochter ein Dorn im Auge, hatte sie doch gehofft, mit ihrer eigenen Familie nun dort viel Zeit verbringen zu können. Es waren aber viel weniger die materiellen Forderungen als der harsche Ton und das distanzierte, unempathische Verhalten seiner Tochter, das der Patient schlecht ertragen konnte.
Befragt, warum er selbst die Kontakte mit seiner um 10 Jahre älteren, also schon recht betagten Schwester, nun unterlasse, mit der er sich doch sehr verbunden gefühlt habe, brachte der Patient überraschend deutliche Vorwürfe vor. Er habe sich von ihr immer schon etwas dominiert gefühlt, da sie ja schon in jungen Jahren nach dem frühen Tod der Mutter ihm gegenüber eine Art Mutterfunktion habe übernehmen müssen. Er habe seine Schwester immer um ihr selbstsicheres Auftreten benieden, auch um ihren Erfolg in der späteren Tätigkeit als Geschäftsfrau.
In den ersten drei Stunden ließen sich so ausreichend Informationen zur **subjektiven Problemsicht** des Patienten zusammentragen, um daraus dann gemeinsam die Problemanalyse vorzunehmen. In seiner Sicht überwogen neben der Trauer um den Verlust der Ehefrau die Verbitterung, die er gegen die übrigen Bezugspersonen empfand, allen voran der jüngeren Tochter, dann aber auch der älteren Schwester gegenüber. Alle trugen sie irgendwie Schuld daran, daß sein Leben unglücklich und nun ohne Partnerin auch sinnlos verlaufe. Aus einer gesteigerten allgemeinen Kränkbarkeit heraus hatte er zudem sich selbst entwertet.
In der gemeinsam erarbeiteten **Problemanalyse** wurden die Gewichte wie folgt verteilt:
Die aktuellen Bedingungen waren derart, daß der Patient an einem erheblichen depressiven Zustandsbild litt, im Ausmaß (inkl. Schlaf- und Appetitstörungen) einem depressiven Syndrom entsprechend. Dieser biologische Anteil der Depression wurde dem Patienten als «Hirnstoffwechselstörung» erklärt, die durch antidepressive Medikamente angegangen werden müsse. Auslöser des aktuellen Zustandes war die Trauerreaktion, die sich immer mehr in Richtung einer pathologischen Trauer, gepaart mit projektiven Vorwürfen und Selbstentwertung, entwickelt hatte. **Lebensgeschichtlich** kam komplizierend hinzu, daß sich der Patient offensichtlich schon immer gegenüber Frauen zurückgesetzt und von der älteren Schwester gar miß-

braucht gefühlt hatte. Die Art, wie sich die jüngere Tochter nun gegen ihn wandte, schien selbst alte Geschwisterrivalitäten zu reaktivieren. Obwohl der Patient diese Beziehungskonflikte je einzeln wahrnahm, schien er aber einen biographischen Zusammenhang kaum zu vermuten.

Schließlich hatte er der verlängerten Trauer eine **funktionelle Bedeutung** dadurch verliehen, daß er sich durch den forcierten Rückzug erhoffte, die jüngere Tochter – von der älteren war kaum je die Rede – würde sich aus Schuldgefühlen nun doch vermehrt um ihn kümmern. Je hartnäckiger sie sich aber verweigerte, desto ausgeprägter wurde der depressive Rückzug des Patienten.

In der vierten Therapiesitzung versuchten wir nun, das gewonnene Verständnis der Problemlage in eine umschreibende **Problemdefinition** überzuführen, in Worten also, die der Patient als seine eigene Formulierung akzeptieren konnte:

«Der Tod meiner Frau hat mich einer wichtigen Rolle beraubt, die mir bisher geholfen hatte, mich selbst zu respektieren. Nun, wo ich auf die Unterstützung meiner jüngeren Tochter angewiesen wäre, verweigert sie sich, ja stellt sogar kränkende Forderungen an mich. Einmal mehr fühle ich mich in meinem Leben mißbraucht, ähnlich wie zeitweise im Umgang mit der älteren Schwester, ja in der Jugend auch mit der Mutter.»

Die **therapeutische Zielsetzung** wurde gleich angeschlossen: «Ich muß in den Erinnerungen an meine verstorbene Frau ein realistischeres Bild vom Vergangenen gewinnen, um mich so von ihr besser lösen zu können. Ich darf mich nicht weiter an Enttäuschungen und Kränkungen orientieren, sondern muß mir wieder etwas Eigenständiges vornehmen, das mir erlaubt, aus mir heraus an meine Fähigkeiten zu glauben.»

Strategisch hatte ich als Therapeutin im **Therapieplan** vorgesehen, in einer ersten Phase die Trauerarbeit konsequent durchzuziehen, wobei der Patient von der doch zeitweise hoch ambivalenten Partnerbeziehung wieder ein realistisches Bild gewinnen sollte. Versuchsweise sollte auch die Hypothese angesprochen werden, daß die nun plötzlich verstärkt auftretende Verbitterung gegenüber Mutter und Schwester, psychodynamisch verstanden, Verschiebungen der Enttäuschungswut auf seine Frau waren, von der er sich durch ihren Tod im Stich gelassen fühlte. Es war aber nicht weiter mein Anliegen, die ganze verdrängte Geschwisterrivalität aufzuarbeiten. Vielmehr war mir daran gelegen, die reifen Ich-Anteile anzusprechen und mit dem Patienten eine kognitive Analyse der wahrgenommenen Verhaltensmuster seiner Tochter vorzunehmen. Ich hoffte, ihn damit auch narzißtisch zu entlasten resp. durch eigene Einsichten zu stärken. Schließlich sollten interaktiv seine guten kommunikativen Fähigkeiten wieder angeregt werden, die es ihm früher ja ermöglicht hatten, ein tragendes Beziehungsnetz zu bilden und zu pflegen. Im Therapieplan wurden also integrativ sowohl Wirkfaktoren der Bewußtseinsförderung, des kognitiven Verständnisses, des gefühlsmäßigen Ausdruckes wie der Stützung eingeplant.

Die nächsten etwa 10 Therapiesitzungen waren der **Problemdurcharbeitung** gewidmet. Nach und nach gelang es, den Patienten von der verhafteten Vorstellung wegzuführen, die Ärzte hätten seine Frau retten können, hätten sie es nur gewollt.

Schrittweise kam auch seine Ambivalenz den Verpflichtungen gegenüber zum Ausdruck, die ihre Pflege während der letzten Jahre gefordert hatten. Unterstützt durch die Wirkung der Antidepressiva ließ die Spannung innert weniger Wochen deutlich nach, der Schlaf besserte sich, und der Patient richtete seine Interessen verstärkt wieder nach außen. Der schwelende Konflikt mit der Tochter wurde derart ausgeleuchtet, daß wohl ihre Ablösung von der Mutter, aber auch von ihm als Vater für ihr Verhalten verantwortlich gewesen sei. Als schließlich einmal nach Wochen ein wenn auch distanzierter Telefonanruf erfolgte, verstand es der Patient, nicht der bedauernswürdige verlassene Witwer, sondern der anteilnehmende Großvater zu sein, der keine weiteren Forderungen an seine Tochter mehr stellte. Im Zusammenhang mit der Erbschaft ergaben sich selten mal gemeinsame Termine, die der Patient mit mir vorbesprach, so daß er sachlich auf eigenen Forderungen bestehen konnte, ohne Tochter und Schwiegersohn zu provozieren. Zu seiner eigenen Überraschung erfolgte bald auch eine Einladung ins Haus der Tochter, wo ihm die Geburt des zweiten Grosskindes angekündigt wurde. Der Patient war nach dieser Entwicklung in der Beziehung zu seiner Tochter deutlich entlastet und somit auch fähig, in neuer Weise auf sie und den Schwiegersohn einzugehen. Die Besuche der merklich geschwächten, 10 Jahre älteren Schwester hatte er zwischenzeitlich auch wieder aufgenommen und konnte dabei deutlich unterscheiden, wer die dominierende mütterliche Schwester seiner Kindheit gewesen war, die er in bestimmter Hinsicht weiterhin fürchtete und wer nun diese alte, alleinstehende, schwächliche Frau sei, die von seiner Zuwendung abhing.
Besonders ermutigt wurde der Patient, als er von einem sozialen Pfarrverein zur Mitarbeit angefragt wurde. Er hatte dabei die Altersnachmittage der Gemeinde zu koordinieren. Die regelmäßigen Sitzungen und Besprechungen brachten ihn wieder mit vielen Bekannten in Kontakt, was zwanglos auch zu gegenseitigen Besuchen führte. So erhielt er nun Gelegenheit, in dosierter Weise selber wieder eine Helferfunktion zu übernehmen.
In der Therapieplanung war von Anfang an ganz klar die zeitliche Limitierung einbezogen worden. Dies kam dem Patienten insofern entgegen, als die äußeren Umstände seiner Reise zur Therapeutin relativ beschwerlich waren. Die Gespräche um den Verlust der Gattin wurden immer wieder mal zur potentiellen Ablösung von der Therapeutin in Beziehung gebracht. Erst in den letzten paar Stunden konnte der Patient darauf auch gefühlsmäßig reagieren, indem er seine Ängste äußerte, ob er es wohl «ganz alleine» schaffen werde. Zwar konnte er erkennen, daß er teilweise mir als Therapeutin die Funktionen zuwies, die er eigentlich von seiner Tochter erwartet hatte. Die **Termination** fiel ihm somit nicht leicht. Er glaubte zudem, die Therapeutin habe ja über all die Jahre sukzessiv ein Stück Familiengeschichte mit allen geteilt. Dies wurde ihm zugestanden mit dem Hinweis, daß es gerade deshalb ein leichtes sein müßte, den Kontakt wieder aufzunehmen, würden die Umstände dies je erheischen.
Die **Nachbesprechung** nach sechs Monaten ergab, daß der Patient in ausgeglichener Stimmung war und seine neue soziale Rolle zu genießen vermochte. Eine gewisse Enttäuschung blieb zurück, daß der Kontakt zur Familie seiner jüngeren Tochter

doch nicht so recht warm werden wollte, obwohl er seine Rolle als gütiger Großvater gerne wahrgenommen hätte. Er hatte aber inzwischen ein reges Besuchsprogramm mit verschiedenen Freunden aufgebaut, die er zum Teil auch in sein Ferienhäuschen einlud, so daß er keinerlei Langeweile mehr verspürte. Mit regelmäßigen Neujahrsbriefen konnte der Patient in angemessener Distanz die Verbindung zur «Familientherapeutin» aufrechterhalten, bis er dann 72jährig überraschend an einer Herzkrise verstarb.

9.2 Patientin mit Ängsten

Im folgenden wird an einem Fallbeispiel exemplarisch dargestellt, wie mit Hilfe des in Kapitel 5 beschriebenen Stufenplans eine problemorientierte Therapie strukturiert werden kann:
Eine 38jährige, verheiratete, nicht berufstätige Frau leidet seit mehreren Monaten an zunehmenden agoraphobischen Ängsten. Der Ehemann ist mittlerer Angestellter, strebt eine gehobenere Stellung an und muß dazu in letzter Zeit häufig Fortbildungskurse besuchen. Die Patientin selbst hat zu Beginn der Ehe ihre eigene Berufstätigkeit aufgegeben. Die beiden Kinder besuchen das Gymnasium. Vor etwa zwei Jahren erlebte die Patientin einen Unfall mit leichter Gehirnerschütterung. In der Folge traten gelegentlich leichte Kreislaufstörungen auf. Die Ängste haben sich langsam entwickelt, in den letzten Monaten vor Beginn der Therapie jedoch ein solches Ausmaß angenommen, daß die Patientin nicht mehr wagt, allein das Haus zu verlassen und stets begleitet werden muß.
Im Rahmen der **1. Therapiestufe** versucht die Therapeutin, eine tragfähige und konstruktive **Beziehung aufzubauen**. Es wird der Patientin Gelegenheit gegeben, ausführlich ihre Beschwerden und die sie deprimierende aktuelle Lebenssituation zu schildern. Sie berichtet von ihren panischen Ängsten, die es ihr unmöglich machen, das Haus allein zu verlassen. Sogar zu Hause überfalle sie gelegentlich Angst allein bei dem Gedanken, sie müsse irgendetwas außerhalb des Hauses erledigen. In Begleitung, insbesondere ihres Ehemannes, fühle sie sich sicherer. Ihr Ehemann könne zwar ihre Ängste nicht so recht verstehen, bemühe sich aber in letzter Zeit intensiv darum, ihr beizustehen, soweit es die Belastungen durch Beruf und Weiterbildung erlauben. Die Therapeutin nimmt eine aufmerksame, einfühlende und stützende Haltung ein. Sie gibt der Patientin zu verstehen, daß sie sich gut vorstellen kann, wie hilflos und bedrückt die Patientin sich in dieser Situation fühlen müsse. Sie erklärt ihr gleichzeitig, daß solche Ängste gut behandelbar bzw. überwindbar sind, daß dies eine Anstrengung und aktive Mitarbeit von ihr verlange und daß sie ihr diese Fähigkeit und Stärke auch zutraue. Die Therapeutin erläutert dann der Patientin die Grundzüge ihres Therapiekonzeptes, insbesondere die Problemorientiertheit und zeitliche Begrenzung, und gibt ihr Gelegenheit, dazu Stellung zu nehmen, Fragen zu stellen und schließlich im Sinne eines Therapievertrages ihr Einverständnis dazu zu geben.
Die folgende **2. Therapiestufe** wird von der Frage geprägt, wie die Patientin selbst

sich die Entstehung und die Zusammenhänge ihres Problems erklärt: Wie sieht die **«subjektive Krankheitstheorie»** der Patientin aus? Die Patientin stellt einen eindeutigen Zusammenhang mit dem Unfall vor zwei Jahren her. Sie habe danach einmal in einem überfüllten Kaufhaus eine Kreislaufschwäche erlebt und befürchtet nun, das könne sich jederzeit wiederholen. Sie würde dann plötzlich auf der Straße umkippen und keiner käme ihr zu Hilfe. Außerdem habe sie das Gefühl, sie könne sich seit dem Unfall weniger gut konzentrieren und könnte wegen Unaufmerksamkeit einen erneuten Unfall erleiden. Die Patientin ergänzt, daß sie auch früher schon ein eher ängstlicher Mensch gewesen sei. Allerdings könne sie sich nicht wirklich erklären, wieso die Angst so stark geworden sei. Das mache sie ratlos und hilflos.

Nachdem die Patientin das Problem aus ihrer subjektiven Sicht dargestellt hat, wird ihr erklärt, wie wichtig es sei, sich das Problem noch genauer anzuschauen, um geeignete Mittel zur Problemlösung bzw. Angstüberwindung zu finden. Das leitet über zur **3. Therapiestufe** der **Problemanalyse**. Es werden zunächst im Detail die aktuellen Bedingungszusammenhänge geklärt, nämlich durch welche konkreten Situationen (äußere und innere) die Angst ausgelöst wird und welche Konsequenzen sich daraus für die konkrete Lebensgestaltung der Patientin ergeben (Vermeidungsverhalten, Rekrutierung von Hilfspersonen, Einengung des Lebensraumes).

Dann werden, anknüpfend an die Mitteilung der Patientin, daß sie schon immer eher ängstlich gewesen sei, frühere Lebenssituationen, die mit dem Problem in Zusammenhang stehen könnten, näher beleuchtet. Relevant könnte sein, daß die Patientin als Einzelkind von ihrer Mutter stark verwöhnt worden sei, daß ihre Mutter allerdings, sobald die Patientin in die Schule gekommen sei, wieder ihre frühere Berufstätigkeit aufgenommen und nicht mehr so viel Zeit für sie gehabt habe. In den letzten Jahren habe die Patientin selbst immer wieder für sich überlegt, ob sie wieder in ihren früheren Beruf einsteigen solle, jetzt wo die Kinder größer und nicht mehr so auf sie angewiesen seien. Sie glaube, dies jedoch nicht mit ihren Pflichten als Mutter und Hausfrau vereinbaren zu können. Schon als Kind sei sie sehr gewissenhaft gewesen in bezug auf Schularbeiten und Mithilfe im Haushalt. Auch brauche ihr Mann ein geordnetes Zuhause, um sich auf sein berufliches Fortkommen konzentrieren zu können.

Das wirft die Frage auf, welche funktionale Bedeutung das Problem für ihre jetzige Lebenssituation und Partnerbeziehung hat. Die Patientin schildert ihre Ehe als harmonisch, wenn es sie auch etwas traurig mache, daß ihr Mann aufgrund seiner beruflichen Pläne nur noch wenig Zeit für die Familie habe. Sie fügt jedoch gleich hinzu, daß ihr Mann sich in den letzten Monaten bemüht habe, wieder mehr zu Hause zu sein und ihr beizustehen. Auch Wünsche und Erwartungen hinsichtlich ihrer ganz eigenen persönlichen Lebensgestaltung werden angesprochen und es wird gefragt, ob sie mit ihrem Mann darüber diskutiere; das verneint die Patientin.

Auf der Grundlage der vorausgegangenen mehrdimensionalen Problemanalyse lassen sich verschiedene Hypothesen aufstellen, aus denen auf der **4. Therapiestufe Problemdefinitionen** für spezifische Therapieansätze entwickelt werden können.

– Eine psychodynamische Hypothese: Bei eher passiv-abhängiger Persönlichkeitsstruktur werden verdrängte Verlustängste aus der Kindheit durch das vermehrte berufliche Engagement des Ehemannes aktualisiert (Wiederholungserlebnis).

– Eine interaktionale Hypothese: In einer kritischen Lebensphase ist die Patientin in einen Konflikt geraten zwischen der Verwirklichung eigener Bedürfnisse nach Anerkennung und Selbstverwirklichung, z. B. in eigener Berufstätigkeit, und den Ambitionen des Ehemannes. Die Ängste der Patientin sollen ein früher bestandenes Gleichgewicht in der Beziehung wieder herstellen und die vermeintlich gefährdete Beziehung absichern.

– Eine lerntheoretische Hypothese: Im Sinne einer klassischen Konditionierung haben bestimmte Erlebnisse der Patientin zu generalisierten phobischen Ängsten geführt, die durch Vermeidungsstrategien und insbesondere durch das Verhalten des Ehemannes aufrechterhalten und verstärkt werden.

Es gibt keine allgemein gültigen Kriterien für die Entscheidung, welche dieser Hypothesen die «richtige» ist. In POT geht es darum, zusammen mit der Patientin zu klären, welche Hypothese brauchbar ist, um zu einer Problemdefinition zu kommen, mit der sich die Patientin identifizieren kann und aus der therapeutischen Strategie entwickelt werden kann, mit denen die Patientin einverstanden ist. Die Therapeutin behält die oben aufgestellten Hypothesen nicht für sich, sondern versucht diese in einer der Patientin verständlichen Sprache zu vermitteln. Mit der psychodynamischen und der interaktionalen Hypothese kann die Patientin, zumindest an diesem Punkt der Therapie, wenig anfangen. Vielmehr leuchtet ihr die lerntheoretische Hypothese eher ein, da sie ihrem eigenen Erklärungsmodell näher steht. Es wird ihr erklärt, daß sie, im Sinne eines Lernprozesses, Erfahrungen aus bestimmten Situationen auf andere und immer mehr Situationen übertragen habe, und daß man einen solchen Lernprozeß auch wieder rückgängig machen könne. Dazu müsse sie sich den bisher vermiedenen Situationen wieder aussetzen und dabei die Erfahrung machen, daß nichts Dramatisches passiert, die Angst auszuhalten ist und schließlich sogar immer schwächer wird. Die Problemdefinition lautet für die Patientin also: «Wie kann ich die erlernte Angst wieder verlernen und damit meinen Lebensspielraum wieder erweitern?» Die konkrete Zielsetzung bis zum Ende der Therapie lautet: «Ich will die Angst so weit vermindern, daß ich sie aushalten bzw. damit umgehen kann, so daß ich mich wieder außerhalb des Hauses selbständig und ohne Begleitung bewegen kann.» Im Sinne einer realistischen Zielsetzung wird eine völlige Angstfreiheit bewußt nicht angestrebt.
Damit sind die Voraussetzungen für die **5. Therapiestufe**, der **Problemdurcharbeitung,** geschaffen. Es wird zusammen mit der Patientin ein individuell angepasstes verhaltenstherapeutisches Übungsprogramm zur schrittweisen Angstdesensibilisierung aufgestellt. Im Rahmen einer Paar-Sitzung wird auch dem Ehemann das therapeutische Vorgehen erklärt und ihm Hinweise gegeben, wie er seine Frau dabei unterstützen könne. Die Patientin geht gut motiviert an die Übungen heran und macht zunächst auch gute Fortschritte. Die positive Entwicklung gerät ins Stocken, als die

Patientin bemerkt, daß der Ehemann parallel zu ihren Fortschritten sich wieder weniger um sie kümmert. Die Patientin äußert Vermutungen, daß dem Ehemann die berufliche Karriere wichtiger sei als die Beziehung. Sie deutet sogar Ängste an, daß seine häufige Abwesenheit vielleicht mit einer außerehelichen Beziehung zusammenhängen könnte.

Die Patientin wird motiviert, im Sinne der vereinbarten Zielsetzung das Übungsprogramm fortzusetzen. Gleichzeitig werden Verlustängste in der aktuellen Beziehung thematisiert und es wird versucht, einen Bezug zu Kindheitserlebnissen herzustellen. Diesen Zusammenhang kann die Patientin nicht akzeptieren, da die Situation als Kind nicht vergleichbar sei. Sie will sich aber Gewißheit verschaffen und konfrontiert ihren Ehemann mit der Frage, ob er eine Freundin habe, was dieser verneint. In den folgenden Therapiesitzungen wird die Frage erörtert, ob nicht vielleicht die Karriere des Ehemannes für die Patientin einen ähnlichen Stellenwert haben könnte wie eine außereheliche Beziehung, ob vielleicht ein Ungleichgewicht in der Beziehung entstanden sei, das Neidgefühl und Unzufriedenheit mit der eigenen Lebenssituation bei der Patientin ausgelöst haben könnte. Die Patientin wird darin unterstützt, eigene Bedürfnisse wahrzunehmen und Wünsche und Erwartungen gegenüber dem Ehemann zu äußern. Die konkreten Möglichkeiten einer Teilzeitarbeit werden diskutiert, wobei die Patientin einschränkt, daß dies natürlich erst realisierbar sei, wenn sie die Ängste überwunden habe. Bei der Behandlung dieser Themen werden das anfänglich definierte Hauptproblem und die entsprechende Zielsetzung, nämlich Überwindung der konkreten phobischen Ängste, nicht aus den Augen verloren. In jeder Sitzung werden die gemachten Erfahrungen, Erfolge und Mißerfolge und die nächsten Therapieschritte besprochen.

Ein vorübergehender Rückschritt im Übungsprogramm wird auch dadurch ausgelöst, daß gegen Mitte der Therapie die ursprünglich vereinbarte Therapiebegrenzung angesprochen wird. Gleichzeitig kann die Patientin aber auch Gefühle von Wut auf ihre noch bestehende Behinderung äußern. Sie geht daraufhin mit vermehrtem Eifer an ihre Übungen heran und berichtet von Gesprächen mit ihrem Ehemann, in denen sie ihre Überlegungen hinsichtlich einer Teilzeitberufstätigkeit erstmals auf den Tisch gelegt hat. Der Ehemann erlebt das als Vorwurf, wovon die Patientin sich allerdings nicht entmutigen läßt.

In den letzten drei Sitzungen, der **6. Therapiestufe**, werden die **Ablösung** von der Therapeutin und die **Beendigung** der Therapie zum Hauptthema. Es wird Bilanz gezogen über das bisher Erreichte. Die Ängste sind zwar nicht vollkommen verschwunden, aber in den meisten Situationen soweit reduziert, daß die Patientin damit zurechtkommt und sich wieder ohne Begleitung außerhalb des Hauses bewegen kann. Sie vermeidet allerdings nach wie vor überfüllte Kaufhäuser und öffentliche Verkehrsmittel und traut sich nicht, allein in ein Café zu gehen. Sie hat erste Kontakte für eine Teilzeitbeschäftigung aufgenommen und möchte mit ihrem Mann zu Paarberatungsgesprächen gehen, wozu sie ihn allerdings erst noch motivieren müsse.

In den letzten Therapiesitzungen wird eine deutliche Befangenheit zwischen Patientin und Therapeutin erkennbar, die gezielt angesprochen wird. Die Patientin äußert

Unsicherheit, ob sie es jetzt allein schaffen werde, fühlt sich auch ein wenig im Stich gelassen und möchte gerne noch weitere Unterstützung und Beratung. Die Therapeutin geht auf diese Ängste ein und stellt sie in Zusammenhang mit Trennungserlebnissen und dem jetzigen konkreten Abschiednehmen. Gleichzeitig gibt sie der Patientin zu verstehen, daß sie ihr zutraut, mit den erlernten Strategien jetzt selbständig an dem Problem weiterarbeiten zu können. Es wird ein Nachbesprechungstermin nach Ablauf von drei Monaten vereinbart.

Das dargestellte Fallbeispiel macht deutlich, wie das therapeutische Handeln von den Hauptmerkmalen unseres Konzeptes, nämlich der Problemorientiertheit, der Patientenorientiertheit, dem Methodenpluralismus und der Prozeß-Strukturierung geprägt wird. Die Gliederung in sechs Therapiestufen erleichtert die Orientierung im therapeutischen Prozeß und macht diesen für die Therapeutin – wie auch für die Patientin – durch- und überschaubar. Zudem soll gezeigt werden, wie die Therapeutin ihre Überlegungen und Fachkenntnisse in die Therapie einbringt, indem sie z. B. dem subjektiven Problemverständnis der Patientin ihre ergänzenden Erklärungshypothesen gegenüberstellt, damit jedoch flexibel umgeht und schließlich die Patientin anleitet, eine von ihr selbst akzeptierbare Problemdefinition zu formulieren, die Ansatz bietet für eine konkrete therapeutische Strategie. Die von der Patientin zunächst verworfenen Erklärungshypothesen bleiben im Hintergrund und gewinnen erst dann Bedeutung, wenn Widerstände auftreten, z. B. als die Patientin demotiviert wird durch das veränderte Verhalten ihres Ehemannes. An diesem Punkt bringt die Therapeutin ihre Erklärungshypothesen wieder ein und spricht die funktionale Bedeutung des Problems an. Sie versucht aus diesem Blickwinkel den Widerstand zu klären und Veränderungen auch auf der Beziehungsebene zu bewirken, ohne dabei das ursprünglich definierte Ziel der konkreten Angstbewältigung aus den Augen zu verlieren.

Es sei noch darauf hingewiesen, daß in der POT die Patient-Therapeut-Beziehung selbstverständlich eine ebenso wichtige Rolle spielt wie in jeder anderen Form von Psychotherapie. Sie wird allerdings nur dann thematisiert und analysiert, wenn sich daraus Widerstände ergeben, die den zielgerichteten therapeutischen Prozeß behindern. Im dargestellten Fall geschieht dies in den letzten Therapiesitzungen, als die Patientin sich nun wiederum durch die Therapeutin im Stich gelassen fühlt und Verlustängste aktualisiert werden. Die Therapeutin stellt Zusammenhänge her zwischen der Beziehung innerhalb der Therapie und anderen, früheren sowie jetzigen Beziehungen der Patientin und unterstützt gleichzeitig auch ihre Autonomie und ihr Selbstvertrauen.

9.3 Patientin mit Körperproblemen

Eine 29jährige Frau wurde nach dem vierten Spontanabort bei gynäkologisch unauffälligem Befund überwiesen. Die Frau hatte um eine Psychotherapie nachgesucht, nachdem ihr gefühlsmäßig klar geworden war, daß vier Spontanaborte etwas mit ihrer Psyche zu tun haben müssen.

Ihr *Ziel* war es, etwas über diese vermuteten Zusammenhänge zu erfahren und sie verband damit die Hoffnung, daß sie eine Schwangerschaft austragen könne.
Es erschien eine kleine, zierliche, immer lächelnde Frau, die psychisch völlig unauffällig wirkte. Merkwürdig war einzig, daß die vier Aborte anscheinend an ihr vorüber gegangen waren, ohne psychische Spuren zu hinterlassen. Namentlich waren keine depressiven Affekte in diesem Zusammenhang zu beobachten. Ihre Hauptsorge galt der Frage nach materieller Sicherheit. Sie selbst und ihr Mann waren berufstätig und ohne finanzielle Nöte.
In der Vorgeschichte fiel auf, daß die Beziehung zwischen Mutter und Patientin durch «double-binds» geprägt war und daß diese mit 16 Jahren aus dem Haus geworfen wurde, so daß die Patientin unfreiwillig, eher früh und noch recht infantil, für sich sorgen mußte. Aus dieser Sicht war ihr Bedürfnis nach Sicherheit verständlich. Zumal sie mit ihrem Mann bereits in einer Gruppentherapie gewesen war, wollte sie für sich alleine arbeiten und verweigerte eine Paartherapie.Die therapeutische Beziehung war leicht herzustellen. Die Patientin war kooperativ, durch die vorgängige Therapie erfahren und offen.
Die Problemdarstellung der Patientin lautete: «Ich möchte wissen, warum ich vier Spontanaborte hatte.» Ihr subjektives Problemverständnis war zwar inhaltlich nicht klar, jedoch war ihr bewußt, daß dies mit ihrer psychischen Verfassung und der Beziehung etwas zu tun haben könnte.
Die Problemanalyse ergab bereits nach einer Sitzung die vorläufige Formel: «Ich möchte dem Kind eine gute, sichere Mutter sein. Dazu müßte ich meinen Beruf aufgeben, was meine Unsicherheit und Unselbständigkeit erhöhen und die materiellen Ängste verstärken würde.»
In dieser Formel steckt unausgesprochen die Hypothese, daß die Aborte der Aufrechterhaltung des Sicherheitsgefühles dienen. Dies ist wohlgemerkt die psychodynamische Hypothese ihrer Therapeutin.
Das Ziel war demnach ein doppeltes: einerseits Einsicht in die Problematik, andererseits Erhöhung der Autonomie und Selbstsicherheit.
Die Indikation der Methoden fiel entsprechend auf bewußtseinsfördernde Methoden und auf Förderung von erwünschten Handlungs- und Denkschemata.
In den ersten Wochen der Therapie berichtet die Patientin, daß sie erneut schwanger sei. Wiederum fiel der mangelnde emotionale Bezug zu dieser Tatsache auf, das Freudlose daran und das Fehlen von Angst, die Schwangerschaft erneut zu verlieren. Die Thematik befaßte sich vielmehr mit der Beziehung zu ihrem Mann. Die Patientin lehnte sich vehement gegen seine autoritäre Forderung auf, daß sie sich seinem beruflichen Betrieb einordnen müsse. Die Frage ihrer persönlichen Freiheit gewann zunehmend an Bedeutung. Was würde ein Kind in dieser Hinsicht für Folgen haben? Die Kombination von Unsicherheit bezüglich Materiellem mit potentieller Unfreiheit ließ die erste *Problemdefinition* zu: «Möglicherweise will ich gar kein Kind, weil ich befürchte, ihm zuwenig Sicherheit geben zu können und weil ich meine Freiheit behalten möchte. Gleichzeitig möchte ich gerne eine gute Mutter sein.» Die Formulierung «möglicherweise will ich gar kein Kind» wurde von der Therapeutin als eine Methode zur Förderung des emotionalen Ausdrucks (Übertreiben, vgl. Kap.

8.4) als Hypothese bewußt etwas provozierend und konfrontierend eingesetzt. Das Verhältnis zum Ehemann wurde immer mehr zum Schwerpunkt, die Unzufriedenheit mit ihm immer größer. Die Patientin merkte, wie ihre Bedürfnisse nach Geborgenheit und Führung, aber auch nach Zärtlichkeit von ihrem Mann nicht erfüllt werden konnten. Ihre Reaktion darauf waren einerseits heftige Wutanfälle, andererseits vermehrte Autonomiebedürfnisse, die vom Mann mit verstärkten Versuchen die Frau beruflich an sich zu binden, beantwortet wurden.
Die *zweite Problemdefinition* lautete daher schlicht: «Von diesem Mann will ich unter diesen Umständen kein Kind; ich liebe ihn aber trotzdem.»
Therapeutisch zeichnete sich eine Schwierigkeit ab. Die Patientin hatte von Anfang an den Mann aus der Therapie ausgeschlossen. Die Therapeutin kam jedoch zur Ansicht, daß sich nun eine Paartherapie aufdränge. Es brauchte zwei Sitzungen, um die Patientin dazu motivieren zu können.
Hier zeigt sich auch, daß die ideale Forderung von POT, wonach Therapeut und Patient das Vorgehen gemeinsam bestimmen, sich nicht immer durchführen läßt. Damit würde ein nicht in Paartherapie ausgebildeter Psychotherapeut an die Grenze stoßen, an der er das Paar überweisen müßte. Die Paartherapie endete damit, daß beide sich der Labilität ihrer Beziehung bewußt wurden, die Frau kein Kind mehr wollte und der Mann dem aufsteigenden Bedürfnis nach einer eigenen Therapie nachgab.

9.4 Patientin mit Eßstörung

Die 25jährige in der Ostschweiz aufgewachsene Modeberaterin meldete sich in unserer Poliklinik, weil sie sich in zunehmendem Maße ihren bulimischen Symptomen ausgeliefert fühlte. Die für dieses Krankheitsbild typischen Eß-Brechattacken häuften sich in den Monaten vor Therapiebeginn derart, daß die Patientin immer mehr in eine hoffnungslose und resignative Stimmungslage depressiver Färbung verfiel und sich mit suicidalen Gedanken quälte. Sie lebte in dieser Zeit völlig zurückgezogen; auch am Arbeitsplatz vermied sie ängstlich alle persönlichen Kontakte, einmal, weil ihr wegen der dauernden Beschäftigung mit Essen keine Zeit dafür verblieb, zum andern, weil niemand erfahren sollte, daß sie an diesem Problem leidet. Als von einer anderen Region Zugezogene war ihr die Stadt ohnehin fremd. Sie hatte hier keine Bekannten oder Freunde. Als einzige Kontaktperson verblieb die Mutter, mit der sie täglich telefonierte und von der sie immer wieder die gleichen Ratschläge und Ermahnungen erhielt. Obwohl diese Gespräche fast regelmäßig enttäuschend verliefen, hatten sie für Petra die Bedeutung eines lebenswichtigen Kontaktdrahtes. Nach Arbeitsschluß zog sie sich in ihre kleine Wohnung zurück und war dort, getrieben von einem schier unersättlichen Verlangen, fast ausschließlich damit beschäftigt, alle nur erdenklichen Nahrungsmittel gierig in sich hineinzustopfen, um sie anschließend wieder herauszuwürgen. Völlig erschöpft, voller Schuldgefühle und in verzweifelter Stimmung, sank sie jeweils im Anschluß an diese Freßorgien in ihr Bett.

Petra ist eine mittelgroße, hübsche, knapp normalgewichtige Frau. Zu den therapeutischen Gesprächen erschien sie immer phantasievoll und modisch gekleidet. Ihre Haut hatte einen goldbraunen Teint, der von den regelmäßigen Solariumbesuchen herrührte, was in den ersten Frühlingstagen besonders auffiel. Mit ihren großen und dunklen Augen blickte sie mich prüfend, anfänglich nur flüchtig und abtastend, gelegentlich auch verführerisch an. Der ganze Habitus war mehr der einer Jugendlichen als der einer fünfundzwanzigjährigen Frau. Petra sprach mit leiser, unsicherer Stimme, meist stockend, und es machte den Anschein, als ob sie sich jedes Wort genau überlegen müßte, um ja nichts Falsches oder dem Therapeuten Mißfallendes zu sagen.
Petra brachte ihr Leiden mit einer kurz vor Behandlungsbeginn in die Brüche gegangenen Beziehung in Zusammenhang. Mit ihrem damaligen Freund machte sie erste sexuelle Erfahrungen, denen sie bislang ängstlich aus dem Weg gegangen war. Nach einer anfänglichen Hochstimmung, nun endlich eine «richtige Frau» zu sein, verängstigte sie das ständige Drängen des Freundes zu Intimkontakten. Sie hatte schließlich das Gefühl, sexuell ausgenützt zu werden. Eigentlich hätte sie ja vor allem Nähe und Geborgenheit gesucht, sah sich aber durch das Verhalten des Freundes in dieser Hoffnung enttäuscht. So brach sie von sich aus die Beziehung ab, worauf die Probleme mit dem Essen und die dadurch aktivierten Ängste vor Gewichtszunahme begonnen hätten. «Dies alles muß wohl ein Ersatz für den Freund gewesen sein», meinte die Patientin.
Diese Formulierung *«ein Ersatz für . . .»* wurde nun gleich zu Beginn der Therapie aufgenommen und als **vorläufige Problemdefinition (subjektive Problemsicht)** erklärt. Wir vereinbarten, der Formel im weiteren Verlauf nachzugehen, sie zu erweitern, zu präzisieren und mit weiteren Inhalten zu füllen. (Vom Denken der POT her können wir hier festhalten, daß die Patientin von sich aus eine eigene, wenn auch nur in Ansätzen formulierte dynamische Hypothese im Sinne ihres subjektiven Krankheitskonzeptes vorbrachte, die zum Ausgangspunkt der weiteren Problemanalyse genommen wurde.)
Die an diese erste Phase anschließende, aus den vertieften Anamnesegesprächen **erweiterte Problemanalyse** ergab folgende Zusammenhänge:
Petra wuchs als jüngstes von drei Geschwistern in einem ländlichen Gebiet der Ostschweiz auf. Im dritten Lebensjahr verlor sie ihren Vater, der bei der Arbeit tödlich verunfallte. Sie habe damals nicht richtig verstanden, was geschehen sei. Plötzlich war der Vater nicht mehr da, und das bisher gewohnte Familienleben änderte sich in der Folge drastisch. Die Mutter reagierte mit einer schweren Depression. Nach dem Tod ihres Mannes zog sie sich fast vollständig von ihrer Umwelt zurück und vermied während Jahren beinahe phobisch alle sozialen Kontakte, vor allem zu Männern. Selbst der von der Patientin geliebte Pate konnte nur noch außerhalb des Hauses besucht werden. Die Mutter schloß sich in der Folge besonders eng mit Petra zusammen; nicht selten hätten sie gleichzeitig dieselbe Krankheit gehabt, bemerkte die Patientin.
Während sich die beiden deutlich älteren Geschwister bald von zu Hause absetzten, entwickelte sich zwischen Petra und ihrer Mutter eine unheilvolle symbiotische

Beziehung, die die Patientin äußerst ambivalent erlebte. Aus dieser Umklammerung versuchte sie sich erstmals deutlich im 16. Altersjahr durch eine Magersucht zu entziehen.
Auf Anraten des Hausarztes zog Petra von zu Hause weg zu ihrer Schwester, die in der Nähe von Bern als Krankenschwester arbeitete. Dort blieb sie dann während den folgenden Jahren. Es gelang ihr, die Magersucht zu überwinden, obwohl sie ständig unter der Trennung von der Mutter litt. Mit ihren ständig wechselnden Liebesbeziehungen, wie mit der Muttterersatz-Rolle, war die Schwester aber überfordert, und die Patientin fühlte sich in dieser Situation zunehmend unwohl. Schließlich zog sie von der Schwester weg, nachdem sich wieder erste Anzeichen einer erneut beginnenden Magersucht meldeten. So kam Petra ungefähr ein Jahr vor Therapiebeginn nach Bern. Dies sei ihr erster Versuch gewesen, ein selbständiges Leben zu führen, kommentierte sie.
Die erweiterte Problemanalyse zeigte aber auch, daß die Patientin im Gegensatz zu ihren ersten Angaben nicht erst nach der Trennung von ihrem Freund die bulimischen Symptome entwickelt hatte, sondern bereits früher, zu einem Zeitpunkt nämlich, da sie die Beziehung als immer größer werdende Belastung erlebt hatte.
Aus der detaillierten Erhebung der Lebensgeschichte und der aktuellen Lebenssituation, die hier nur sehr verkürzt wiedergegeben wurden, formulierten wir schließlich gemeinsam eine **erweiterte Problemdefinition:**
Die Symptome der «Eßstörung» dienen mir dazu, mich von belastenden und überfordernden Beziehungen abzugrenzen. Gleichzeitig kann ich mir mit Essen etwas Gutes tun, sowie meine Ängste und depressiven Verstimmungen dämpfen. Als unerwünschte Nebenwirkungen dieser Problemlösung ergeben sich aber verschiedene körperliche und seelische Probleme, insbesondere Schuld- und Einsamkeitsgefühle.
Mit dieser Formulierung wird die unbewußte Symptomproduktion als funktionaler Prozeß interpretiert und damit in die Eigenverantwortung der Patientin gestellt. Die Patientin ist damit aufgefordert, Eßanfälle und Erbrechen als Signale des Körpers wahrzunehmen, die auf seelische Mangelzustände und Konflikte aufmerksam machen. Die bulimischen Symptome sind nicht länger ein ichfremdes Geschehen.
Außerdem – und dies ist besonders wichtig – wird gleichzeitig die Berechtigung der hinter der Symptomatik erscheinenden Bedürfnisse nach Liebe und Abgrenzung explizit anerkannt. Als **vorläufiges Therapieziel** formulierten wir deshalb die folgende Formel:
«Mit welchen Mitteln oder Handlungsweisen kann ich mich von mir wichtigen Menschen genügend abgrenzen und dabei ich selbst bleiben, ohne dabei deren Zuwendung zu verlieren und ohne auf die für meinen Körper und mein seelisches Befinden schädlichen Symptome der Eß-Brechsucht zurückgreifen zu müssen?»
In Entsprechung zur Problem- und Zieldefinition wurde zusammen mit der Patientin eine **therapeutische Strategie** entwickelt, die sowohl den Hauptaspekten dieser Formeln, als auch dem psychosomatischen Geschehen der Bulimie Rechnung tragen sollte:

1. Medizinische Maßnahmen
Eine eingehende internistische Abklärung und allenfalls die Einleitung entsprechender medizinischer Behandlungen.

2. Symptomreduktion
Verhaltenstherapeutisch orientierte Methoden der Selbstkontrolle.

3. Wahrnehmung von Gefühlen und Körperempfindungen
Übungen zur Körperwahrnehmung und zum Ausdruck von Gefühlen und Empfindungen.

4. Klärung der aktuellen Lebenssituation
Vorwiegend strukturierende Interventionen zur Klärung der aktuellen Lebenssituation sowie der bedeutsamen Beziehungen.

Diese Methoden wurden nicht nacheinander, sondern parallel und sich überschneidend, jedoch immer mit Rückgriff auf die dem Behandlungsverlauf jeweils neuangepaßte Problemdefinition eingesetzt.
Ein direktes Angehen der bulimischen Symptomatik ist nicht nur vom subjektiven Leidensdruck her zu begründen, sondern auch vom Risiko sekundärer körperlicher Schädigungen. So zeigten sich bei der Patientin neben Elektrolytstörungen bereits auch gravierende Zahnschmelzschäden, die vom häufigen Erbrechen herrührten. Diesen Problemen galt es sofort direkt zu begegnen. Wir vereinbarten also, parallel zur Verfolgung der dynamischen Problem- und Zieldefinition das Symptomverhalten mit Methoden der Verhaltensmodifikation zu beeinflussen. Nach eingehender Analyse der bedingenden und resultierenden Faktoren der Eß-Brechsymptomatik etablierten wir ein Selbstkontrollprogramm, einschließlich eines Ernährungsplanes. Die Patientin hatte ein detailliertes Eßtagebuch zu führen, das regelmäßig besprochen wurde. Mittels eines Selbstbelohnungssystems – für symptomfreie Intervalle gab es Bonuspunkte – sollte sie sich Jazztanz, Solarium- und Kinobesuche «verdienen».
Bereits nach wenigen Sitzungen berichtete die Patientin von einem deutlichen Rückgang der Symptomatik. Sie war stolz, das zwanghafte Verhalten rund um das Essen besser im Griff zu haben. Immer wieder mußte ich in dieser Phase die nach Perfektion strebende Patientin ermuntern, sich durch Rückschritte nicht entmutigen zu lassen bzw. nicht Symptomfreiheit, sondern lediglich Symptomverminderung anzustreben. Wieder neu auftretende Symptome bezeichnete ich deshalb als wichtige Signale dafür, daß das in der gemeinsamen Definition formulierte Problem noch nicht befriedigend gelöst sei. Es gehe neben der anvisierten symptomatischen Besserung auch um die Klärung wichtiger Beziehungs- und Gefühlsfragen.
Gleichzeitig klagte Petra über vermehrten Streß, den sie vor allem in Arbeitspausen, aber auch am Abend in ihrer Wohnung verspüre. Anfänglich war es ihr nicht möglich, genauer anzugeben, was mit dieser Kennzeichnung ihrer Gefühlslage gemeint sein könnte. «Streß» war offenbar die Umschreibung von verschiedenartigen Gefühlen negativer Qualität. Mit wiederholten Übungen zur Körperwahrnehmung und den damit verbundenen Empfindungen und Gedanken gelang es allmäh-

lich, subjektiv unterscheidbare Emotionen aus dem diffusen Gefühlsstrom auszuscheiden. Insbesondere wurde sich Petra einer tiefen Trauer sowie eines bohrenden Schmerzes bewußt, ohne vorerst diese Gefühle mit bestimmten Lebensereignissen in Verbindung bringen zu können.

Entscheidend für den weiteren Verlauf war dann ein Traum, den die Patientin berichtete: Sie befand sich als kleines Mädchen zusammen mit ihrem Vater bei einem Fotografen und es ging darum, ein Foto für das Familienalbum zu machen. Zu diesem Zweck mußte sich Petra ihrem Vater auf den Schoß setzen. Beim Erzählen dieses Traumes konnte Petra einer während langer Zeit unterdrückten Trauer Raum geben. Dafür brauchte sie allerdings vorausgehend die «Erlaubnis» ihres Therapeuten. Sie konnte darüber sprechen, wie sehr sie in der Vergangenheit, aber auch in der Gegenwart ihren Vater vermißte, seine Zuneigung und seinen Halt in schwierigen Lebenssituationen. Es war ganz offensichtlich, daß Petra mit ihrem Traum auch auf die therapeutische Beziehung antwortete. (Der Therapeut ist ein Mann, der etwa so alt ist, wie jetzt der Vater der Patientin wäre.) Diesen Bezug zur therapeutischen Beziehung sprach ich zwar vorsichtig an, ohne jedoch das im Traum symbolisierte Übertragungsgeschehen deutend zu analysieren. (Dies wäre im Verständnis der POT erst dann notwendig, wenn sich durch die Übertragung therapiebehindernde Probleme ergäben.)

Im Verlauf der weiteren Trauerarbeit bemerkte dann Petra einmal: «Nun ist es halt so, mein Vater ist tot, und ich muß damit leben». Sie signalisierte einen vorläufigen Abschluß ihres Trauerprozesses. Für den Moment reichte es ihr; sie konnte mit dieser Tatsache in der damaligen Situation leben. (Dies will nicht heißen, daß das Thema abschließend bearbeitet gewesen wäre; im Verständnis der POT ist aber das Ergebnis einer solchen Verarbeitungsphase dann ausreichend, wenn der therapeutische Prozeß nicht blockiert ist und die Patientin sich weiter entwickelt.) Dennoch geriet Petra in eine Krise: Die bulimischen Symptome traten wieder vermehrt auf, nachdem sie beinahe verschwunden waren. Petra zeigte sich darüber äußerst enttäuscht. Sie bezeichnete den anfänglichen Erfolg als «Strohfeuer» und klagte sich selbst an, erneut versagt zu haben. Sie wollte die verhaltenstherapeutischen Maßnahmen aufgeben, weil dies alles ohnehin keinen Sinn hätte. Der durch den therapeutischen Prozeß bewirkte Widerstand war offensichtlich und es drohte eine depressive Krise.

In dieser Situation entschloß ich mich für eine konfrontative Intervention. Mit ihrer eigenen Assoziation zum obigen Traum gab mir die Patientin ja einen Hinweis: Sie vermisse oft einen haltgebenden Vater. Ich erinnerte also Petra an unseren Behandlungsvertrag, sowie an das gemeinsam formulierte Therapieziel und ermunterte sie durchzuhalten. Ich meinerseits sei auf keinen Fall gewillt, jetzt aufzugeben. Die Antwort von Petra war ein akzeptierendes Lächeln.

In dieser Phase beklagte sich die Patientin auch wiederholt über die angeblichen telefonischen Beeinflussungsversuche ihrer Mutter. Außerdem war sie sehr enttäuscht über ihre Schwester. Sie fühlte sich durch deren Bemerkung, ob sie noch immer nicht zurecht käme mit dem Leben, zurückgewiesen und entwertet. Nach eingehender Betrachtung dieser Telefongespräche konnten wir folgendes festhalten und als **Ergänzung der bisherigen Problemanalyse** beifügen:

Es gelingt mir schlecht, zu meiner Mutter und zu meiner Schwester eine befriedigende Beziehung herzustellen. Ich fühle mich hin- und hergerissen: Entweder fühle ich mich kontrolliert und in Besitz genommen oder aber zurückgestoßen und alleine gelassen.

Petra realisierte in den weiteren Gesprächen, daß eine örtliche Distanzierung zur Mutter und zur Schwester keine Lösung ihrer Autonomieprobleme gebracht hatte. Sie konnte aber gleichzeitig zum Wunsch stehen, der Mutter nah zu sein, ohne von ihr vereinnahmt zu werden. Sie wage es nicht, offen mit ihr über die eigenen Probleme zu sprechen, weil sie sie nicht belasten wolle. Die Zurückweisung durch die Schwester war Petra unverständlich, nachdem sie früher doch viel Unterstützung von ihr erfahren hatte. Erneut, wie früher, fühlte sie sich als «die kleine, unreife Schwester» behandelt, die nicht auf eigenen Beinen stehen kann.

Wir beschlossen schließlich, Mutter und Schwester zu einem gemeinsamen Gespräch einzuladen, in dem die Patientin über ihre aktuellen Schwierigkeiten, aber auch über ihre Beziehungswünsche sprechen wollte. Dieses Gespräch verlief dann sehr überraschend. Die Mutter erwies sich als eine warme und einfühlsame Frau. Sie berichtete lebhaft von ihren Kontakten zu Freundinnen und Verwandten, aber auch von verschiedenen sozialen Aktivitäten. Es wurde ihr im Verlauf des Gespräches bewußt, daß sie damals «den Knopf auftat», als Petra von zu Hause auszog. Sie konnte offen aussprechen, daß eine Rückkehr von Petra in ihr Haus nicht in Frage käme, daß sie sich aber trotzdem einen intensiveren Kontakt zu beiden Töchtern wünsche. Petra wie ihre Schwester zeigten sich durch diese Aussage ihrer Mutter überrascht. Bei Petra war eine deutliche Entlastung festzustellen. Die klare Abgrenzung der Mutter mit dem gleichzeitig ausgedrückten Beziehungsangebot gab ihr den Mut, ihrerseits die auf die Beziehung bezogenen Ängste und Wünsche auszusprechen.

In den insgesamt drei Familiengesprächen war eindrücklich zu sehen, wie sehr die drei Frauen durch den Tod des Ehemannes und Vaters über Jahre in gegenseitige Schuldgefühle verstrickt waren. Krankheiten und psychische Probleme der einen wurde von den jeweils anderen als stummer Vorwurf aufgefaßt, sich zu wenig um sie zu kümmern. Als Folge der gemeinsamen Trauerarbeit und wechselseitigen Beziehungsklärung ergab sich schließlich eine merkliche Entspannung und eine offene Gesprächsatmosphäre. (Im Rahmen der POT kann es angezeigt sein, das Zweier-Setting vorübergehend zu erweitern und **Paar- und Familiengespräche** aufzunehmen, sofern diese der vereinbarten Zielsetzung dienen.)

Petra entschloß sich gegen Ende der Therapie, ihre Stelle und ihre Wohnung in Bern zu kündigen und in die Nähe von Mutter und Schwester, d. h. zurück in die Ostschweiz zu ziehen. Nachdem sie monatelang beinahe phobisch vermieden hatte, in diese Gegend zu reisen, wagte sie das Unternehmen an einem Wochenende. Sie realisierte dabei ihre emotionale Verbindung zu diesem Landesteil der Schweiz, aber auch, daß sie ein noch immer existierendes und für sie bedeutsames soziales Netz zurückgelassen hatte. Die herzliche Aufnahme durch Verwandte und Freunde zeigte ihr, daß sich verloren geglaubte Beziehungen wieder aktivieren ließen.

Mit zunehmender Therapiedauer hatte sich die Patientin mehr und mehr geöffnet.

Das um Zuwendung buhlende Mädchen verwandelte sich nach und nach in eine junge Frau, die sich ihres wachsenden Selbstwertes bewußt war. In den letzten Sitzungen verhielt sich Petra mir gegenüber dann aber plötzlich wieder trotzig und verhalten aggressiv. Sie machte mir indirekte Vorwürfe, sie zu wenig zu unterstützen und sie alleine zu lassen. Es war offensichtlich, daß ihr der bevorstehende Abschied Mühe bereitete. Durch das Ansprechen von Gefühlen der Wut, des Schmerzes und der Trauer, die die Beendigung unserer Beziehung bei ihr bewirkten, wurde nochmals der frühe Verlust des Vaters und damit auch die **Terminierung der therapeutischen Beziehung** thematisiert.
Ein halbes Jahr nach Abschluß der Behandlung rief mich die Patientin aus der Ostschweiz an. Sie erkundigte sich nach der Adresse eines Psychotherapeuten. Bei dieser Gelegenheit berichtete sie, daß sie in einer eigenen Wohnung lebe und eine Beziehung zu einem jungen Mann habe. Die Mutter treffe sie regelmäßig. Ihre Gespräche seien offener geworden, und sie fühle sich in ihrer Gegenwart unbelastet. Auch die Kontakte zur Schwester hätten sich in der Zwischenzeit verbessert; sie werde jetzt von ihr wie eine Freundin, als gleichwertig behandelt. Selbst der Bruder, der sich seit Jahren ganz von der Familie abgesetzt hatte und der sich auch weigerte, an unseren Therapiegesprächen teilzunehmen, habe sich gemeldet und sie zum Essen eingeladen. Noch immer leide sie aber unter wiederkehrenden bulimischen Attakken, die allerdings viel seltener und weniger heftig als früher aufträten. Noch immer habe sie Mühe, ihren Körper zu akzeptieren. Deswegen wünsche sie sich auch eine Fortsetzung der therapeutischen Arbeit.

10. POT in Krisensituationen

Es besteht ein relativ enger Bezug zwischen POT und Krisenintervention, der sich sowohl aus dem Prozeßcharakter wie aus der theoretischen Begründung ergibt. Prozeßhaft kann a) eine Krise der POT vorausgehen, b) sie kann während einer POT durch äußere Bedingungen ausgelöst werden oder c) sie kann nach Abschluß der POT eine zusätzliche Intervention verlangen. Theoretisch gründet die Krisenintervention auf den Krisen- und Streßtheorien einerseits, auf den Kognitions- und Coping-Theorien andererseits, die alle einen mehr oder weniger klaren Bezug zu den vier Hauptmerkmalen der POT haben.

Zeitlicher Bezug der Krisenintervention zu POT

a) Krisenintervention vor POT
Hinsichtlich des Auftretens einer Krise ist die erste Variante am wahrscheinlichsten. Patienten, die temporär durch eine Krise in ihrer Anpassung stark verändert oder im emotionalen Gleichgewicht deutlich destabilisiert sind, bringen ungünstige Voraussetzungen für eine POT mit sich. Hier ist die Krisenintervention (vorerst) geeigneter. Sie ermöglicht es, die äußeren und zum Teil inneren Verhältnisse des Patienten so weit zu stabilisieren, daß die notwendige Konzentration und Reflexion aufgebracht werden kann, um den gewählten Problembereich zu vertiefen und zu verarbeiten. POT setzt also ein Stück vertieftes Reflektieren voraus, was in der Regel nur unter temporär stabilen Verhältnissen gelingt. Dazu kann die Krisenintervention die Voraussetzung schaffen. Es drängt sich aber auf, daß eine Krisenintervention lege artis durchgeführt wird, bevor ein therapeutisches Anschlußprogramm in Erwägung gezogen wird. Die Wirksamkeit der Krisenintervention hängt nicht zuletzt davon ab, ob Patient und Therapeut überzeugt sind, die Krise in den paar Sitzungen der Krisenintervention meistern zu können. Somit sollte der Entscheid zur anschließenden POT erst zur Zeit der Nachkontrolle erfolgen, wenn der Patient deutlich und situativ genügend Distanz zu der durchlebten Krise gewonnen hat.

b) Krisenintervention während POT
Die zweite Variante, Krisenintervention während der POT, drängt sich dann auf, wenn äußere Verhältnisse den Patienten unerwartet in eine Krise stürzen. Es kann sein, daß ein Patient den Partner verliert (Krankheit, Unfall, akute Ehekrise mit Trennung); daß er durch eine akute Bedrohung (Examensangst oder Arbeitsplatzverlust) in Panik gerät und zu dekompensieren droht oder daß eine schwere Körper-

krankheit eine existentielle Krise auslöst. Hier muß der Therapeut aus der POT heraus fließend seine therapeutische Strategie auf eine gezielte Krisenintervention umstellen – unabhängig davon, ob die aufgetretene Krise einen Bezug zu dem definierten Problembereich der POT hat oder nicht. Sobald die notwendige innere und äußere Stabilisierung erreicht ist, wird mit den Methoden der POT die Therapie weitergeführt, ohne daß formell die Krisenintervention «abgeschlossen» werden muß. Technisch wird der Hauptunterschied meist darin liegen, daß der Therapeut wesentlich aktiver wird, die Lebenssituation zu strukturieren versucht und wo nötig Bezugspersonen in die Therapie miteinbezieht.

c) Krisenintervention nach POT
Die dritte Variante schließlich ist die, daß ein Patient, der erfolgreich mit seinem Therapeuten die POT vor mehr oder weniger langer Zeit abgeschlossen hat, in eine akute Krise gerät. Es ist naheliegend, daß sich der Patient dann vertrauensvoll an den ihm bekannten Therapeuten wendet. Durch die problemorientierte therapeutische Tätigkeit hat der Therapeut schon früher die habituellen Bewältigungsformen des Patienten kennengelernt. Er kann nun vermutlich recht effizient den Patienten im Sinne der Krisenintervention aus der Krise herausführen, ohne daß eine aufwendige Therapie notwendig wird.
Alle drei Varianten gehen davon aus, daß die beiden therapeutischen Modelle eine gemeinsame Basis haben, aber als therapeutische Strategien unter unterschiedlichen Verhältnissen zur Anwendung gelangen.

Theoretische Begründung der Krisenintervention

Krisenintervention stützt sich vor allem auf Krisen- und Streßtheorien, bzw. Kognitions- und Copingtheorien.

a) Krisen- und Streßtheorien
Reiter und Strotzka (1977) haben Krisen wie folgt umschrieben:

> «Krisen sind zeitlich umschriebene Ereignisse von ungewissem Ausgang mit dem Charakter des Bedrohlichen, des möglichen Verlustes. Sie stellen gewohnte Wert- und Zielvorstellungen in Frage, fordern Entscheidung und Neuanpassung, können Gefühle der Hilflosigkeit erzeugen, führen vielfach zur Änderung von Verhalten und Erleben und bieten somit auch die Chance einer Neuorientierung.»

Es lassen sich **situative** von **biographischen** Krisen unterscheiden.
Situative oder traumatische Krisen werden etwa ausgelöst durch: Krankheit mit ihren vielseitigen psychosozialen Folgen; äußere Bedrohungen (Vergewaltigung; Grubenunglücke); Verluste von nahestehenden Menschen, von Lebensgewohnheiten (Emigration, Arbeitsplatz); drohende oder reale Kränkungen (Examina, öffentliche Auftritte) als Bedrohung des Selbstwertes etc.

Biographische oder entwicklungsbezogene Krisen treten nicht selten zu Zeiten auf, da eine neue Entwicklungsphase ein besonderes Maß an Anpassung verlangt, etwa in Pubertät, Adoleszenz, Berufseinstieg, bei Elternschaft, wichtigen beruflichen Veränderungen, Auszug der Kinder, Klimakterium, Pensionierung, Altern, Sterben. Zumindest seit Caplan eine eigentliche Krisentheorie begründete, wird dem Erleben von Krisen eine pathogenetische Bedeutung zugesprochen. Ein Krisenanlaß ist somit als Stressor zu verstehen, der ein bestehendes psychophysiologisches Gleichgewicht bedroht. Nur dann, wenn die habituelle Bewältigung nicht ausreicht, kommt es zur Dekompensation oder Krise. Ihre Manifestation kann somatisch und/oder psychisch sein, meist als akute abnorme psychogene Reaktion mit Angst, Stupor und/oder depressiver Verzweiflung. Auffallendste Phänomene sind somit in der Regel heftige, nicht weiter kontrollierbare Emotionen.
Der spontane, d. h. von außen unbeeinflußte Verlauf einer Krise ist derart, daß es entweder innerhalb gegebener Zeit (meist 2–3 Wochen) zur Kompensation kommt oder daß die Krise in einen fixierten psychopathologischen Zustand hinüberführt. Die Bedeutung unterschiedlicher Stressoren und deren Auswirkung auf Krisenverläufe ist in einer umfangreichen Literatur zusammengestellt. Wir gehen im folgenden davon aus, daß nicht primär der Krisenanlaß entscheidend ist, sondern vielmehr der **Krisenprozeß** als solcher. Somit gelten die hier gemachten Überlegungen ebenso für direkte psychosozial ausgelöste Krisen wie für psychosoziale Krisen, die erst sekundär durch eine bedrohliche somatische Krankheit entstehen. Wir vertreten die Auffassung, daß auch zur Stützung des somatisch Kranken eine modifizierte Krisenintervention wesentlich zu seiner Anpassung beitragen kann.

b) Kognitions- und Bewältigungsheorien
Im Krisenverlauf kommt also der spontanen Bewältigung große Bedeutung zu. Coping oder Bewältigung wirkt als Mediator zwischen dem Krisenanlaß bzw. Stressor einerseits und dem Krisenausgang in gelungene, respektive misslungene Anpassung andererseits. Die erfolgreiche Bewältigung der Krise kann zur Progression, zum reifen Meister künftiger Krisen beitragen (Nietzsche: «Was dich nicht tötet, wird dich stärker machen»). In der Krise werden habituelle Bewältigungsformen durch solche, die situationsbezogen sind, ergänzt. Auch das (familiäre) Umfeld als Ressource vermag den Menschen in der Krise wesentlich zu stützen. Wie Forschungsergebnisse zeigen, verfügen die meisten Menschen über ein beträchtliches Repertoire an Bewältigungsformen, das je nach Krisenanlaß zur Anwendung kommt. Von Krebskranken etwa werden im Verlauf zirka 10 verschiedene Bewältigungsformen pro Krankheitssituation eingesetzt.

Es gibt ferner ausreichend Forschungsergebnisse, die geeignetere von ungeeigneten Bewältigungsformen unterscheiden lassen. So ist in der Regel eine aktive, zupackende Bewältigungsstrategie besonders geeignet, die zugleich hilft, die Krise zu verstehen und integrieren, die ausreichend familiäre und soziale Zuwendung auslöst, die aber auch ermöglicht, Gefühle auszudrücken und unveränderbare Folgen hinzunehmen. Als nachteilig hat sich dagegen eine passive, resignative Bewältigungshaltung erwiesen, die mit Selbst- oder Fremdbeschuldigung einhergeht, die keine angemessene Verarbeitung der ausgelösten Gefühle zuläßt oder die die entstandenen Probleme auch über die erste Phase hinaus verleugnen will.

Alle erwähnten Faktoren, Stressoren oder Krisenanlaß, Ressourcen, Bewältigungsvermögen und Konsequenzen der Krise bilden zusammen ein dynamisches Gleichgewicht. Es ist somit nicht ein linearer Ablauf sondern ein in Regelkreisen einhergehender Prozeß, der den eigentlichen Krisenverlauf am besten wiedergibt. Abbildung 5 stellt den sog. Transaktionsprozeß in stark vereinfachter Form dar: Es wird

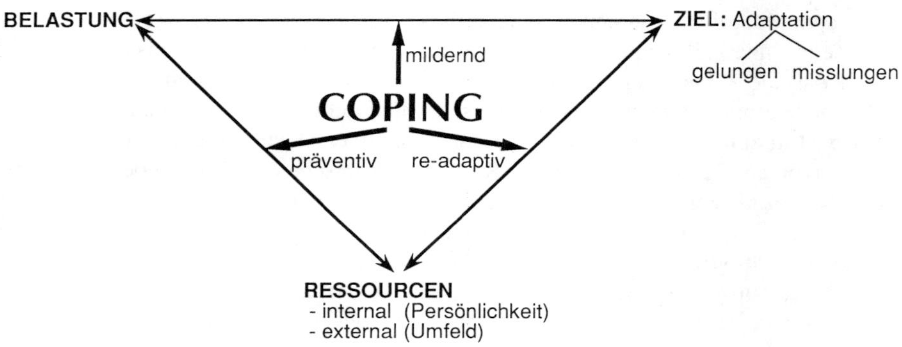

Abbildung 5: Transaktionsprozeß

ersichtlich, daß auch die Unterstützung von außen, zum Beispiel als professionelle Krisenintervention, sich in diesen Regulierungsvorgang einfügen muß. Man kann annehmen, daß erfolgreiches, individuelles Bewältigen einer Art von «natürlichem Wirkfaktor» entspricht, der vom Patienten selbst induziert wird – ähnlich den Wirkfaktoren der Psychotherapie, die durch den Therapeuten induziert werden. Dort wo es zur eigentlichen Krise kommt, hat dieser natürliche Regulationsvorgang versagt. Es wird dann darum gehen, den Coping- oder Bewältigungsprozeß geeignet zu unterstützen, entweder durch Ermutigung von tauglichen Bewältigungsversuchen und/oder durch Stimulieren von neuen, erfolgversprechenden Bewältigungsformen.

Ablauf der Krisenintervention

Die im Folgenden skizzierten Schritte im Ablauf einer Krisenintervention sind den Stufen der POT analog, stützen sie sich doch auf die gleichen Grundprinzipien. Der Erfolg der Krisenintervention hängt, wie erwähnt, stark von der Grundhaltung des Therapeuten ab. Er muß selber Vertrauen in die Wirksamkeit einer in der

Zielsetzung limitierten Intervention haben. Dabei ist nicht die Diagnose, sondern die Beurteilung der aktuellen Krise entscheidend. Die Krisenintervention ist von Anfang an zeitlich terminiert, sie umfaßt in der Regel 4–6 Sitzungen, die sich auf maximal 1–2 Monate verteilen. Problembereiche, die nicht auf die Krise bezogen sind, müssen zurückgestellt werden. Das Ziel der Krisenintervention ist es ja, so rasch wie möglich wieder zumindest das vorbestehende Gleichgewicht zu erreichen. In der Regel wird jedoch angestrebt, daß der Patient größere Stabilität erreicht, als sie vor der Krise bestanden hat. Um dies zu erreichen, muß das therapeutische Vorgehen aktiv, flexibel, zielgerichtet sein und darf sich auch der Hilfe von Dritten, wie Angehörige, Bekannten etc., bedienen.

1. Aufbauen einer tragfähigen therapeutischen Beziehung

Psychosoziale Krisen sind dem Betroffenen (speziell bei Körperkrankheiten) häufig vorerst kaum einsichtig. Er reagiert deshalb auf die Überweisung an den Therapeuten eher zurückhaltend bis ablehnend. Das Aufbauen der Arbeitsbeziehung muß somit besonders sorgfältig geschehen. Zudem muß die Vertraulichkeit des Gesprächs gegenüber dem Überweiser von Anfang an geklärt werden.

Beispiel P:

Eine nach einem Selbstmordversuch mit Barbituraten und Tranquilizern überwiesene 28jährige Frau P. war vorerst in ihren kognitiven Funktionen deutlich eingeschränkt. Es mußte ihr wiederholt Sinn und Zielsetzung des Gesprächs erläutert werden.

Beispiel S:

Ein 21jähriger Jus-Student, Herr S., hatte nach der Operation eines Hirntumors (Medulloblastom) vorerst depressiv-resignativ reagiert und war der «Psychologisierung» (wie er es nannte) seiner Krankheit gegenüber sehr kritisch eingestellt. Erst als er einen Teil seiner Reaktion als Nebenwirkung der somatischen Behandlung akzeptieren konnte, war er weiteren Gesprächen zugänglich.

2. Problemanalyse

Die Unterscheidung, was der allgemeine Hintergrund der Krise war und was unmittelbarer Auslöser ist, verkennen viele Patienten. In ihrer emotionalen Aufruhr sind sie ja der sachlichen Klärung oft gar nicht zugänglich. Eine genaue Problemanalyse ist somit zugleich ein erster entscheidender Bewältigungsschritt, der oft schon wesentlich zur Entlastung beiträgt. Zugleich ist das aktive und zielstrebige Angehen der Problemsituation auch ein therapeutisches Vehikel, das Vertrauen in die Klarsicht und Sachkompetenz des Therapeuten vermittelt.

2.1 Situationsanalyse

In der Regel stellt sich eine **allgemeine Lebenskrise** mit primär **psychischen Störungen** als Beziehungsproblem dar. Es ist somit wesentlich, das Beziehungsnetz vorerst zu klären und dann zu unterscheiden, was die eigentliche Ursache der Krise war und was zu deren Auslösung geführt hat. Dabei zeigt sich oft, etwa beim Suizidversuch, daß im Hintergrund die Krise schon lange schwelte, aber vom Patienten als Bedrohung gar nicht klar genug wahrgenommen wurde. Nur so ist es verständlich, daß manchmal relativ unbedeutende Umstände, wie ein erneuter Ehekrach oder ein weiteres Frustrationserlebnis am Arbeitsplatz, ausreichen, um eine massive Krise auszulösen. Diese Hintergrundssituation zu klären ist somit ein wesentlicher Schritt einer jeden Krisenintervention, wird doch das Verstehen der Umstände von den meisten Menschen auch als große Entlastung erlebt.

Beispiel P:

Die Hintergrundsprobleme der oben erwähnten Frau P. entstanden aus einer über Jahre krisenhaft verlaufenen Ehe mit einem Alkoholiker, während der sie immer wieder versucht hatte, den Mann zur Abstinenz zu führen. Als er schließlich nach einem erneuten Rückfall die Patientin und ihr 1jähriges Kind abrupt verließ, geriet die Patientin in Panik und Verzweiflung. Nach längerem Umherirren kam es zum erwähnten, ernsthaften Suizidversuch.

Bei **Körperkrankheiten** wird mit dem Patienten geklärt, welche psychosozialen Belastungen bestehen und für ihn am schwersten zu ertragen sind. Nur ausnahmsweise oder sekundär werden lebensgeschichtliche Probleme, die krankheitsunabhängig sind, von Anfang an mitbesprochen. Dort wo die subjektive Interpretation des Patienten bereits ersichtlich ist, muß sie entsprechend herausgearbeitet werden. Während bei psychischen Störungen ganz selbstverständlich Befindlichkeit und subjektiver Zustand im Vordergrund des Interesses stehen, dagegen objektive Folgen der Krankheit oft sekundär beachtet werden, ist es bei Körperkrankheiten meist umgekehrt: Vom (vorwiegend naturwissenschaftlichen) Krankheitsmodell des Arztes ausgehend, wird der somatische Befund zum zentralen Interesse des ärztlichen Denkens und Handelns. Damit wird die Person des Patienten, das Subjekt, zugunsten seines Körper-Objektes ignoriert resp. oft vernachlässigt. Mit dieser Grundannahme wird man all jenen Patienten nicht gerecht, die von ihrer objektiven Krankheit psychisch überwältigt, ja überfordert sind, d. h. die ihre Krankheit als eigentliche Krise erleben.

Beispiel S:

Die Diagnose Hirntumor des oben erwähnten Herrn S. ist vorerst verkannt und als «nervös» abgetan worden. Dies erlebte der Patient als schwere Kränkung, so daß bei ihm eine große Skepsis gegenüber Ärzten und Umfeld zurückblieb. Auch hatte ihn während des längeren Krankenhausaufenthaltes seine Freundin verlassen, was zur resignativen Verbitterung beitrug. Ihm war somit paradoxerweise vor allem an der «Versachlichung» seiner Krankheit (wie er sagte), sehr gelegen, in der Erwartung, daß die somatische Krankheit ernst genommen würde. Insbesondere befürchtete er, daß seine mentalen Funktionen und/oder seine Handlungsfähigkeit durch den Tumor eingeschränkt sein könnten, was schwerwiegende Konsequenzen für sein Studium hätte.

2.2 Bewältigungsanalyse

Als zentraler Aspekt im Hinblick auf die Problemdefinition gilt es festzustellen, welche Problemlösungen der Patient bis anhin gewählt hat. Wir gehen davon aus, daß der Bewältigungsversuch weitgehend mit Problemlösung gleichgesetzt werden kann. Es ist somit sorgfältig zu klären, welche Bewältigungsformen habituell eingesetzt und welche zusätzlich vom Patienten in der bis anhin gescheiterten Krisenbewältigung versucht wurden. Auch sind seine Ressourcen zu klären, sei dies im Sinne von früherer Krisenbewältigung oder von Seiten seines sozialen Netzes. Zur differenzierten Beschreibung gehen wir so vor, daß (z. B. anhand der Berner Bewältigungsformen (BEFO), vergleiche Anhang) eine Art Inventar der bisher dominierenden Bewältigungsstrategien vorgenommen wird, das der jeweiligen Belastung zugeordnet wird.

Beispiel P.:

In den der Krise vorausgehenden Wochen hatte Frau P. die latente Spannung vor allem derart geregelt, daß sie sich zurückzog («sozialer Rückzug»), hin- und hergrübelte ohne hinsichtlich ihrer Ehe zu einem Entscheid zu kommen («Rumifizieren»); gelegentlich ließ sie ihre Ungeduld am kleinen Sohn aus («Wut ausleben») oder stopfte sich mit Süßigkeiten voll («Kompensation»). Diese wenig tauglichen Bewältigungsformen sollten durch die Krisenintervention in aktivere und progressive Bewältigungsvorgänge überführt werden.

Beispiel S.:

Der Jura-Student hatte sich bisher bemüht, nach außen keine Schwächen zu zeigen («Haltung bewahren»), unangenehme Konsequenzen von seinem Bewußtsein fernzuhalten («Dissimulieren»); einzig einem befreundeten Psychologen, der ihn auch zur Behandlung vermittelt hatte, versuchte er sich mitzuteilen, was ihn auch zeitweise entlastete («Zuwendung; emotionale Entlastung»).

3. Problemdefinition

Wie erwähnt, sind Menschen zur Zeit einer Krise, sei diese somatisch oder psychisch bedingt, nicht selten unfähig, ihre aktuelle Problemsituation in angemessenen Worten zusammenzufassen. Aufgrund der unter Punkt 2 angeführten Problem- und Coping-Analyse wird in der Intervention explizit mit dem Patienten angestrebt, die Situation in ihm verständlichen Worten auszudrücken.

Beispiel P.:

Frau P. wurde mitgeteilt «bis anhin war ich auf die Idee fixiert, die eigentlich kaum noch bestehende Partnerbeziehung mit einem alkoholabhängigen Ehemann zu retten. Dabei habe ich mich selbst überfordert und sein Scheitern als das meine aufgefaßt. Ich will nun vermehrt zu mir selbst finden und mich um mein Leben und vor allem um mein kleines Kind kümmern.»

Beispiel S.:

Beim erwähnten Jus-Studenten war die Umschreibung wie folgt: «Ich fühle mich durch verschiedene Verluste bedroht, was mich lähmt und bedrückt; ich möchte versuchen, Veränderbares aktiv anzugehen und das Bedrohliche in Grenzen zu halten.»

4. Zieldefinition

Je nach Gewicht und den definierten Problembereichen wird die Reihenfolge und die Charakterisierung der adaptiven Ziele variieren. Das gemeinsame Erarbeiten der realistischen Zielvorstellung ist schon Teil des Coping-Prozesses, da nicht selten zuerst die verzerrte Wahrnehmung der Krankheitssituation überwunden werden muß; oder umgekehrt mag es sein, daß dem Patienten – zum Beispiel hinsichtlich seiner künftigen sozialen Funktion – Ziele vorschweben, die nach objektiver ärztlicher Einschätzung nicht erreichbar sind. Wichtig ist, daß die Ziele realistisch gesetzt und in absehbarer Zeit zu erreichen sind. Eine Strategie der kleinen Schritte mit ständigem Bemühungen, das Erkannte auch gleich umzusetzen, muß von Anfang an explizit im therapeutischen Handeln erkennbar sein.
In unseren beiden Beispielen war in der Problemdefinition in allgemeiner Form die Zielsetzung aus Verständnisgründen mit eingeschlossen worden. Diese muß nun in praktikable Schritte gegliedert werden, die für den Patienten absehbar und nachvollziehbar sind:

Beispiel P.:
Die Patientin hatte der für die zweite Sitzung angestrebten Problem- und Zieldefinition insofern schon vorgegriffen, als sie spontan nach der ersten Klärung ihren Vater kontaktiert hatte («Zuwendung»), durch dessen Vermittlung ein allerdings wenig erfolgreiches Gespräch mit dem Ehemann zustande kam («Zupacken»). So war ihr leicht einsichtig, daß sie sich nun vorerst eine eigene Arbeitsstelle suchen mußte, sich dann um die geeignete Plazierung des Kindes kümmern wollte, um so mehr Autonomie zu gewinnen («Problemanalyse»). Sie realisierte auch, daß sie ihren alten Freundeskreis während Monaten vernachlässigt hatte und es an ihr war, diese Kontakte wieder aufzunehmen («Zuwendung; Sinngebung; etc.»).

Beispiel S.:
Herr S. nahm den Vorschlag dankbar auf, ein gemeinsames Gespräch mit seinem behandelnden Neurologen anzustreben, in der Erwartung, einerseits seine Krankheitssituation zu klären, andererseits die Kooperation zu verbessern («Zupacken; Problemanalyse»). Er sah auch ein, daß er den Verlust seiner Freundin hinnehmen mußte resp. neue soziale Kontakte wünschbar seien («Akzeptieren; Zuwendung»).

5. Problembearbeitung – Verändern des Bewältigungsprozesses

Es ist nicht anzunehmen, daß die Problemdefinition nach einmaliger Erläuterung vom Patienten bereits voll akzeptiert und integriert wird. Es muß somit immer wieder – analog wie in der POT – darauf zurückgegriffen werden, um die allgemeine Zielsetzung in spezifische Schritte umzusetzen. Dem Kranken kann dabei aufgezeigt werden, welche Probleme bereits gelöst, welche noch offen sind. Da ja die aktive Krisenbewältigung im Vordergrund steht, kann aus der inzwischen erlebten Veränderung geschlossen werden, welche Bewältigung zur Stabilisierung beigetragen hat, und welche aus Sicht des Therapeuten ungeeignet ist. Im letzteren Fall werden alternative Verhaltens- oder Denkformen erwogen. Zur aktiven Bewältigung gehört auch pragmatisch zu prüfen, welche Handlungsschritte wie zu realisieren sind. Um der therapeutischen Abhängigkeit vorzubeugen, muß auch erwogen werden, von welchen Bezugspersonen der Patient wann welche Unterstützung erfahren könnte. Menschen mit breiter sozialer Unterstützung sind, wie aus vielen Evaluationen hervorgeht, viel krisenresistenter als andere. Ein gutes soziales Netz aufzubauen, hat somit für den Fall neuer Krisen auch präventive Bedeutung.

Beispiel P.:
In der vierstündigen Krisenintervention wurde die kollusive Verbindung der «Alkoholikerehe» als Problem herausgearbeitet. Die Patientin hatte ja bisher angenommen, stets die verständige, tragfähige und duldsame Gattin sein zu müssen, währenddessen sie ihrem Mann zugestand, sie laufend mit seinen Alkohol-Exzessen zu provozieren. Erst im Laufe der Besprechungen akzeptierte sie, daß sie nun vermehrte direkte Verantwortung für sich selbst und das Kind übernehmen mußte. Zugleich fing sie an (vorerst äußerlich, dann auch innerlich) sich von ihrem Mann zu distanzieren. Sie ließ sich hinsichtlich einer möglichen Scheidung beraten («Problemlösung») und suchte zielstrebig eine Stelle als Sekretärin («ablenkendes Anpacken, Valorisieren»). Mit der befreundeten, sehr verständigen Nachbarin besprach sie sich immer wieder. Sie konnte mit ihr ein Arrangement wegen der Betreuung des kleinen Knaben finden, was sie sehr entlastete («emotionale Entlastung, Zuwendung»).

Psychosoziale Krisen während einer (chronischen) **somatischen Krankheit** können je nach Umständen rasch wechseln oder zu einer Art Dauerkrise entarten. Die anfängliche Panik nach einem Herzinfarkt kann in eine bedrohliche Resignation übergehen; die Konfrontation der Krebs-Diagnose ist oft von belastenden (Chemo-, Radio-) Therapien gefolgt und im Verlauf der Krankheit gilt es viele Ungewißheiten zu ertragen. Gerade hier ist zu beachten, daß nicht jeder Situation das gleiche Coping angemessen ist, und daß nicht jedem Patient die gleichen Grundmuster der Bewältigung zur Verfügung stehen.

Beispiel S.:
In den sechs auf zwei Monate verteilten Sitzungen war es gelungen, dem Patienten ein realistischeres Bild seiner Krankheit zu vermitteln («Problemanalyse»). Er war nun viel eher bereit, mit den behandelnden Neurologen zusammenzuarbeiten («Zupacken, passive Kooperation»), obwohl er mit einer Portion Ungewißheit leben lernen mußte («Akzeptieren»). Die Trennung von der Freundin konnte kathartisch durchgearbeitet werden («emotionale Entlastung»). Auch gewann der Patient Zuversicht, daß er – trotz krankheitsbedingtem Unterbruch – den künftigen Studienaufgaben gewachsen sein werde («Optimismus, Valorisieren»).

6. Re-Evaluation

Das konsequente Durchhalten der meist sehr beschränkten Zielsetzung beim Klären **allgemeiner Lebenskrisen** ist ein wesentlicher konzeptueller Bestandteil der Krisenintervention. Nach 4–6 Sitzungen muß also in aller Regel der Abschluß erfolgen. Den Patienten bedeutet es aber eine große Erleichterung, wenn mit ihm nach 3 und/oder 6 Monaten eine Nachkontrolle vereinbart wird. Diese soll primär den seinerzeitigen Krisen-Anlaß und -Verlauf rekapitulieren und die seitherige Entwicklung in

Betracht ziehen. Es ergibt sich von selbst, daß die progressiven Anteile betont, allfällige pathologische Reaktionen eher ignoriert werden. Nur wenn diese ein Ausmaß erfahren, daß der Patient erneut behandlungsbedürftig wird, muß mit ihm ein neuer Therapieplan erwogen werden. Meist zeigt es sich dann, daß entweder der Krisenanlaß den Patienten viel mehr gefordert hatte, als ursprünglich erwartet, oder daß die Ich-Funktionen die Krise mittelfristig zu verarbeiten, schwächer als eingeschätzt waren. Es ist naheliegend bei erneuter Therapie-Indikation nach der POT vorzugehen, da ja die Behandlungsprinzipien sehr ähnlich begründet sind. Unter Umständen drängt es sich aber auf, die vertiefte Behandlung mit POT unmittelbar an die Krisenintervention anzuschließen. Die Indikations-Kriterien müssen die gleichen sein wie oben ausgeführt (vergleiche Kapitel 6 und 7 in diesem Buch).

Beispiel P.:

Die Nachkontrolle nach 4 Monaten ergab, daß es Frau P. subjektiv gut ging und die Trennung von ihrem Mann nun definitiv war. Mit ihrer Arbeit war sie zufrieden und für das Kind hatte sie in einer kinderreichen Familie einen Wochenplatz gefunden, mit der Möglichkeit die Wochenenden selbst in dieser Familie zu verbringen. Auch die 2-Jahres-Katamnese bestätigte den guten Ausgang der Krise, der über die inzwischen erfolgte Scheidung hinaus anhielt. Ohne weitere Behandlung waren die persönlichen Verhältnisse der Patientin stabil geblieben.

Im Unterschied zu psychischen Problemen einer allgemeinen psychiatrischen Population, wo die Zielsetzung meist eine gewisse Progression im zwischenmenschlichen Verhalten und damit verbunden eine Persönlichkeitsreifung bedeutet, sind bei schweren **Körperkrankheiten** die psychotherapeutischen Ziele stets vom objektiv gegebenen Krankheitsverlauf abhängig. Dies wirkt sich auf den Therapieprozeß so aus, daß zu Zeiten vermehrter Belastung die Therapiesitzungen frequenter erfolgen. Zu Zeiten von relativem Wohlbefinden läßt aber bei den meisten somatisch Kranken die Motivation zur psychotherapeutischen Unterstützung nach. Dies kann einer echten Stabilisierung entsprechen oder auch nur den (berechtigten) Wunsch ausdrükken, das relative Wohlbefinden nicht noch zusätzlich durch die Auseinandersetzung mit der potentiellen Krankheit zu belasten. Diese besonderen Rahmenbedingungen verlangen vom Therapeuten entsprechende Flexibilität. Der therapeutische Kontakt muß also sowohl zeitlich wie beziehungsmäßig einen Wechsel von Nähe und Distanz zulassen.

Beispiel S.:

Obwohl zur Zeit des Abschlusses der Krisenintervention Therapeut und Patient die Zuversicht teilten, die Krankheit sei nun überwunden, wurde vereinbart, daß der Patient sich im Falle einer neuen Krise melden würde. Dies tat er 3 Jahre später, als im Anschluß an eine Nachkontrolle mit Kontrastdiagnostik (Myelogramm) ein Hypoliquorrhoe-Syndrom mit anhaltendem Schwindel und Kopfweh auftrat. Die dadurch ausgelöste Verunsicherung – niemand hatte die mögliche Komplikation erwähnt, noch seine Frühsymptome ernst genommen, genau wie bei der Ersterkrankung – bewogen den Patienten mit seinem Psychotherapeuten wieder Kontakt aufzunehmen. Ein Jahr später ergab sich eine weitere schwerwiegende Komplikation, wiederum iatrogen bedingt: Als Folge der seinerzeitigen intensiven Radiotherapie, die auch die Bestrahlung des ganzen Rückenmarks einschloß, war das seltene Brown-Séquard-Syndrom mit progressiver Querschnittlähmung aufgetreten, so daß der Patient schließlich rollstuhlabhängig wurde. Die psychosozialen Belastungen durch den Krankheitsverlauf waren erheblich und vielschichtig, entsprechend auch die spontan gewählten Coping-Möglichkeiten, die therapeutisch laufend gemeinsam überprüft und womöglich und wenn nötig modifiziert wurden. So gelang es trotz der einschneidend veränderten Lebensverhältnisse des Patienten, ihm zu einem angemessenen emotionalen Gleichgewicht zu verhelfen und ihm in seinem eindrücklichen Bemühen, mit seiner Behinderung leben zu lernen, zu unterstützen.

Der folgende Kasten faßt die verschiedenen Phasen der Krisenintervention zusammen:

Phasen der Krisenintervention

1. Aufbauen der therapeutischen Beziehung
   - Krise anerkennen
   - Setting erklären (Ort, Dauer, Personen)

2. Problemanalyse

2.1 Situationsanalyse
   - objektive Situation (hier und jetzt)
   - subjektive Interpretation

2.2 Coping-Analyse
   - habituel
   - krisenbezogen
   - Ressourcen-bezogen

3. Problem-Definition
   - Problem klar und verständlich formulieren
   - Ungeeignetes vs geeignetes Coping aufzeigen

4. Ziel-Definition
   - Coping-Analyse wiederholen
   - absehbar erreichbare Ziele
   - neues Coping

5. Problem bearbeiten – Coping modifizieren
   - aktives Umsetzen in Realität
   - soziales Umfeld einbeziehen
   - vorausschauendes Planen

6. Re-Evaluation bei neuer Krise
   - Problem-Definition wo nötig wiederholen
   - durchstandene Krise besprechen
   - neue Problem- und Ziel-Definition
   - vorausschauendes Planen

Hauptmerkmale der POT in Beziehung zur Krisenintervention

- POT ist problemorientiert im Sinne einer umschriebenen, aktuellen Problemsituation, die es zu klären und zu überwinden gilt.
  Die Krisenintervention ist ausgesprochen krisen- und damit problembezogen; darin liegt ihre theoretische und pragmatische Begründung.

- POT ist patientenorientiert im Sinne des ausdrücklichen Einbezugs der subjektiven Problem- und Zielumschreibung des Patienten in die gemeinsam zu planende Lösungsstrategie. Analog wird in der Krisenintervention das krisenbezogene Selbst-Verständnis des Patienten geklärt. Indem sowohl seine habituellen wie neu situativ eingesetzte Bewältigungsformen geprüft werden, wird sein bisheriges Problemlösungsverhalten einbezogen, das ja auf seiner subjektiven Krankheitstheorie beruht.

- POT ist eklektisch im Sinne des schulunabhängigen, anwendungsbezogenen Eklektizismus, der es erlaubt, je nach Problemdefinition unterschiedliche Interventionselemente (therapeutische Wirkfaktoren) einzusetzen. In der Krise wirkt Bewältigung als spontan induzierter Wirkfaktor, der vom Patienten selbst eingesetzt wird. Die von uns operationalisierten zirka 30 Bewältigungsformen (BEFO, vgl. Anhang), mit denen das Krisenverhalten von Patienten umschrieben werden kann, sind nicht schul- oder methodenbezogen, können aber den von uns vertretenen Methoden schwergewichtig zugeordnet werden.
- POT ist strukturiert und zeitlich limitiert, in der Regel als 15–20 stündige Kurztherapie, die in festgelegte, folgerichtige Stufen gegliedert ist.Das gleiche gilt in noch prononcierterer Weise für die Krisenintervention, deren Phasen in 4–6 Sitzungen durchschritten werden.

Diese Parallelen sind nicht überraschend, wenn sie zu neuen Ergebnissen der Psychotherapieforschung in Beziehung gebracht werden. Wie wir in der Einleitung ausführten, ist es das Anliegen einer integrativen Psychotherapie, unterschiedliche, situationsbezogene Methoden in einem eigenständigen, kohärenten Konzept zu verbinden. Dies gilt sowohl für POT wie für die Krisenintervention.

Weiterführende Literatur

Schnyder U., Sauvant, J. D. (im Druck)

11. POT als didaktisches Konzept

POT ist nicht nur mit einer therapeutischen, sondern auch mit einer didaktischen Absicht entwickelt worden. Es sollte erlernbar sein von Therapeuten mit ganz unterschiedlichem Erfahrungshintergrund – vom Anfänger bis zum schulspezifisch trainierten Könner.

Dieses Kapitel zeigt dem POT-Lehrer, wie er dem wenig erfahrenen Therapeuten eine Wegleitung durch den therapeutischen Prozeß anbieten kann, an der er sich in der Anwendung seiner unspezifischen Vorerfahrung – nämlich der Beziehungsgestaltung und des klärenden Gesprächs – orientieren kann, um so zum gemeinsam anvisierten Ziel zu gelangen. Dem Erfahrenen kann der Lehrer helfen das POT-Konzept patienten- und problembezogen zielgerichtet einzusetzen und dabei seine vorbestehenden therapeutischen Fertigkeiten einzusetzen.

Welche grundsätzlichen didaktischen Ziele mit dem POT-Konzept verfolgt werden, soll folgend an den vier Hauptmerkmalen aufgezeigt werden.

11.1 Didaktische Ziele der Problemorientierten Therapie

11.1.1 Patientenorientiertheit

Bei der Vermittlung der Patientenorientiertheit geht es in erster Linie darum, eine *therapeutische Grundhaltung* zum tragen zu bringen.

Wegweisend sind folgende **didaktische Ziele:**

1. Der Therapeut lernt das *subjektive Problemverständnis* des Patienten zu *begreifen*.
2. Der Therapeut lernt den Patienten aktiv zur *Therapieakzeptanz* zu motivieren.
3. Der Therapeut lernt, eine *aktive Grundhaltung* einzunehmen.
4. Der Therapeut erwirbt eine Einstellung, welche eine *partnerschaftliche Mitgestaltung* des therapeutischen Prozesses ermöglicht.

Folgende Fragen können dabei in didaktischer Absicht immer wieder gestellt werden (bis der Lernende sie sich selber stellt):

– Wie gestaltet der Therapeut die Beziehung zum Patienten hinsichtlich der Partnerschaftlichkeit? Gibt er sich überlegen, glaubt er alles wissen zu müssen? Kann er seine Grenzen sich und dem Patienten gegenüber eingestehen? Versteckt er sich hinter «Interpretationen» oder hinter einer Abstinenzhaltung? Kann er auf Fragen des Patienten unumwunden antworten, ist er informativ?

- Wie spricht der Therapeut? Verwendet er ein «Fachchinesisch»? Kann er sich einfühlend in den sozio-kulturellen Hintergrund des Patienten anpassen ohne überheblich zu wirken?

Drückt sich der Therapeut klar aus?
- Kann der Therapeut auf die dem Patienten wichtigen Anliegen und Erklärungen eingehen, so daß sich daraus ein gemeinsames Problemverständnis entwickeln kann?
- Kann der Therapeut soweit umdenken, daß ihm seine theoretischen Kenntnisse zwar Orientierungshilfen sind, sie aber nicht steuernd in die Interaktion mit dem Patienten einwirken?
- Kann er auf die subjektive Wahrheit des Patienten eingehen? Achtet der Therapeut auf *Transparenz* der Interaktion mit dem Patienten?

Als konkrete Hilfe hierzu dient ein **Fragebogen** (vgl. Anhang), welcher in einer Version für den Therapeuten und in einer solchen für den Patienten besteht. Im ersten Fall kann der Therapeut nach der Sitzung seine eigenen Eindrücke über sein Verhalten festhalten, im andern Fall beantwortet der Patient die gleichen Fragen aus seiner Sicht. Dieses Instrument kann als Hilfsmittel zur Verlaufsbeobachtung und Forschung herangezogen werden.

Für die Patientenorientiertheit von Interesse sind etwa die Items:
- Ich habe den Patienten gefragt, wie wir zusammen an sein Problem herangehen könnten.
- Ich habe den Eindruck gehabt, den Patienten verstanden zu haben.
- Ich habe dem Patienten unsere Arbeitsweise erklärt und den Ablauf der Therapie geschildert.
- Ich habe den Patienten aufgefordert, darüber nachzudenken, wie er sich die Entstehung seines Problemes erkläre.

11.1.2 Problemorientiertheit

Didaktische Ziele

Hier geht es darum, daß die Therapie zeitlich aktiv eingegrenzt und auf das Problem bezogen sein und bleiben muß.
Die bewußte Beschränkung auf ein Problem (Problem im Sinne von Kap. 3.1) und damit auch auf eine *begrenzte realistische Zielsetzung*, hat den didaktischen Vorteil, daß der therapeutische Prozeß überschaubar wird. Eine Orientierung zu zielgerichteter Arbeit wird gegeben und Erfolgserlebnisse, auch wenn sie klein sind, sind möglich und fördern das Selbstvertrauen beider Beteiligter. Weiter heißt «problemorientiert», daß das konkrete Problem des Patienten im Zentrum der therapeutischen

Arbeit steht und nicht die Theorie des Therapeuten. Dieses Hauptmerkmal des POT-Konzeptes wird aus didaktischen Gründen besonders stark betont.

Didaktische Ziele:

- Der Therapeut lernt von Anfang an eine inhaltliche und zeitliche Begrenzung der Therapie im Auge zu behalten.
- Der Therapeut lernt das Problem des Patienten zu konkretisieren.
- Der Therapeut lernt *Problemdefinitionen* zu formulieren (vgl. Kap. 5.4).
- Der Therapeut lernt Aufmerksamkeit auf die Veränderbarkeit des Problems zu richten, so daß gegebenenfalls ein neues Problem formuliert werden kann.

In Verwendung des Fragebogens (vgl. Anhang) kann der Lehrer wie der Therapeut die Problemorientiertheit nach folgenden Merkmalen beobachten:

- Ich habe mit dem Patienten darüber diskutiert, welche Möglichkeiten es gibt, an sein Problem heranzugehen und wie man Lösungen finden kann.
- Wir haben darüber diskutiert, wie sich das Problem auf die Beziehungen des Patienten zu anderen Menschen auswirkt.
- Wir haben versucht, einen Zusammenhang zwischen früheren Erlebnissen und dem heutigen Verhalten herzustellen.
- Wir haben versucht zu bestimmen, welches eigentlich das wichtigste Problem ist.
- Wir haben darüber gesprochen, wie nach dem Ende der Therapie der Patient selbständig an seinem Problem weiterarbeiten kann.

Aus diesen Selbstbeurteilungen geht erneut hervor, wie der Therapeut patienten- und problemorientiert induktiv vorgeht. Dies steht in beabsichtigtem Gegensatz zum eher deduktiven Vorgehen anderer Therapierichtungen. Dadurch soll der unerfahrene, aber auch der sehr erfahrene Therapeut davon abgehalten werden, aus rein theoretischen Gründen heraus ein «Pseudoproblem» zu konstruieren, in dessen Schema der Patient hineingepreßt wird.

11.1.3 Methodenpluralismus

Die Schulunabhängigkeit des POT-Konzeptes hat den didaktischen Vorteil, daß Therapeuten mit ganz unterschiedlichem Erfahrungshintergrund damit arbeiten können.
Dem Anfänger scheint der Methodenpluralismus eine große Schwierigkeit zu sein. Er geht davon aus, daß einfache «wenn-dann-Regeln» ihm die nötige Sicherheit geben. Er übersieht dabei die große Wahrscheinlichkeit des dabei auftretenden

Fehlers, daß diese starren Regeln dem Individuum nicht genügen und es sich somit nur um eine Scheinsicherheit handelt.
Der Gefahr der Polypragmasie wird durch die Strukturiertheit (Kap. 5) und durch die differentielle Indikation (vgl. Kap. 5) entgegengewirkt. Es steht dem Therapeuten frei und es wird vom Konzept her sogar gefördert, *mehrere methodische Ansätze* je nach Problemstellung und Bereitschaft bzw. Fähigkeit des Patienten integrativ einzusetzen.
Methodenpluralismus kann von Anfang an erlernt werden.

Didaktische Ziele:

- Der Therapeut setzt sich mit einer Illusion der «einzig richtigen Therapiemethode» auseinander.
- Der Therapeut macht Überlegungen zur Indikation: POT als Baukastensystem verschiedener Therapiemethoden, die auf unterschiedlichen Wegen zu ähnlichen Zielen führen können.
- Der Therapeut erlangt Einsicht in die Überlegung, daß bei der Indikation der *Therapeut*, der *Patient* und die *Methoden* im Hinblick auf ein *Ziel* gepaart werden müssen.
- Der Therapeut wird sensibilisiert für die Gefahr einer Hand-in-den-Mund-Polypragmasie.
- Der Therapeut lernt mit mehreren therapeutischen Methoden *gleichzeitig* und *integrativ* umzugehen.

Didaktische Hilfen:

Wenn einmal das Problem definiert ist, geht es um die Indikation der Methoden (vgl. Kap. 7).

- Welche Methoden sind überhaupt, wenn auch nur entfernt, denkbar? Welche Vor- und Nachteile könnten diese Methoden haben?
- Kann man sie simultan, gestaffelt oder nacheinander einsetzen?
- Passen die erwogenen Methoden auch zum Therapeuten? Der POT-Therapeut lernt zu erkennen, daß Psychotherapie ein *heuristischer Vorgang* ist, bei welchem auf der gemeinsamen Suche nach Problemlösungen auch die dazu notwendigen Mittel (Methoden) gefunden werden müssen.

Es können sich dabei folgende Fragen stellen:
- Hat der Therapeut einen genügenden Überblick auf die Verwendbarkeit der verschiedenen Methoden?

- Entwickelt er kreative Konzepte für die Zuordnung von Methoden zum Problem?
- Beachtet er dabei auch seine Fähigkeiten und Grenzen?

11.1.4 Strukturierung

Obwohl allgemein angenommen wird, daß Kurzpsychotherapien höhere Anforderungen an die Fähigkeiten und Erfahrungen eines Therapeuten stellen als sog. Langzeittherapien, weisen eigene Erfahrungen darauf hin, daß der Anfänger gerade mit unstrukturierten «open end» Therapien häufig überfordert ist. Es fehlt die Struktur. Deshalb wird besonders in der Didaktik von POT eine *klare Strukturierung des Therapieprozesses angestrebt*. Das bewußte Grenzensetzen veranlaßt den Patienten und den Therapeuten zu einer realistischen Einschätzung des Machbaren. Die zeitliche Begrenzung auf maximal 20 Sitzungen hat den didaktischen Vorteil, daß innerhalb überblickbarer Frist ein vollständiger Therapieprozeß abläuft. An ihm kann gelernt werden, wie eine Therapie eingeleitet wird, wie eine konstruktive therapeutische Beziehung aufgebaut und aufrecht erhalten wird und wie die Behandlung abgeschlossen wird. Der in Kapitel 5 dargestellte Stufenplan stellt einen Leitfaden für den chronologischen **horizontalen Ablauf** der Therapie und das Grundprinzip für deren **vertikalen Aufbau** dar.
Dies gilt auch für den Therapieschluß, dem in der POT entscheidende Beachtung beigemessen wird. Häufig wird in der Psychotherapie großes Gewicht auf das Erstgespräch gelegt. Die Dynamik der Therapiebeendigung wird jedoch oft vernachlässigt. So geht es dem Lernenden dann wie dem Schachspieler, der die Eröffnungen beherrscht, aber die Strategie des Endspieles nicht kennt.

Didaktische Ziele:

- Der Therapeut lernt Sinn dafür zu entwickeln, daß der therapeutische Prozeß eine Struktur hat.
- Der Therapeut lernt erkennen, daß die zeitliche und inhaltliche Begrenzung von ihm eine aktive Auseinandersetzung damit verlangt und er sieht, daß die Zeit nicht automatisch Lösungen bringt.
- Der Therapeut achtet bei der Planung auf das therapeutisch Machbare innerhalb der gegebenen Zeit.

Dabei können folgende Fragen hilfreich sein:
- «Was können wir beide innerhalb von 20 Sitzungen zu lösen versuchen?»
- «In welcher Therapiephase befinden wir uns jetzt schwerpunktmäßig?»
- Kann der Therapeut feststellen, in welcher Phase sich die Therapie befindet?

- Wie beurteilt er den Stand der Therapie in bezug auf das nahende Ende?
- Was ist erreicht, was steht noch aus?
- Muß die Problemdefinition der Zeit angepaßt werden?
- Kann der Therapeut Wesentliches von Unwesentlichem unterscheiden und sich selbst strukturieren? Wie geht er mit eigenen Grenzen und Zeitstrukturen um?
- Wie behandelt er das Thema der Beendigung der Therapie?

11.2 Didaktisches Setting in der POT-Ausbildung

Das praxisbezogene Konzept der POT bedarf eines ebenso praxisbezogenen didaktischen Settings in der Ausbildung. POT ist nicht allein durch Studium des vorliegenden Therapiemanuals erlernbar. Die spezifischen therapeutischen Fähigkeiten können nur beim Lernen durch eigenes therapeutisches Handeln mit Hilfe unterstützender Beratung erworben werden. Analog zum problem- und patientenorientierten Therapiekonzept, sollte das **didaktische Setting problem- und therapeutenorientiert** gestaltet sein. Es müssen dabei die konkreten «Probleme» des einzelnen Therapeuten, seine Fähigkeiten und Neigungen, seine individuellen Schwierigkeiten berücksichtigt werden, damit, wie bei dem Patienten, die vorhandenen Ressourcen für die Therapie optimal nutzbar gemacht und schrittweise erweitert werden können. Das kann nur in einer vertrauensvollen, solidarischen und unterstützenden Arbeitsatmosphäre realisiert werden. Kleine geschlossene Ausbildungsgruppen mit engmaschiger Supervision, sowohl durch einen erfahrenen Supervisor als auch durch die Gruppenmitglieder selbst, haben sich nach unserer Erfahrung bewährt.
Das Grundprinzip besteht in parallel laufendem **Lernen am Modell** durch **teilnehmende Beobachtung** und Lernen durch eigenes **therapeutisches Handeln** mit Hilfe unterstützender Beratung. Die Ausbildung findet in kleinen Gruppen statt. Jede Gruppe besteht aus vier Lernenden mit meist sehr unterschiedlicher Psychotherapieerfahrung und einem Supervisor.

Ein Ausbildungskurs dauert etwa ein Jahr.

Zeitlich gestaffelt laufen in dieser Zeit vier Therapien ab, so daß jeder Teilnehmer Gelegenheit hat, eine Therapie selbst durchzuführen und an drei weiteren Therapien als Beobachter hinter einer Einwegscheibe teilzunehmen. Unmittelbar vor jeder Therapiesitzung von 45 Minuten findet eine kurze Vorbesprechung und direkt anschließend eine halbstündige Nachbesprechung statt. Das ergibt eine kontinuierliche Supervision auf der Grundlage direkter Beobachtung. Wir haben dieses aufwendige Ausbildungssetting gewählt, weil es insbesondere bei Psychotherapieanfängern wesentliche didaktische Vorteile bietet. Bei dieser Form der Supervision können Beobachtergruppe und Supervisor den gesamten Therapieprozeß mitverfolgen.

Dadurch ist es möglich, in den Nachbesprechungen primär die positiven therapeutischen Interaktionen hervorzuheben und damit die **vorhandenen therapeutischen Ressourcen** des Lernenden zu **stärken**. Das Selbstvertrauen des Therapeuten wird so gefördert, und der Lerneffekt ist besser, wenn sich die Supervision nicht allein auf korrigierende Eingriffe beschränkt. Bei der üblichen Form der indirekten Supervision in größeren Intervallen kommen nämlich häufig nur die problematischen oder krisenhaften Aspekte einer Therapie zur Sprache, was bei einem Anfänger unter Umständen entmutigend wirkt.
Wir haben auch die direkte Life-Beobachtung dem Anschauen von Video-Bändern vorgezogen, weil es den Lernprozeß lebendiger macht und vor allem das Engagement der Beobachtergruppe fördert. Diese kann nämlich durch die Diskussion in der Nachbesprechung direkten Einfluß nehmen auf das weitere therapeutische Geschehen und dadurch auch Verantwortung mittragen. Das führt zu einem gruppendynamischen Prozeß, bei dem die zunächst eher distanziert, kritisch kontrollierenden Beobachter sich zunehmend zu aktiv beteiligten, beratenden und unterstützenden Mitarbeitern des Therapeuten entwickeln. Dadurch entsteht ein geschützter Rahmen, in dem auch der unerfahrene Therapeut seine therapeutischen Fähigkeiten entfalten und erweitern kann. Die solidarische Zusammenarbeit in der Gruppe wird zusätzlich noch dadurch gefördert, daß jedes Mitglied sich abwechselnd mal in der Rolle des Therapeuten, mal in der Rolle des Beobachters befindet. Bei diesem Wechsel zwischen Lernen durch eigenes Handeln und Lernen am beobachteten Modell werden gleichzeitig zwei wichtige therapeutische Fähigkeiten erworben: Zum einen die Fähigkeit, sich aktiv auf eine Interaktion mit dem Patienten einzulassen, zum anderen die Fähigkeit, aus der Distanz den therapeutischen Prozeß mitzuverfolgen und dabei Problemzusammenhänge und Übertragungsphänomene besser zu erkennen.

11.3 Auswahl der Ausbildungskandidaten

Welche Fachkenntnisse und Vorerfahrungen werden vorausgesetzt?
An unserer Klinik werden **alle therapeutisch tätigen Mitarbeiter** in die POT-Ausbildung einbezogen, d. h. Psychologen, Ärzte und Sozialarbeiter. Spezifische Vorerfahrungen in Psychotherapie ist günstig, aber nicht notwendige Voraussetzung für die Teilnahme an einem POT-Ausbildungskurs. Die einzelnen Ausbildungsgruppen sind in der Regel hinsichtlich Berufszugehörigkeit und Art und Umfang an therapeutischer Vorerfahrung sehr heterogen zusammengesetzt.

Die Ausbildungsgruppen setzen sich folgendermaßen zusammen:
- Assistenzärzte in Ausbildung zu Psychiatern, die in der Regel ein bis zwei Jahre Erfahrung im Umgang mit psychiatrisch kranken Patienten haben, zum Teil in einer spezifischen Therapieausbildung unterschiedlicher Schulrichtung stehen oder gelegentlich schon eine solche abgeschlossen haben.

– Assistenzärzte in Ausbildung zur Allgemeinmedizin, die Erfahrung im Umgang mit somatisch kranken Patienten haben und die bisher schon versucht haben, mit Hilfe des ärztlichen Gesprächs ihre Patienten bei den krankheitsbegleitenden psychischen und sozialen Problemen zu unterstützen und beizustehen.

– Psychologen, die am Beginn ihrer klinischen Ausbildung stehen und theoretische Kenntnisse aus dem Studium mitbringen, schon eigene Therapieerfahrung besitzen oder in einer spezifischen Therapieausbildung stehen.

– Sozialarbeiter, die zum Teil langjährige Erfahrung in der Beratung von Patienten bei der Lösung praktischer und sozialer Probleme haben und seit einiger Zeit auch in unseren allgemeinen Sprechstunden eingesetzt sind.

– Viele Teilnehmer haben auch einzelne Fortbildungsseminare unterschiedlicher Schulrichtungen besucht und dort Teilkenntnisse in spezifischen Therapieverfahren erworben.

Der vielfältige und zum Teil sehr unterschiedliche Erfahrungshintergrund der Ausbildungskandidaten in einer Gruppe wirft immer wieder das Problem auf, eine **gemeinsame Sprache** zu finden. Im POT-Konzept bemühen wir uns um eine allgemein verständliche Sprache, die von Vertretern verschiedener Fachrichtungen und im therapeutischen Sinn auch vom Patienten verstanden wird. Die **Vielfältigkeit des Blickwinkels** und des therapeutischen Ansatzes der einzelnen Teilnehmer hat sich in der gemeinsamen Arbeit als sehr fruchtbar erwiesen und kommt dem **Methodenpluralismus** des Konzeptes entgegen. Es ist Aufgabe des supervidierenden Ausbildungsleiters diese Vielfalt als therapeutische und didaktische Ressourcen deutlich zu machen und sie konzeptuell **zum Nutzen des Patienten zu integrieren**. Damit wird auch die fruchtlose theoretische Diskussion darüber, welches der bessere oder richtigere Weg ist, überflüssig. Der stete Hinweis auf das gemeinsam definierte Problem und die subjektive Krankheitstheorie des Patienten als Ausgangspunkt der therapeutischen Arbeit soll die Gruppenmitglieder veranlassen, immer wieder eine gemeinsame therapeutische Linie zu finden.
Natürlich profitieren die einzelnen Teilnehmer in sehr unterschiedlicher Form von dem POT–Ausbildungskurs. Für die einen bietet sich die Möglichkeit, Teilkenntnisse und Teilerfahrungen in Psychotherapie konzeptuell zu einem Ganzen zu integrieren und damit therapeutisch erfolgreicher arbeiten zu können oder den Rahmen ihrer bisherigen therapeutischen Tätigkeit zu erweitern. Für die anderen, insbesondere mit Erfahrung in Langzeittherapie, bietet das POT-Konzept eine den häufig nicht veränderbaren äusseren Realitäten und Bedürfnissen mancher Patienten angepasste Alternative. Ausbildungskandidaten ohne spezifische Vorerfahrung können sich im POT-Kurs Grundkenntnisse in Psychotherapie erwerben und erweisen sich häufig als sehr flexibel und auch therapeutisch erfolgreich in der Anwendung des POT-Konzeptes.

11.4 Auswahl geeigneter Patienten für die POT-Ausbildung

Abgesehen von den in Kapitel 7 angegebenen Kontraindikationen wird aus didaktischen Gründen ein **breites Spektrum von psychischen Störungen** bzw. Patienten mit sehr unterschiedlichen Problemen in das Ausbildungssetting einbezogen, nicht nur Patienten mit ganz aktuellen Problemen und kurzer Vorgeschichte oder Patienten mit Problemen nur in einem Teilbereich des Lebens, sondern auch Patienten mit längerfristig bestehenden, zum Teil chronifizierten Problemen, ebenso wie Patienten mit persönlichkeitsbedingten Lebensproblemen. Vom didaktischen Gesichtspunkt aus geht es nämlich nicht so sehr darum, eine möglichst hohe Quote an sog. «erfolgreichen» Therapien zu erreichen, sondern darum zu lernen, wie man mit meistens durch äussere Realitäten bedingten begrenzten Mitteln (Zeit und therapeutische Ressourcen) auch bei schwierigen Problemen dem Patienten sinnvoll weiter helfen kann.

Das setzt voraus, daß vor Beginn der eigentlichen Therapie der **Zusammenhang von Therapieziel und Therapieindikation** reflektiert wird. Nach der Erstkonsultation wird die Frage der Indikation zu POT nach folgenden Gesichtspunkten diskutiert:

a) Bei Patienten, die mit einem aktuellen, umgrenzten Problem in einem Teilbereich ihres Lebens kommen, ist eine klare Indikation zu POT gegeben.

b) Bei Patienten mit vielen Problemen gilt es abzuklären, ob sie bereit sind, sich in der Therapie auf ein Hauptproblem zu konzentrieren und Teillösungen zu akzeptieren.

c) Bei längerfristig bestehenden oder chronifizierten Problemen, ebenso wie bei persönlichkeitsbedingten Problemen müssen folgende Fragen bezüglich der allgemeinen Zielsetzung der POT diskutiert werden:

- Können Problemlösungen innerhalb der begrenzten Zeitdauer der Therapie erreicht werden?
- Können im Laufe der Therapie Strategien erarbeitet bzw. erlernt werden, die zu einer längerfristigen, d. h. über die Therapiedauer hinausgehenden, schrittweisen Problemlösung führen?
- Bestehen unter Umständen unveränderbare oder nicht lösbare Probleme, an die der Patient eine bessere oder realitätsadäquatere Adaptation sucht?
- Ist es unter Umständen realistischer im Rahmen der POT (nur) eine Problemdefinition zu erarbeiten, die Ansatz bietet bzw. motivierend wirkt für eine weiterführende Therapie, z. B. Langzeittherapie, Familien– oder Paartherapie?

Aus den unter c) aufgeführten Fragen ergeben sich relative Indikationen zu POT. Es gilt mit dem Patienten abzuklären, ob er bereit ist zu einer solchen Begrenzung des Therapiezieles. Ebenso wird der Therapeut veranlaßt, die Grenzen seiner eigenen therapeutischen Möglichkeiten zu reflektieren. Durch diese Diskussion über den

Zusammenhang von Indikation und Zielsetzung wird deutlich, daß POT bewußt Grenzen setzt und Grenzen respektiert. Damit wird kein therapeutischer Defätismus bewirkt, im Gegenteil, Rückmeldungen von Patienten sowie Therapeuten bestätigen, daß eine überschaubare und begrenzte Aufgabenstellung auch in der Psychotherapie für beide Beteiligten eher ermutigend wirkt. Gerade angehende Therapeuten machen dabei die Erfahrung, daß eine der Realität angemessene und offen deklarierte Begrenzung des Engagements nicht untherapeutisch ist, sondern einer aktiveren und intensiveren Auseinandersetzung mit dem Patienten und seinem Problem förderlich ist.

11.5 Anleitung zur Durchführung von POT

Nach Klärung der Indikationsfrage ist der nächste Schritt, eine **vorausschauende Therapieplanung** entsprechend den in Kapitel 5 dargestellten Therapiestufen zu besprechen. Dabei wird besonders betont, daß auch der Patient im Sinne einer Therapietransparenz in diese Planung miteinbezogen wird. Auf die besondere Bedeutung der Patient-Therapeut-Beziehung muß vor allem am Anfang der Therapie immer wieder hingewiesen werden. Viele, insbesondere unerfahrene Therapeuten neigen dazu, sich sofort in die Problemanalyse zu stürzen, bevor Ansätze zu einer tragfähigen und verläßlichen Beziehung entstanden sind und bevor der Patient überhaupt Gelegenheit hatte, aus seiner Sicht sein Problem darzustellen. Manche Therapeuten fühlen sich zunächst durch die zeitliche Begrenzung gedrängt, möglichst rasch die einzelnen Therapiestufen zu erreichen. Dieses Phänomen wird meist von den übrigen Gruppenmitgliedern aus der größeren Distanz des Beobachters klar erkannt. Es ist Aufgabe der gemeinsamen Gruppendiskussion, deutlich zu machen, welchen Stellenwert die **Patient-Therapeut-Beziehung** als Grundlage und wesentlicher Wirkfaktor der therapeutischen Arbeit hat.
Im weiteren Verlauf der Therapie ist es Aufgabe der Gruppe und des Supervisors, den Therapeuten bei seiner Arbeit kritisch und stützend zu begleiten. Dabei kommt es darauf an, fortlaufend den **therapeutischen Prozeß** zu **reflektieren** und sich an den Leitlinien des POT-Konzeptes zu orientieren.
Folgende Fragen können dem Therapeuten helfen neben seinem empathischen Engagement gleichzeitig aus einem gewissen Abstand heraus den Überblick zu behalten:

- Wo steht der Patient, wo steht der Therapeut im Therapieprozeß? Sind beide am selben Ort?
- In welcher Therapiestufe befinden wir uns?
- Ist der momentane Stand ausreichend untermauert durch die vorausgegangenen Stufen?
- Ist die Beziehung tragfähig genug für die weitere Problembearbeitung?

- Hat der Patient seine eigene Sicht des Problems darstellen können?
- Wie ist diese subjektive Problemsicht beschaffen: *psycho-logisch* kohärent, klar und vollständig oder rudimentär, fragmentiert, vage oder lückenhaft?
- Ist das Problem ausreichend analysiert?
- Ist das Problem klar definiert und sind entsprechende Ziele vereinbart worden?
- In welchem Zusammenhang steht die aktuelle therapeutische Arbeit mit dem definierten Problem? Ist dieser Zusammenhang für den Patienten erkennbar?
- Hat der Therapeut früh genug auf die inhaltliche und zeitliche Begrenzung der Therapie hingewiesen?
- Realisieren Patient und Therapeut, daß nur noch wenige Sitzungen bis zum vereinbarten Therapieende zur Verfügung stehen?
- Wird in den letzten Sitzungen Termination, Trennung und Abschiednehmen zum Hauptthema oder verbünden sich gar Patient und Therapeut in der Vermeidung dieses Problems?

Bei Störungen des therapeutischen Prozesses stellen sich folgende Fragen:

- Sprechen Patient und Therapeut dieselbe Sprache?
- Sprechen beide über dasselbe Problem, bzw. auf derselben Problemebene?
- Steht immer noch das definierte Problem im Zentrum der Arbeit?
- Muß eventuell auf eine vorausgegangene Stufe zurückgegriffen und das Problem aufgrund neuer Gesichtspunkte umdefiniert werden?
- Sind die gesetzten Ziele nach wie vor realistisch, d. h. der Problemstellung und der Lebenssituation des Patienten angemessen?
- Treten Widerstände beim Patienten auf und wie kann damit nach dem Konzept umgegangen werden?
- Wirken sich Übertragungs– oder Gegenübertragungselemente störend oder fördernd auf den therapeutischen Prozeß aus?

Gerade die letzte Frage bedarf in der POT besonderer Beachtung. Inszeniert der Patient gegenüber dem Therapeuten eine Beziehungskonstellation, die sein Problem widerspiegelt, so soll der Therapeut ihm diesen Zusammenhang verständlich machen. Übertragungsphänomenen, die keinen unmittelbaren Zusammenhang haben mit dem definierten Problem, sondern Ausdruck **regressiver Tendenzen** sind oder gar beginnende «Übertragungsneurosen» darstellen, muß man möglichst **frühzeitig entgegenwirken**. Meist werden solche Entwicklungen von der Beobachtergruppe eher erkannt als von dem Therapeuten selbst. Der Therapeut kann sich dann Rat holen, wie er den Patienten mit diesen Verhaltensweisen konfrontieren kann, ohne die therapeutische Beziehung nachhaltig zu stören und wie er den Patienten auf die

Ebene des Arbeitsbündnisses zurückführen kann. Ein besonderes Problem stellen **Störfaktoren** dar, die sich **aus einer Gegenübertragung** von Seiten des Therapeuten ergeben können. Diese gilt es **rechtzeitig** zu **erkennen** und anzusprechen. In manchen Ausbildungsgruppen entwickelt sich eine so tragfähige Vertrauensbasis, daß persönliche Hintergründe zumindest teilweise geklärt werden können. Tieferliegende Probleme des Therapeuten, die die therapeutische Arbeit stören können, müssen in einer persönlichen Supervision außerhalb des didaktischen Rahmens geklärt werden.

11.6 Reaktion von Patienten und Ausbildungskandidaten auf das POT-Ausbildungssetting

Schließlich stellt sich noch die Frage, wie die Patienten selbst, die ja eine solche Ausbildung erst möglich machen, das beschriebene Setting akzeptieren: Die Grundzüge des Therapiekonzeptes und das spezielle Setting werden vor Beginn der Therapie genau erklärt. Wenn das Einverständnis dazu vorhanden ist, scheinen die meisten Patienten mit dem für manche ungewohnten Setting gut zurechtzukommen, wobei gerade die Problemorientiertheit und Zeitbegrenzung überwiegend gut aufgenommen werden. Manchmal wird im Laufe der Therapie von Seiten eines Patienten die Rolle der in der Regel anonym bleibenden Beobachter thematisiert. Nur selten allerdings machen Patienten von dem Angebot Gebrauch, die Beobachtergruppe auch selbst kennenzulernen. Manche Patienten scheinen sich sogar durch das Vorhandensein einer mithelfenden Beratergruppe aufgewertet zu fühlen, vielleicht im Sinne eines Ausgleichs für den wichtigen Beitrag, den sie zur Ausbildung angehender Therapeuten leisten.
Auch von Seiten der Lernenden wird diese Form der Ausbildung größtenteils als sehr positiv beurteilt. Das POT-Setting wird offenbar als stützend und weniger als kontrollierend erlebt. Therapeutenängste werden eher abgebaut, das Lernen dadurch erleichtert. Unsere bisherige Erfahrung mit dem dargestellten Ausbildungskonzept hat jedenfalls gezeigt, daß der einzelne Therapeut auf diese Weise lernen kann, den Patienten und seine Probleme zunehmend differenzierter, d. h. patientengerechter wahrzunehmen und sein therapeutisches Handeln aktiver und zielgerichteter zu gestalten. Eine begleitende Evaluation des therapeutischen Geschehens unterstützt diesen Lernprozeß. (Siehe dazu auch den POT-Verlaufsfragebogen im Anhang.)

Literaturverzeichnis

Alexander, F. & French, T. M. (1946) *Psychoanalytic Therapy*. New York: Ronald Press.

Bacal, H., Newman, K. (1990) *Theories of Object Relations: Bridges to Self Psychology*. New York: Columbia University Press.

Barrows, H. S. (1986) A taxonomy of problem-based learning methods. *Medical Education*, 20, 484–486.

Baumann, U. (1981) *Indikation zur Psychotherapie*. München: Urban & Schwarzenberg.

Beck, A. T., Rush, A. J. & Shaw, B. F. (1976) *Cognitive Therapy of Depression*. New York: Guilford Press.

Beck, A. T. (1979) *Wahrnehmung der Wirklichkeit und Neurose. Kognitive Psychotherapie emotionaler Störungen*. München: Pfeiffer.

Beck, A. T. (1981) *Kognitive Therapie der Depression*. München: Urban & Schwarzenberg.

Beck, A. T. (1990) *Cognitive Therapy of Personality Disorders*. New York: Guilford Press.

Becker, H. (1989) *Konzentrative Bewegungstherapie. Integrationsversuch von Körperlichkeit und Handeln in den psychoanalytischen Prozeß*. Stuttgart: Thieme.

Beitman, B. D., Goldfried, M. R. & Norcross, J. C. (1989) The movement toward integrating the psychotherapies: An overview. *American Journal of Psychiatry*, 146, 138–147.

Beutler, L. E. (1983) *Eclectic Psychotherapy*. New York: Brunner/Mazel.

Bischoff, C. & Zenz, H. (1989) *Patientenkonzepte von Körper und Krankheit*. Bern: Huber.

Blaser, A. (1977) *Der Urteilsprozeß bei der Indikationsstellung zur Psychotherapie*. Bern: Huber.

Blaser, A. (1982) Worauf achtet der Psychotherapeut bei seinem prospektiven Patienten im Erstinterview? *Schweizerische Zeitung für Psychologie*, 41, 287–295.

Blaser, A. (1985) Diagnose und Indikation in der Psychotherapie. *Zeitschrift für Klinische Psychologie, Psychopathologie und Psychotherapie*, 33, 294–304.

Blaser, A. (1989) Wie spezifisch ist unspezifisch? Ein Ausweg aus der Sackgasse um die Wirkfaktorenfrage in der Psychotherapie. *Schweizerische Zeitschrift für Psychologie*, 48, 14–20.

Boadella, D. (1991) *Befreite Lebensenergie*. München: Kösel.

Brenner, D. (1982) *The Effective Psychotherapist*. New York: Pergamon Press.

Brooks, Ch. (1979) *Erleben durch die Sinne*. Paderborn: Junfermann.

Clarkin, J. & Frances, A. (1982) Selection criteria for the brief psychotherapies. *American Journal of Psychotherapy*, 36, 166–180.

Davanloo, H. (ed.) (1978) *Basic Principles and Techniques in Short-term Dynamic Therapy*. New York: SP Medical & Scientific Books.

Dell, P. F. & Goolishian, H. A. (1981) Ordnung durch Fluktuation: Eine evolutionäre Epistemologie für menschliche Systeme. *Familiendynamik*, 6, 104–122.

Dimsdale, J. E., Klerman, G. L. & Shershow, J. C. (1979) Conflict in treatment goals between patients and staff. *Social Psychiatry*, 14, 1–4.

Doerner, D. (1979) *Problemlösen als Informationsverarbeitung*. Stuttgart: Kohlhammer.

Duncan, B. L., Parks, M. B. & Rusk, G. S. (1990) Strategic eclecticism: A technical alternative for eclectic psychotherapy. *Psychotherapy*, 27, 4, 568–577.

Faller, H. (1990) *Subjektive Krankheitstheorie und Krankheitsverarbeitung bei Herzinfarktrehabilitanden*. Bern: Lang.

Ferenczi, S. & Rank, O. (1923) *Entwicklungsziele der Psychoanalyse; zur Wechselbeziehung von Theorie und Praxis*. Wien/Leipzig/Zürich: Internationaler Psychoanalytischer Verlag.

Fiedler, P. A. (1981) *Psychotherapieziel Selbstbehandlung. Grundlagen kooperativer Psychotherapie*. Weinheim: Edition Psychologie.

Fliegel, S. (1981) *Verhaltenstherapeutische Standardmethoden*. München: Urban & Schwarzenberg.

Foppa, K. (1984) Operationalisierung und der empirische Gehalt psychologischer Theorien. *Psychologische Beiträge*, 26, 539–551.

Frances, A., Clarkin, J. & Perry, S. (1984) *Differential Therapeutics in Psychiatry*. New York: Brunner/Mazel.

Frank, J. D. (1981) *Die Heiler*. Stuttgart: Klett-Cotta.

Furnham, A. & Henley, S. (1988) Lay beliefs about overcoming psychological problems. *Journal of Clinical Psychology*, 6, 3/4, 423–438.

Garfield, S. L. (1980) *Psychotherapy. An Eclectic Approach*. New York: Wiley & Sons.

Garfield, S. L. (1990) Common and specific factors in psychotherapy. *Journal of Integrative and Eclectic Psychotherapy*, 10, 1, 5–9.

Garfield, S. L. & Bergin A. E. (eds.) (1986) *Handbook of Psychotherapy and Behavior Change*. New York: Wiley.

Goldfried, M. R. (1991) Research Issues in Psychotherapy Integration. *Journal of Psychotherapy Integration*, 1, 5–25.

Goldfried, M. R. & Safran, D. D. (1986) Future directions in psychotherapy. In *Handbook of Eclected Psychotherapy* (ed. J. C. Norcross) New York: Brunner/Mazel.

Goldfried, M. R. & Wachtel, P. L. (1987) Clinical and conceptual issues in psychotherapy integration. *Journal of Integrated Eclective Psychotherapy*, 6, 131–134.

Goldfried, M. R., Greenberg, L. S. & Marmar, Ch. (1990) Individual psychotherapy: process and outcome. *Annual Review of Psychology*, 41, 659–688.

Grawe, K. (1986) *Zur Wirkungsanalyse von Psychotherapien*. Vortrag auf der Tagung «Psychotherapeutische Prozeßforschung», Heidelberg.

Grawe, K. (1987) Psychotherapie als Entwicklungsstimulation von Schemata – ein Prozeß mit nicht-voraussehbarem Ausgang. In: *Problemanalyse in der Psychotherapie* (Hrsg.: F. Caspar) Tübingen: DGVT.

Grawe, K. (1988) Heuristische Psychotherapie. Eine schematheoretisch fundierte Konzeption des Psychotherapieprozesses. *Integrative Therapie*, 4, 309–324.

Grawe, K., Bernauer, F. & Donati, R. (1990) Psychotherapien im Vergleich. Haben wirklich alle einen Preis verdient? *Psychotherapie, Medizinische Psychologie*, 40, 102–114.

Groeben, N. & Scheele, B. (1977) *Argumente für eine Psychologie des reflexiven Subjekts*. Darmstadt: Steinkopf.

Groeben, N. Wahl, D., Schlee, J. & Scheele, B. (1988) *Forschungsprogramm Subjektive Theorien. Eine Einführung in die Psychologie des reflexiven Subjekts*. Tübingen: Francke.

Hambrecht, M. (1986) Krankheitskonzepte als Paradigmata in der Psychotherapie. *Psychotherapie, Medizinische Psychologie*, 36, 274–283.

Hamilton, G. N. (1988) *Self and Others*. Northvale: Aronson.

Hamilton G. N. (1988) *Self and Others: Object Relation Theory in Practice*. New York: Aronson.

Hand, I. & Wittchen, H. (1989) *Verhaltenstherapie in der Medizin*. Berlin: Springer.

Haring, C. (1979) *Lehrbuch des Autogenen Trainings*. Stuttgart: Enke.

Hautzinger, M. (1989) *Kognitive Verhaltenstherapie bei Depression*. München: Psychologische Verlags Union.

Heim, E. (1980) Stütztherapie – neu entdeckt. Plädoyer für adaptive Psychotherapien. *Psychotherapie, Psychosomatik, medizinische Psychologie*, 30, 261–273.

Henley, S. (1988) The attribution of cure. *British Journal of Clinical Psychology*, 27, 384–386.
Heyer-Grote, C. (1970) *Atemschulung als Element der Psychotherapie*. Darmstadt: Wissenschaftliche Buchgesellschaft.
Höfler, H. (1991) *Atemtherapie und Atemgymnastik*. Stuttgart: Thieme.
Hoffmann, N. (Hrsg.) (1979) *Grundlagen kognitiver Therapie*. Bern: Hans Huber.
Horowitz, J. (1988) *Introduction to Psychodynamics*. New York: Basic Books.
Kanfer, H. F. & Goldstein, A. P. (1979) *Möglichkeiten der Verhaltensänderung*. München: Urban & Schwarzenberg.
Kanfer, H. F. (1991) *Selbstmanagement-Therapie*. Berlin: Springer.
Klerman, G. L., Weissman, M. M. & Rounsaville, B. J. (1984) *Interpersonal Psychotherapy for Depression, in Psychiatry Up-date*. The American Psychiatric Association Annual Review. Vol. III. (Edited by L. Grinspoon) Washington DC: American Psychiatric Press.
Kuhn, T. S. (1967) *Die Struktur wissenschaftlicher Revolutionen*. Frankfurt: Suhrkamp.
Lambert, M., Christensen, R., De Julio, S. (ed.) (1983) *The Assessment of Psychotherapy Outcome*. New York: Wiley.
Lambert, M. J. & Ogles, B. M. (1988) Treatment manuals: problems and promise. *Journal of Integrated Eclective Psychotherapy*, 7, 187–204.
Laucken, U. (1974) *Naive Verhaltenstheorie*. Stuttgart: Klett.
Leuner, H. (1985) *Lehrbuch des Katathymen Bilderlebens. Grundstufe, Mittelstufe, Oberstufe*. Bern: Huber.
Leuner, H. & Lang, O. (Hrsg.) (1982) *Psychotherapie mit dem Tagtraum. Katathymes Bilderleben*. Bern: Huber.
Linden, M. (1985) Krankheitskonzepte von Patienten. *Psychiatrische Praxis*, 12, 8–12.
Llewelyn, S. P. (1988) Psychological therapy as viewed by clients and therapists. *British Journal of Clinical Psychology*, 27, 223–237.
Loch, W. (1972) *Zur Theorie, Technik und Therapie der Psychoanalyse*. Frankfurt: Fischer.
Lowen, A. (1981) *Körperausdruck und Persönlichkeit*. München: Kösel.
Luborsky, L. (1984) *Principles of Psychoanalytic Psychotherapy. A Manual for Supportive-Expressive Treatment*. New York: Basic Books.
Luborsky, L., McLellan, A. T., Woody, G. E., O'Brian, C. P. & Auerbach, A. (1985) Therapist success and its determinants. *Archives of General Psychiatry*, 42, 602–611.
Luborsky, L. (1988) *Einführung in die analytische Psychotherapie. Ein Lehrbuch*. Berlin: Springer.
Mahrer, A. R. (1989) *The Integration of Psychotherapies*. New York: Human Sciences Press.
Malan, D. H. (1975) *A Study of Brief Psychotherapy*. New York: Plenum.
Malan, D. H. (1976) *Toward the Validation of Dynamic Psychotherapy. A Replication*. New York/London: Plenum Medical Book Company.
Malan, D. H. (1976) *The Frontier of Brief Psychotherapy*. New York: Plenum.
Mann, J. (1978) *Psychotherapie in 12 Stunden. Zeitbegrenzung als therapeutisches Instrument*. Olten/Freiburg i.Br.: Walter Verlag.
Masters, R. & Houston, J. (1986) *Bewußtseinserweiterung über Körper und Geist. Ein praktisches Übungsbuch*. München: Kösel.
Matheus, A., Gelder, M. & Johnston, D. (1988) *Platzangst: Ein Übungsprogramm für Betroffene und Angehörige*. Berlin: Springer.
Milz, H. (1992) *Der wiederentdeckte Körper*. München: Artemis & Winkler.
Norcross, J. C. (ed.) (1986) *Handbook of Eclectic Psychotherapy*. New York: Brunner/Mazel.
Orlinsky, D. E. & Howard, K. I. (1988) Ein allgemeines Psychotherapiemodell. *Integrative Therapie*, 4, 281–308.

Perls, F., Hefferline, R. F. & Goodman, P. (1981) *Gestalt-Therapie. Lebensfreude und Persönlichkeitsenfaltung*. Stuttgart: Klett-Cotta.
Perry, S., Allen, F. & Clarkin, J. (1985) *A DSM-III Casebook of Differential Therapeutics*. New York: Brunner/Mazel.
Perris, C., Blackburn, M. & Perris, H. (ed.) (1988) *Cognitive Psychotherapy: Theory and Practice*. Berlin: Springer.
Peter, B. & Gerl, W. (1991) *Entspannungstraining*. München: Orbis.
Petzold, H. G. (1974) *Psychotherapie und Körperdynamik*. Paderborn: Junfermann. 3. Aufl. 1979.
Petzold, H. G. (1984) Vorüberlegungen und Konzepte zu einer integrativen Persönlichkeitstheorie. *Integrative Therapie,* 1–2, 73–115.
Petzold, H. G. (1988) Die vier Wege der Heilung in der Integrativen Therapie. Teil I: Anthropologische und konzeptuelle Grundlagen. *Integrative Therapie,* 4, 325–364.
Phillips, W. M., Goldberg, D. A. & O'Connel, C. M. (1984) Contrast between patients' definitions of their problems and expectancies for treatment as a predictor of failure to engage in treatment. *Psychological Report*, 54, 19–22.
Piaget, J. (1976) *Die Äquilibration der kognitiven Strukturen*. Stuttgart: Klett-Cotta.
Plaum, E. (Hrsg.) (1988) *Eklektizismus in der Psychologie. Aktuelle Diskussionsbeiträge*. Heidelberg: Asanger.
Rahm, D. (1985) *Gestaltberatung. Grundlagen und Praxis integrativer Beratungsarbeit*. Paderborn: Junfermann.
Reinecker, H. (1987) *Grundlagen der Verhaltenstherapie*. München: Psychologie Verlags Union.
Rogers, C. (1977) *Therapeut und Klient. Grundlagen der Gesprächs-Psychotherapie*. München: Kindler.
Sachse, R. & Musial, E. M. (1981) *Kognitionsanalyse und kognitive Therapie*. Stuttgart: Kohlhammer.
Sandler, C., Dare, C. & Holder, A. (1973) *Die Grundbegriffe der psychoanalytischen Therapie*. Stuttgart: Klett-Cotta.
Schneider, H. (1983) *Auf dem Weg zu einem neuen Verständnis des psychotherapeutischen Prozesses*. Bern: Huber.
Schnyder, U., Sauvant, J. D. (Hrsg.) (im Druck) *Krisenintervention. Theorie und therapeutische Praxis bei Krisen und traumatischem Streß*. Bern: Hans Huber.
Seidmann, P. (1976) Die perspektivische Theorie Nietzsches. In *Die Psychologie des 20. Jahrhunderts, Band 1: Europäische Tradition* (Hrsg. H. Balmer) Zürich: Kindler.
Seiderer-Hartig, M. (1980) *Beziehung und Interaktion in der Verhaltenstherapie*. München: Pfeiffer.
Smith, M. L., Glass, G. V. & Miller, T. I. (1980) *The Benefits of Psychotherapy*. Baltimore/London: John Hopkins University Press.
Strupp, H. H. & Binder J. L. (1984) *Psychotherapy in a New Key*. New York: Basic Books.
Textor, M. R. (1990) Gemeinsamkeiten von Psychotherapieansätzen. *Integrative Therapie,* 3, 246–259.
Thomä, H. & Kächele, H. (1985) *Lehrbuch der psychoanalytischen Therapie, I Grundlagen*. Berlin: Springer.
Thomä, H. & Kächele, H. (1986/1988) *Lehrbuch der psychoanalytischen Therapie, II*. Berlin: Springer.
Thomas, K. (1989) *Praxis des Autogenen Trainings*. Stuttgart: Thieme.
Thommen, M., Blaser, A., Ringer, C. & Heim, E. (1990) Zum Stellenwert subjektiver Krankheitstheorien in der Problemorientierten Therapie (POT). *Psychotherapie, Psychosomatik, medizinische Psychologie*, 40, 172–177.

Turk, D. C., Rudy, P. & Salovey, P. (1986) Implicit models of illness. *Journal of Behavioral Medicine,* 9, 5, 453–474.
Watzlawick, P. (1977) *Die Möglichkeit des Andersseins; zur Technik der therapeutischen Kommunikation*. Bern: Hans Huber.
Watzlawick, P. (1988) *Anleitung zum Unglücklichsein*. München: Piper. (Neuausgabe von 1983).
Weiner, M. F. (1986) *Practical Psychotherapy*. New York: Brunner/Mazel.
Werman, D. (1984) *The Practice of Supportive Psychotherapy*. New York. Brunner/Mazel.
Willi, J. (1990) Psychoökologische Wirkprinzipien in der stationären Psychotherapie. In *Stationäre Psychotherapie. Grenzsituationen* (Hrsg. M. Thommen, S. Steiner) Bern: Lang.
Wolpe, J. (1974) *Praxis der Verhaltenstherapie*. Bern: Hans Huber.

Anhang

POT-Verlaufsfragebogen

Mit diesem Fragebogen soll erfaßt werden, was in der **heutigen** Therapiesitzung geschehen ist.

Auf den folgenden Seiten finden Sie 25 Feststellungen zum Inhalt der Therapie. Bitte kreuzen Sie für **jede** Feststellung an, ob diese auf die **heutige** Therapiesitzung zutrifft oder nicht zutrifft. Wenn die jeweilige Feststellung zutrifft, geben Sie an, wie wichtig Ihnen dieser Punkt in der **heutigen** Therapiesitzung war.

	trifft nicht zu	trifft zu				
		ganz unwichtig	eher unwichtig	mittel	ziemlich wichtig	sehr wichtig
Beispiel: Wir haben über meine bisherige Lebensgeschichte gesprochen	0	1	2	3	X	5
1. Wir haben darüber diskutiert, wie weit wir bisher in der Therapie gekommen sind und welche weiteren Schritte noch nötig sind.	0	1	2	3	4	5
2. Ich habe dem Patienten erklärt, wie ich seine Probleme sehe.	0	1	2	3	4	5
3. Wir haben darüber diskutiert, welche Möglichkeiten es gibt, an sein Problem heranzugehen und wie er Lösungen finden kann.	0	1	2	3	4	5
4. Wir haben über die Beziehung zwischen dem Patienten und mir gesprochen.	0	1	2	3	4	5
5. Wir haben darüber gesprochen, welche Gefühle das Ende der Therapie bei dem Patienten auslöst.	0	1	2	3	4	5
6. Ich habe persönliche Gefühle und Ansichten geäußert.	0	1	2	3	4	5
7. Wir haben darüber diskutiert, wie sich das Problem des Patienten auf seine Beziehungen zu anderen Menschen auswirkt.	0	1	2	3	4	5

	trifft nicht zu	trifft zu				
		ganz unwichtig	eher unwichtig	mittel	ziemlich wichtig	sehr wichtig
8. Ich habe den Patienten gefragt, wie er an sein Problem herangehen möchte.	0	1	2	3	4	5
9. Der Patient hat sich richtig verstanden gefühlt und Vertrauen zu mir gefaßt.	0	1	2	3	4	5
10. Wir haben versucht, einen Zusammenhang zwischen früheren Erlebnissen und dem heutigen Verhalten des Patienten herzustellen.	0	1	2	3	4	5
11. Wir haben darüber gesprochen, wie der Patient mit Trennungssituationen umgeht.	0	1	2	3	4	5
12. Konkrete Lösungsmöglichkeiten für sein Problem sind erkennbar geworden.	0	1	2	3	4	5
13. Ich habe dem Patienten meine Arbeitsweise und den Ablauf der Therapie erklärt.	0	1	2	3	4	5
14. Dem Patienten ist klar geworden, daß nicht alle seine Probleme in dieser Therapie gelöst werden können.	0	1	2	3	4	5
15. Wir haben über die zeitliche Begrenzung und das Ende der Therapie gesprochen.	0	1	2	3	4	5
16. Dem Patienten sind Zusammenhänge klar geworden, die er bisher nicht gesehen hat.	0	1	2	3	4	5
17. Dem Patienten ist klar geworden, daß nur noch wenige Sitzungen bis zum Ende der Therapie übrig bleiben.	0	1	2	3	4	5
18. Ich habe unser Gespräch immer wieder auf das eigentliche Hauptproblem zurückgeführt.	0	1	2	3	4	5
19. Wir haben versucht zu bestimmen, welches eigentlich sein wichtigstes Problem ist.	0	1	2	3	4	5

	trifft nicht zu	trifft zu				
		ganz unwichtig	eher unwichtig	mittel	ziemlich wichtig	sehr wichtig
20. Wir haben darüber gesprochen, in welchen Situationen sein Problem auftritt und welche Auswirkungen es hat.	0	1	2	3	4	5
21. Wir haben darüber gesprochen, wie der Patient nach dem Ende der Therapie selbständig an seinen Problemen weiterarbeiten kann.	0	1	2	3	4	5
22. Ich habe den Patienten dazu aufgefordert, bis zur nächsten Sitzung einmal in seinem Alltag das auszuprobieren, was wir in der Therapie besprochen haben.	0	1	2	3	4	5
23. Ich habe den Patienten aufgefordert, darüber nachzudenken und zu berichten, wie er sich die Entstehung seines Problems erklärt.	0	1	2	3	4	5
24. Wir haben über die konkreten Ziele dieser Therapie verhandelt.	0	1	2	3	4	5
25. Der Patient hat den Eindruck bekommen, daß die Therapie wirklich auf ihn zugeschnitten ist.	0	1	2	3	4	5

In der heutigen Therapiesitzung habe ich folgende Techniken angewandt:

1. Atemübungen	ja	nein
2. Identifizierung gestörter Denkschemata	ja	nein
3. Assoziieren mit Fokus	ja	nein
4. Übungen zur Körperwahrnehmung	ja	nein
5. Aktives Imaginieren (Tagtraum)	ja	nein
6. Sachinformation geben	ja	nein
7. Bezug herstellen zu früheren Erlebnissen	ja	nein
8. Bearbeiten der Patient-Therapeut-Beziehung	ja	nein
9. Verbalisieren emotionaler Erlebnisinhalte	ja	nein
10. Übungen zur Förderung sozialer Kompetenz	ja	nein
11. Entspannungsübungen	ja	nein
12. Desensibilisierungsübungen	ja	nein
13. Diskussion über irrationale Gedanken und Einstellungen	ja	nein
14. Aktives Fördern von emotionalem Ausdruck	ja	nein
15. Besprechung von Hausaufgaben	ja	nein
16. Gezieltes Ermutigen zu neuen Schritten	ja	nein
17. Rollenspiel	ja	nein
18. Gespräch zusammen mit Lebenspartner oder anderer wichtiger Bezugsperson	ja	nein
19. Bearbeiten von Widerstand gegen Veränderung	ja	nein
20. Andere: ____________________	ja	nein
____________________	ja	nein
____________________	ja	nein
____________________	ja	nein
____________________	ja	nein
____________________	ja	nein

Berner Bewältigungsformen BEFO-F

Fremd-Ratingform

Name: Datum:

Vorname: Situation:

Jahrgang: Beurteiler:

Vertraute Tätigkeit (Arbeit, Hobbies) i.S. der Ablenkung einsetzen:
"Ich stürze mich in die Arbeit, um die Krankheit zu vergessen."

H1 ABLENKENDES ANPACKEN

0	1	2	3	4
nicht vorhanden	gering	mässig	stark	sehr stark

Eigene Bedürfnisse hinter jene von anderen zurückstellen; für andere etwas tun:
"Solange es mir möglich ist, will ich für meine Familie da sein."

H2 ALTRUISMUS

0	1	2	3	4
nicht vorhanden	gering	mässig	stark	sehr stark

Notwendige medizinische Handlungen unterlassen, wie Arztbesuch, Medikamenteneinnahme, Diät befolgen:
"Ich möchte mich nicht schon wieder beim Arzt melden."

H3 AKTIVES VERMEIDEN

0	1	2	3	4
nicht vorhanden	gering	mässig	stark	sehr stark

Ablenkende Wunscherfüllung: Kaufen, Essen, Alkohol, Tranquilizer, irgendetwas Lustvolles tun. Auch Tagträume, Wunschdenken:
"Wenn es mir schlecht geht, kaufe ich mir etwas Schönes - auch wenn ich es eigentlich nicht benötige."

H4 KOMPENSATION

0	1	2	3	4
nicht vorhanden	gering	mässig	stark	sehr stark

Etwas Aufbauendes tun, was (ev. schon lange) ein Bedürfnis war: zum Beispiel Kreativität entfalten, eine Reise machen...,
"Endlich nehme ich mir Zeit für mich, z.B. um zu lesen, musizieren."

H5 KONSTRUKTIVE AKTIVITÄT

0	1	2	3	4
nicht vorhanden	gering	mässig	stark	sehr stark

Körperübungen (autogenes Training, Yoga etc.) die durch innere Sammlung von Krankheit oder begleitenden Ängsten ablenken und zugleich Entspannung bringen:
"Wenn die Schmerzen mich verspannt machen, übe ich vermehrt AT."

H6 KONZENTR. ENTSPANNUNG

0	1	2	3	4
nicht vorhanden	gering	mässig	stark	sehr stark

Allein mit sich selbst sein wollen, um aufzutanken, zu überdenken, aus dem Weg gehen:
"Ich brauche meine Ruhe, will zu mir selbst finden."

H7 RÜCKZUG (sozial)

0	1	2	3	4
nicht vorhanden	gering	mässig	stark	sehr stark

Der Kontakt mit Personen, die von der gleichen oder einer ähnlichen Krankheit betroffen sind, wird als hilfreich erlebt:
"Ich fühle mich am besten von Menschen verstanden, welche mit dieser Krankheit ähnliches durchmachen müssen wie ich."

H8 SOLIDARISIEREN

0	1	2	3	4
nicht vorhanden	gering	mässig	stark	sehr stark

Krankheitsbezogene Informationssuche und/oder Inanspruchnahme von Hilfe. Kooperation in Abklärung und Therapie (auch in Alternativmedizin):
"Was ich unternehme, wie ich mitmache, davon hängt jetzt vieles ab."

H9 ZUPACKEN

0	1	2	3	4
nicht vorhanden	gering	mässig	stark	sehr stark

Möglichkeit, sich auszusprechen, angehört zu werden, Beistand zu haben wird angestrebt oder wahrgenommen und als hilfreich empfunden:
"Bisher hat es immer jemand gegeben, der mich angehört / verstanden hat."

H10 ZUWENDUNG

0	1	2	3	4
nicht vorhanden	gering	mässig	stark	sehr stark

Aufmerksamkeit weg von der Krankheit auf etwas anderes lenken:
"Das ist mir im Moment wichtiger als die Krankheit."

K1 ABLENKEN

0	1	2	3	4
nicht vorhanden	gering	mässig	stark	sehr stark

Krankheits- und Behandlungsfolgen werden schlimmer eingeschätzt, als dies objektiv zu erwarten wäre (Einsicht kann vorhanden sein oder nicht):
"Ich weiss, meine Krankheit ist gar nicht so bedrohlich, aber ich mache mich besser auf das Schlimmste gefasst."

K2 AGGRAVIEREN

0	1	2	3	4
nicht vorhanden	gering	mässig	stark	sehr stark

Krankheit als schicksalshaft und unabänderlich hinnehmen, bewusst mit Fassung tragen:
"Es ist nun halt mal so, ich versuche, mich dreinzuschicken."

K3 AKZEPTIEREN, STOIZISMUS

0	1	2	3	4
nicht vorhanden	gering	mässig	stark	sehr stark

Krankheit herunterspielen: Verleugnen, bagatellisieren, ignorieren:
"Es ist alles nur halb so schlimm, im Grunde geht es mir gut."

K4 DISSIMULIEREN

0	1	2	3	4
nicht vorhanden	gering	mässig	stark	sehr stark

Fassung oder (emotionale) Kontrolle vor anderen und sich selbst nicht verlieren:
"Ich muss mich zusammenreissen, niemand soll mir etwas anmerken."

K5 HALTUNG BEWAHREN

0	1	2	3	4
nicht vorhanden	gering	mässig	stark	sehr stark

Durch humorvolles oder selbstironisches Überspielen wird die Bedeutung der Krankheitssituation relativiert:
"Besonders attraktiv ist diese Narbe nicht, für eine Schönheitskonkurrenz werde ich mich jedenfalls nicht mehr melden."

K6 HUMOR, IRONIE

0	1	2	3	4
nicht vorhanden	gering	mässig	stark	sehr stark

Kognitive Analyse der Krankheit und ihrer Folgen: Erkennen, abwägen, entscheiden:
"Ich versuche mir zu erklären, was überhaupt los ist."

K7 PROBLEMANALYSE

0	1	2	3	4
nicht vorhanden	gering	mässig	stark	sehr stark

Mit anderen Menschen oder früheren eigenen Erfahrungen vergleichen; dadurch das eigene Leid herunterspielen:
"Mir geht es noch relativ gut im Vergleich zu anderen, die ein Bein abhaben."

K8 RELATIVIEREN

0	1	2	3	4
nicht vorhanden	gering	mässig	stark	sehr stark

Halt im Glauben: Gottgewollt, dem Menschen auferlegt:
"Jedem schlägt seine Stunde, aber Gott steht mir bei."

K9 RELIGIOSITÄT

0	1	2	3	4
nicht vorhanden	gering	mässig	stark	sehr stark

Gedanklich in Krankheit festkrallen: Grübeln, hin und her überlegen:
"Ist es so, oder doch nicht so..., ich komme davon nicht los."

K10 RUMIFIZIEREN

0	1	2	3	4
nicht vorhanden	gering	mässig	stark	sehr stark

Der Krankheit einen Sinn geben: Sie als Aufgabe, Chance sehen, durch sie die Lebenseinstellung, Werteinschätzung ändern:
"Durch die Krankheit habe ich zum wahren Selbst gefunden."

K11 SINNGEBUNG

0	1	2	3	4
nicht vorhanden	gering	mässig	stark	sehr stark

Bewusstmachen der eigenen Werte, Erinnern erfolgreicher Erfahrungen, positives Einschätzen des eigenen (Krankheits-) Verhaltens:
"Mir ist schon anderes Wichtiges gelungen, eigentlich halte ich mich noch recht tapfer."

K12 VALORISIEREN

0	1	2	3	4
nicht vorhanden	gering	mässig	stark	sehr stark

Sich gegen die Krankheit und ihre Folgen auflehnen oder in Selbstbedauern ergehen. Mit dem Schicksal hadern, die Situation beklagen: "Warum gerade ich?"

E1 HADERN, SELBSTBEDAUERN

0	1	2	3	4
nicht vorhanden	gering	mässig	stark	sehr stark

Entlastender Ausdruck der durch die Krankheit ausgelösten Gefühle: Trauer, Angst, Wut, Verzweiflung, Niedergeschlagenheit,... ev. auch Mut, Liebe, Hoffnung..., ausdrücken.
"Ich fühle mich so elend, wenigstens das Weinen hilft noch etwas."

E2 EMOTIONALE ENTLASTUNG

0	1	2	3	4
nicht vorhanden	gering	mässig	stark	sehr stark

Nicht zulassen von situationsadäquaten Gefühlen:
"Das hat mich überhaupt nicht beunruhigt."

E3 ISOLIEREN, UNTERDRÜCKEN

0	1	2	3	4
nicht vorhanden	gering	mässig	stark	sehr stark

Zuversicht, dass (momentane) Krise überwunden werden kann:
"Wenn ich nur daran glaube, wird sicher alles wieder gut."

E4 OPTIMISMUS

0	1	2	3	4
nicht vorhanden	gering	mässig	stark	sehr stark

Sich anvertrauen: Im Wissen um gute Hilfe die Verantwortung an die Betreuer übergeben, sich in guten Händen wissen:
"Die wissen schon, was sie tun."

E5 PASSIVE KOOPERATION

0	1	2	3	4
nicht vorhanden	gering	mässig	stark	sehr stark

Aufgeben, sich ergeben, hoffnungslos sein:
"Ich glaube, es hat alles keinen Sinn mehr."

E6 RESIGNATION, FATALISMUS

0	1	2	3	4
nicht vorhanden	gering	mässig	stark	sehr stark

Sich selbst die Schuld an der Krankheit geben: Fehler bei sich suchen, Schuld tilgen:
"Ich verdiene es nicht besser."

E7 SELBSTBESCHULDIGUNG

0	1	2	3	4
nicht vorhanden	gering	mässig	stark	sehr stark

Gestaute Aggression ausdrücken oder projektiv auf andere richten: Ungehalten, verärgert, reizbar sein:
"Auf diesen Doktor habe ich eine Riesenwut."

E8 SCHULD ZUWEISEN, WUT

0	1	2	3	4
nicht vorhanden	gering	mässig	stark	sehr stark

H: Handlungsbezogene, K: Kognitionsbezogene, E: Emotionsbezogene BEFO

Sachregister

Gunther Klosinski (Herausgeber)

Pubertätsriten

Äquivalente und Defizite in unserer Gesellschaft

1991, 197 Seiten, 12 Abbildungen (davon 9 vierfarbige), 11 Tabellen, kartoniert Fr. 44.— / DM 49.80

Sind Konfirmation, Pfadfindertum, Jugendweihe usw. als Initiationsäquivalente anzusehen oder sind sie überlebte Relikte einer ehemals reichen Vielfalt gesellschaftlicher Initiationsformen? Die Autoren äußern sich zu diesem Problembereich aus der Sicht der Volks- und Völkerkunde, der Tiefen- und Entwicklungspsychologie sowie der Sozial- und Religionswissenschaften im Dialog mit der Kinder- und Jugendpsychiatrie. Vieles davon läßt sich – sowohl für den klinischen Alltag als auch präventiv in der Beratung – fruchtbringend umsetzen.

Verlag Hans Huber
Bern Göttingen Toronto

Gunther Klosinski (Herausgeber)

Psychotherapeutische Zugänge zum Kind und zum Jugendlichen

184 Seiten, 66 Abbildungen (davon 13 farbig), 5 Tabellen, kartoniert Fr. 43.— / DM 49.—

Einen ungewöhnlich lebendigen Einblick in die psychotherapeutische Arbeit vermittelt dieses Buch: Zur Sprache kommen u. a. psychoanalytische Zugangsweisen, kunsttherapeutische Aspekte, das katathyme Bilderleben, körperzentrierte Psychotherapie, Psychodrama, Familientherapie und Musiktherapie, jeweils mit klinischen Beispielen. Spezielle Hinweise werden gegeben für den Umgang mit Kindern in einer Scheidungssituation.

Luc Ciompi / Hans-Peter Dauwalder (Herausgeber)

Zeit und Psychiatrie

Sozialpsychiatrische Aspekte

1990, 234 Seiten, 14 Abbildungen, 5 Tabellen, kartoniert Fr. 39.— / DM 44.80

In Psychiatrie und Sozialpsychiatrie werden Behandlungen nicht selten ohne adäquate Zeitperspektive begonnen und in ihrer längerfristigen Wirkung überschätzt. Jeder, der mit psychischen Leiden zu tun hat, findet in diesem Buch viele anregende Denkanstöße und praktische Hinweise zum Thema Zeit in der Psychiatrie. Wohl einzigartig ist der eigens für dieses Buch verfaßte Beitrag von Peter Bichsel über die Zeit und das Erzählen. Dieses Buch kann uns helfen, die nötige Geduld und Zeit für unsere Patienten – trotz allen sonstigen Belastungen – wieder zu finden.